中国驻中东大使话中东

巴林

杨伟国　王雁芬　著

策划　杨文学　主编　时延春

执行主编　王　平　马学林　苏海英

世界知识出版社

图书在版编目（CIP）数据

中国驻中东大使话中东．巴林 / 杨伟国，王雁芬著．—北京：世界知识出版社，2011.12

ISBN 978-7-5012-4205-4

Ⅰ.①中… Ⅱ.①杨… ②王… Ⅲ.①巴林—概况 Ⅳ.①K937

中国版本图书馆CIP数据核字（2011）第262472号

书　　名	**中国驻中东大使话中东——巴林** Zhongguo Zhu Zhongdongdashi Huazhongdong—Balin
作　　者	杨伟国　王雁芬
责任编辑	龚玲琳　张　萱
责任出版	刘　喆
责任校对	张　琨
出版发行	世界知识出版社
地址邮编	北京市东城区干面胡同51号（100010）
网　　址	www.wap1934.com　www.ao1934.org
联系电话	010-65265919（直销）　010-85118126（发行）
经　　销	新华书店
内文制作	北京世知文化创意有限公司
印　　刷	世界知识印刷厂
开本印张	880×1230毫米　1/32　9¾印张　1插页
字　　数	219千字
版次印次	2012年1月第一版　2012年1月第一次印刷
标准书号	ISBN 978-7-5012-4205-4
定　　价	25.00元

总　序

中国同中东地区国家友好交往的历史源远流长，人民间的友谊深厚而牢固。新中国成立后，中国与中东地区国家的友好合作翻开了新的一页。中国坚持独立自主的和平外交政策，本着互利共赢的原则，为实现中东地区和平稳定，推动中东国家经济发展发挥了积极和建设性的作用。中国与中东国家的关系展现出更广阔的前景。

《中国驻中东大使话中东》既反映了中东国家的情况，也是一部全面记录中国与中东国家友谊与合作的系列丛书。它回顾了60年来新中国外交特别是对中东国家外交的光辉历程，以生动、真实的语言，丰富的图片记载了中国与中东国家团结一致、通力合作谋发展的成功经验；反映了中国与中东地区所发生的巨大变化以及取得的举世瞩目的成就。

《中国驻中东大使话中东》融入了我国外交界专家对中东问题研究所取得的丰硕成果，阐述了作者对中东国家有关问题精辟独到的见解，它的出版凝聚了中国外交界、出版界等几代人的期盼与努力。《中国驻中东大使话中东》知识面广、语言生动，可以帮助中国人民更全面地了解中东国家的历史和现状，为促进中国与中东各国的友好交流打下更牢固的群众基础。

《中国驻中东大使话中东》出版之际，我谨向作者表示祝

贺，感谢他们多年来为推动中国同中东地区国家关系的发展做出的不懈努力。与此同时，我也希望该书能够鼓励更多的朋友投入到中国同中东地区国家友好事业当中，进一步增进双方人民的了解和友谊，为双方的合作开拓更美好的未来。

全国人大常委会前副委员长

中国—阿拉伯友好协会会长

铁木尔·达瓦买提

2011年10月于北京

前　言

中东大地，乃神奇之地也。这片广阔的地域，举世瞩目，是世人向往的地方。

中东的称谓颇有一番考究。这是沿袭欧洲人的说法而形成的一种政治地理概念。昔日欧洲人把距欧洲近的国家称为近东，把距欧洲远的东方国家称为远东，把介于两者之间的地区称为中近东，后简称为中东。中东地区的居民以信奉伊斯兰教的阿拉伯民族为主，有阿拉伯国家联盟22个成员国。因此，阿拉伯世界构成中东地区的主体。此外，中东地区还包括土耳其、伊朗、以色列等非阿拉伯国家。

中东地区之所以颇具神奇色彩，因为它具有足以体现神奇特色的要素。第一，中东地区具有显赫而重要的战略地位。该地区为战略要冲，是连接欧、亚、非三大洲的枢纽地区，自古以来就是国际交通要道。第二，中东地区具有悠久历史和灿烂文化。它是人类文明特别是人类早期文明重要发祥地，具有7000年有文字记载的历史。尼罗河文明和两河流域文明在人类文化宝库中放射出奇光异彩。位于西亚的耶路撒冷是犹太教、基督教和伊斯兰教的圣地，沙特阿拉伯的麦加城是伊斯兰教的第一圣城，也是伊斯兰教的中心。第三，中东地区具有丰富的资源，形成了一个巨大的市场。它盛产石油，石油储量占世界石油总储量的2/3左右。尤其是海湾地区，享有“石油之海”之称。丰富的油气资源使该地区成为巨大的石油市场、商品市场、劳务市场、金融市场、军火市场和商品贸易市场。第四，中东地区热点问题集中，是国际社会关注的焦点。多少世纪以来，该地区一直是兵家必争之地。“二战”以来，该地区经历了四次中东战争、黎巴嫩战争、也门战争、两伊战争、海湾战争、伊拉克战争、利比亚战争等重大历史事件。热点问题接连不断，如伊拉克问题、伊朗核问题、反恐问题、苏丹达尔富尔问题、巴以冲突问题、诸多中东国家动乱问题等，均为世人关注。

中国与中东各国人民之间的友谊源远流长。两千多年前的丝绸之路是一条友谊之路、通商之路、文化交流之路。这条路越走越宽。进入新世纪，中国与中东各国之间的传统友谊不断发展，在政治上相互支持，在经济上互利合作，在国际事务中协调配合。这种友谊的长河就像中国的黄河、长江和中东地区的尼罗河、幼发拉底河及底格里斯河一样，奔流不息。

人们对于中东地区的事态发展，对中国与中东国家友好合作关系的深入发展给予越来越多的关心，他们希望能出版一套有关这方面的丛书。杨文学先生就是一位热心人。杨文学是宁夏人，回族。他既是一位企业家，也是一位慈善家。他积极参加社会活动，担任世界杰出回商协会会长。他致力于推动中国与中东各国尤其是中国与阿拉伯国家友好关系的发展。他提出了创作、出版《中国驻中东大使话中东》丛书的设想，并表示愿为出版该套丛书提供资助。他找到我，希望我承担这套丛书的组稿，担任主编。我长期以来从事中东、阿拉伯地区工作，欣然答应了他的提议。我请了一批长期从事该地区工作的同志作为撰稿人，他们中多数是老大使和老外交官。我对他们的积极合作和辛勤努力表示衷心的感谢。

《中国驻中东大使话中东》丛书全面介绍中东各国的历史、政治、经济、文化、教育、风情民俗、名胜古迹等。作者以亲历者的视角描述发生在自己身边的逸闻趣事，介绍中国与中东各国的历史交往和友好合作关系的发展。因此，这套丛书被视为权威之作、精品之作，具有较强的知识性，趣味性和可读性，希望能受到读者的欢迎。

此套丛书的出版得到有关人士如马学林，责任编辑龚玲琳、张萱等同志的大力支持，特表谢意。

丛书主编　中国前驻也门、叙利亚大使

时延春

2011年10月

引 言

我是宁夏人，世袭回族。从孩提时代起，我这位穆斯林的脑海中有两大要义不能忘记。一是我所信仰的伊斯兰教源于沙特阿拉伯的麦加，我所仰慕的麦加清真寺、麦地那清真寺和阿克萨清真寺，这三大清真寺均在中东阿拉伯地区。二是我心目中的丝绸之路是条神圣之路，我的故乡宁夏是丝绸之路的必经之地。这是一条友好之路，也是一条通商之路和文化交流之路，宁夏为丝绸之路的畅通和发展作出了重要贡献。

丝绸之路开创了中国与中东阿拉伯地区经贸交流与合作的先河。两千多年来，这种交往从未中断。新中国成立前，由于当时历史环境所造成的种种原因，双方的经贸合作跌入低谷。新中国成立后特别是我国改革开放以来，双方经贸关系不断发展。20世纪50年代初，双方贸易额不足1亿美元。1978年，双方贸易额仅为10亿美元。改革开放后，双方经贸关系迅速发展。2008年，中国与西亚、北非地区国家贸易总额近1787.58亿美元，其中中国与阿拉伯国家贸易总额为1328.39亿美元。2010年，中国与西亚北非地区国家贸易总额增至1970.5亿美元，其中，中国与阿拉伯国家贸易总额为1454.6亿美元。双方的经贸合作已扩大到能源、商品、资金、科技、市场、相互投资、工程承包、劳务、通信、人力培训等各领域，互利共赢的前景非常可观。

中国和中东阿拉伯世界都具有悠久的历史和灿烂的文明，都是人类文明特别是人类早期文明重要的发祥地，都对人类文明作出过重大贡献。两大文明交相辉映，不断交流，相互借鉴，为人类文明留下了许多珍贵的文化遗产，备受世人称赞。双方的友好往来可以追溯到久远的历史年代。昔日，那些令人钦佩的开拓者们披荆斩棘、乘风破浪，开辟了丝绸之路和香料之路。公元7世纪，伊斯兰教创始人穆罕默德就曾说过："求知虽远在中国，亦应前往。"新中国成立后，中国与中东阿拉伯地区国家间的文化交流不断加深。双方在文化、教育、艺术、科技、医学、卫生、新闻、体育、旅游、宗教等方面的交流不断向前发展。中华文明与伊斯兰文明都面临着继承和发扬传统文化精华，吸收人类文明进步成果，积极推动多样化世界和谐发展的任务。这两大文明协调并进，为推动世界文明的进步作出新的贡献。可以预见，丝绸之路上的文化交流之花将会开得更加灿烂。

我欣喜地看到，中国与阿拉伯地区国家之间友好合作关系在不断发展，我愿为推动这一关系的发展尽一份微薄之力。为了让更多的人了解中东阿拉伯地区国家，我提议出版一套《中国驻中东大使话中东》丛书。我的这一倡议得到有关人士的积极响应和大力支持。这套丛书的作者多为老大使和老外交官。他们曾长期在该地区工作，为推动中国与该地区国家间友好的合作关系的发展献出了毕生精力。他们是这一友好合作关系发展的见证人和参与者，有丰富的外交工作的实践经验，对该地区国家有深入了解和独到见解。他们以亲历者视角撰写该套丛书，从而增加了丛书的权威性和实用性。他们在书中提供了大量的第一手资料，并配有大量照片和图片，图文并茂，并作了生动、细致的描绘，从而增加了图书的知识性、趣味性和可读性。我对作者们的辛勤努力表示衷心的感谢，对铁木尔·达瓦买提副委员长做总序深表谢意和敬意。让我们共同努力，推动中国与中东阿拉伯地区国家间友好合作关系进一步发展。

丛书投资、策划者　世界杰出回商协会会长

杨文滨

2011年10月

自 序

说实话，我与巴林还真有缘。20世纪90年代，我有幸因工作需要，曾经十几次踏上巴林岛，巴林给我的总体印象是，有着美丽自然的海湾，有着得天独厚的地理位置，但国土面积小，资源匮乏，城市建设落后，到处是黄色沙漠，绿化程度很低。现代化建筑与商城也是凤毛麟角，游客一般都去巴林古老集市“巴林门”购买一些纪念品。巴林著名“三个一”景点：一棵树、一口井和一座桥成为巴林的象征。很多中国人甚至不知巴林是个国家，位置在哪里，更多的国民是从2004年巴林F1国际赛道大奖赛知晓了巴林，甚至走进了巴林。

这次我和夫人有缘常驻巴林工作，使我得以有机会更深入贴近巴林，接触巴林社会的方方面面，使我对巴林有了一个全新的认识和了解。我欣喜地看到，巴林近十年发生了翻天覆地的变化。现代化的城市拔地而起，道路拓宽了，而且有了立交桥；写字楼和星级酒店错落有致，鳞次栉比，造型大气，美丽壮观；各省居民点中建起的一片片住宅楼使居民住房更加规范有序，宽敞舒适；街心、路边和建筑物区域内的绿化程度大大提高，人民生活水平明显改善。

深入了解巴林政治、经济、历史与文化，我感到过去忽视了巴林很多鲜为人知的地方，感叹这个阿拉伯湾袖珍岛国很有特色，并且在很多方面居于本地区的领先地位：巴林是海湾地区第一个发现并开采石油的国家；首都麦纳麦是海湾国家建立的第一个城市；巴林保存着世界上史前最大的冢林和海湾地区最为古老的哈米斯清真寺；巴林铝业是中东地区第一家炼铝厂；巴林工商会是海湾首家商会；巴林是海湾和中东地区的金融中心；巴林是海湾国家中第一个发送彩色电视信号、第一个建立电子政务、第一个引进智能卡的国家；巴林还是海湾国家第一个拥有女子学校的国家；第一个修建F1国际赛道并举办比赛的国家；巴林拥有阿拉伯地区收藏古兰经版本最多的博物馆，拥有最为古老的宝刀制作作坊，拥有世界上质量上乘的天然珍珠，等等。

巴林人淳朴、好客、受教育程度高、有素养，外籍人士很容易与他们和睦相处，交朋友，走进他们的家庭和生活。一年多来，我们结交了很多巴林朋友，其中有王室成员、有皇亲国戚、有显赫家族的成员，也有原为外籍人后加入了巴林籍并且在巴有一定社会地位的官员、商人等。我们还结交了一些在巴林处于中下层社会的普通官员、小商人，甚至非常普通的老百姓。尽管他们的社会地位不同，但有一点是共同的，就是都具有巴林人的坦率、真诚、友善的本性。巴林是一个热爱和平、追求和谐与民族和解、聪慧睿智的民族，尽管经历了多次宗派斗争的考验，特别是2011年2月，受地区国家民主化浪潮的影响，局势也出现了持续动荡，但结果仍然证明了这一点。

我们非常有兴趣地撰写这本书，就是要通过我们的眼睛，通过我们的解读和感悟，凭借我们了解的大量鲜活情况和掌握的第一手资料，让读者更深层次地了解巴林，了解巴林人，了解这个不太显山露水，但却雄心勃勃，努力实现着伟大梦想的民族。巴林国家虽小，但已经和正在本地区乃至世界舞台上发挥着其独特的作用。

作　者

2011年5月于麦纳麦

目　录

第一章 基本情况

第一节 波斯湾中部的“两海”之国

巴林王国是个位于波斯湾中部的岛国，面积757.5平方公里（2008年巴中央统计局数字），介于卡塔尔和沙特阿拉伯之间，距沙特阿拉伯东海岸24公里，卡塔尔西海岸28公里。巴林的可耕地面积约为4%，6%为草地和牧场，其余为沙漠、荒原和城镇。巴林海域为8269平方公里，海岸线161公里，领海12海里，毗邻区24海里。

巴林，阿拉伯语的意思是“两海”。据说早先巴林岛两侧的海水因深浅不同而呈现两种颜色，巴林岛位于颜色不同的两海之间，故称“两海之国”。另一种说法是，巴林岛附近有淡水从海底冒出，岛周围海水分淡水和咸水两种海，故名“两海”。据地质学家考证，巴林原是阿拉伯半岛东海岸的一部分，由于长期的地理结构和地质板块的变化，逐渐脱离了半岛，像一叶孤舟游弋到东边的海面上。巴林是世界上面积不到1万平方公里的袖珍国之一，有“海湾珍珠”和“波斯湾绿洲”的美称。

巴林是一个多岛屿的国家，在36个大小不同的岛屿中，现有人居住的岛屿主要是巴林岛（Awali，也称阿瓦利岛）、穆哈拉克岛（Muharraq）、锡特拉岛（Sitra）、纳宾萨利赫岛（Nabinsaleh）、吉达岛（Jiddah）、乌姆纳桑岛（Umm an na'san）、阿姆瓦吉岛（Amwaj）、瑞夫岛（Reef）、阿勒达尔岛（Al Dar）等。巴林人口为1234571人（2010年人口普查数字），其中巴林人568424人，外籍人666172人。96%为穆斯林，其中逊尼派占35%，什叶派占65%。阿拉伯语为官方语言，英语广泛应用，波斯语和乌尔都语也应用。

巴林岛是最大的岛屿，也是巴林王国的主岛，位于海拔30~60米的石灰岩台地。南北长48公里，东西宽16公里，面积562平方公里，占巴林总面积的79.5%。首都麦纳麦位于巴林岛北部，面积约25平方公里，人口20.9万（2005年统计数字）。巴林时区属东3区，比北京时间晚5个小时。

巴林岛地势为右沿海向内地逐渐升高，其海拔最高点为

巴林街景

137米。巴林岛地形大部分是较低的沙漠平原，到中部缓慢抬升为低平的断崖，还有部分是由粗糙石灰岩组成的石山和沙地。在巴林岛中央有一长19公里、宽6公里的洼地，那里高耸着杜汉山，意思是“烟之山”，为海拔最高点。该山周围经常有薄雾环绕，油井大多位于此山附近。巴林的其他岛屿也仅略高出海平面，地形以沙漠为主。

杜汉山北部沿海依靠泉水和泵井灌溉，种植蔬菜与农作物，包括椰枣、水果、小米、小麦等。西南海岸低地有盐沼。杜汉山山麓产石油，油田中心在阿瓦利。炼油厂设在该岛东北部，靠近首都麦纳麦。油港设在附近的锡特拉岛。穆哈拉克岛位于巴林岛的东北部，是巴林的第二大城市，建有巴林国际机场、哈里法港口、船舶制造厂等，两条通畅宽阔的堤道大桥将巴林岛和穆哈拉克岛连接起来。巴林锡特拉港有扩建的海水淡化工厂，发电厂和石油储备库，是巴林石油公司的储油站。最小的岛屿是位于阿瓦利和锡特拉之间的那宾萨利赫岛。巴林西北部的吉达岛和乌姆纳桑岛是监狱、娱乐场所、巴林皇族的私人领地以及富人花园别墅所在地。

巴林的气候多属热带沙漠性气候。其气候特征之一为春秋两季短，冬夏两季长，其中1月、2月、3月、4月、11月和12月的气候舒适宜人；特征之二是岛内气候温差变化较大，每年5月到10月为夏季，气候炎热、潮湿，气温接近40摄氏度。6月和7月，巴林最高气温达52摄氏度。冬季气温在10~20摄氏度，较舒适。巴林年均降水量70毫米，农业灌溉也来自流泉。巴林岛在夏天经常有来自西南部的闷热、干燥的季风，但在6月的巴林岛上偶尔也有一丝凉风光临，为巴林增添一些快意。这是因为从9月到次年3月，巴林地区刮起夏马风

（shamal，中亚地区及海湾一带的一种寒冷的西北风），将潮湿的空气从东南部带到岛上。

第二节 国名、国旗、国徽与国歌的变更

1971年8月14日，巴林酋长国宣布独立。8月16日改称“巴林国”。2002年2月14日，巴林进行国体和政体改革，巴林国更名为“巴林王国”。

1783年，巴林人赶走波斯人后，宣布独立。独立后的国旗为一面红旗。1820年，英国人入侵巴林，强迫其签订《波斯湾总和平条约》。条约中规定：“友好的阿拉伯人在陆、海应使用红色的旗帜，旗上可根据各自的选择绘制或不绘制字母，但字母必须绘制在旗帜的白边上。”根据这一规定，巴林又在原来的红色国旗左边加了一道白色竖宽条。1932年，为区别于其他海湾国家的国旗，巴林将国旗中白色与红色交接处改为细密的锯齿形。1972年巴林独立后启用新国旗，将原来红白交接处的锯齿形改为8个，代表8个部族。2002年2月14日，巴林国改制为“巴林王国”，国家元首埃米尔改称国王。国旗的锯齿减为五个，象征伊斯兰教徒终身必须遵守的五大功课。目前巴林国旗呈横长方形，长和宽的比例约为5∶3。旗面由红、白两色锯齿交错。白色在上，靠旗杆，代表和平，红色代表英勇战斗。

巴林国徽为盾形。盾面为竖立的国旗图案，上部为白色，下部为红色。盾徽周围以红白花冠装饰。国旗图案由时任巴林酋长的政治顾问查尔斯·贝尔格瑞夫设计。国徽顶端曾经绘有一顶象征王室权威的王冠，现已取消。

游行的人群高举巴林国旗

巴林国歌过去没有歌词，只有7小节的号角之音，曾被称为是世界上最短的国歌。2002年，哈马德国王政改时，修改国旗，同时制定新国歌。现国歌名称为《我们的巴林》，由穆罕默德·苏德基·阿雅士作词。作曲佚名。歌词大意是：我们的巴林，平安的国家，好客的民族，受我们智勇的君王保护，在正义与和平的真谛上立足，巴林王国永存万古。

第三节　国家元首、国体与政体

国王哈马德·本·伊萨·阿勒哈利法，1999年3月6日即位埃米尔，2002年2月14日改称国王陛下。

巴林为君主立宪制王国。国家元首为哈利法家族世袭，掌握政治、经济和军事大权。1999年，哈马德继任埃米尔，政权平稳过渡。2002年2月前巴林国名为“巴林国”，哈马德国

王登基后，进行政治体制改革，国名改制为“巴林王国”。1971年8月14日为独立日，12月16日为国庆日。首都麦纳麦(Manama)。

独立后第一部宪法于1973年6月2日颁布，同年12月开始生效。2000年11月，成立宪章全国最高制定委员会，负责制定民族宪章。2001年2月，巴林举行全国投票，以98.4%的支持率通过了《国家行动宪章》。2002年2月14日，颁布新宪法，改国体为王国制，修改国旗，确定新国歌，埃米尔改称国王。解散协商会议，设立两院制议会，加强司法独立，实行三权分立。

1970年巴林组成咨询性质的12人国务委员会，负责内政和外交事务。1972年选出制宪议会，1973年成立国民议会，后被解散。现任国王继位后，决定恢复议会民主。2002年10月，巴林成立由协商会议和众议院组成的两院制国民议会。协商会议主席和39名议员均由国王任命；众议院由40名直选议员组成，议长由议员选出。两院任期均为4年，届满可连任。本届协商会议和众议院组成分别于2010年11月24日和2010年11月，协商会议主席仍为阿里·萨利赫·阿卜杜拉·阿勒萨利赫，众议院议长也仍为哈立德·本·艾哈迈德·阿勒道赫拉尼连任。

本届政府于1975年组成，2002年11月11日、2006年12月、2010年10月23日至30日巴林举行的第一届、第二届、第三届国民议会选举后，对内阁先后进行调整，但首相从未更换。现内阁主要成员均为哈利法家族成员。2011年2月，受突尼斯、埃及等阿拉伯国家的民主改革浪潮影响，巴林街头也出现了持续的什叶派反对派的声音和示威游行，提出民主选举内阁，取消首相终身制的现体制，要求什叶派与逊尼派政治权利平等和改善民生等诉求。在民众的压力下，2月26日，哈马德国王颁令解除内阁事务大臣、住房大臣、卫生大臣和水电大臣的职务，取而代之的清一色的什叶派官员任职。但因宗派斗争的持续，什叶派的新任住房大臣和卫生大臣先后辞职。

第四节　巴林行政区划及各省简介

巴林王国的地图酷似一只面向东方的海马，由36个不同大小的岛屿组成，最大的岛是巴林岛，也叫阿瓦利岛。巴林总面积为757.5平方公里（2008年统计数字），人口1234571人（2010年统计数字），其中巴林568399人，外籍666172人。巴林分为5个省，巴林岛上有4个省，东北部有一个与巴林岛相连的穆哈拉克岛，是巴林的第二大岛和另外一个省份。这五个省分别为首都省、北部省、中部省、南部省和穆哈拉克省。各省内又划分为若干个区，其中首都省有6个区，北部省有5个区，中部省有5个区，南部省有3个区，穆哈拉克省有4个区。

首都省位于巴林岛东北部，是首都麦纳麦市所在地。该省面积为37.53平方公里（2008年统计数字），人口329510人（2010年统计数字），占总人口的26.7%。该省分为6个区，分别是霍拉区、伊本·希纳区、阿勒拉兹区、纳伊姆区、谢赫萨巴赫·阿勒萨巴赫区和比拉德·阿勒卡迪姆区。现任省长为谢赫哈穆德·本·阿卜杜拉·阿勒哈利法。该省是巴林王国的政治、金融、文化、教育中心，得天独厚的地理位置使麦纳麦这个古老的城市在历史上就已经成为东西方交往的重要枢纽。麦纳麦港和萨勒曼港是巴林最为古老的港口，为上下海湾和东西

大陆的物资交易发挥了巨大作用。麦纳麦是世界天然珍珠的贸易中心，也是世界重要的金融中心之一，有阿拉伯世界的“苏黎世”之称，被誉为“中东的香港”。市内有国王接受本国官员、家族成员和外国使节祝贺节日的萨海尔宫，首相府戈代比亚宫、外交部大楼及部分部委办公大楼。该省有喜来登、希尔顿、丽都假日、洲际、皇冠、雷金斯、海湾、利斯卡尔顿等五星级酒店及其他星级酒店百余家。北区是国家机关、商业区和数百家本国和国际银行等金融机构所在地；东北部经伊萨大桥可通向建有巴林国际机场的穆哈拉克岛，南部沿海有萨拉曼港；北部海湾建有巴林湾、金融港、利斯卡尔顿酒店等，与瑞夫岛相连。首都麦纳麦市成立于1919年，是海湾地区建立的第一个城市，在阿拉伯语中意为“住宿之地”。麦纳麦面积为31.19平方公里，人口329510人，其中本国67589人，外籍261921人，占麦纳麦总人口的79.4%。巴林独立以来，该市经过30多年的建设，已成为一座规划合理，交通便利的现代化城市。围绕市区建有六至八车道的高速公路，分别被命名为谢赫哈利法·本·萨勒曼大道、费萨尔国王大道、法蒂哈大道、谢赫伊萨·本·萨勒曼大道以及阿勒法蒂赫大道、费萨尔大道、伊萨大道、哈利法大道等。西区建多座大型商城，如“希福商城”、“巴林商城”、“达纳商城”、“城市商城”等。

市区内巍峨耸立的写字大楼、豪华酒店、高档别墅错落有致，鳞次栉比，建筑风格现代，造型各异，沿街绿树成荫，绿化成绩显著。麦纳麦东北部沿海除原来的诸如萨勒曼港口和一些传统景观外，经持续填海拓地，建设了很多海滨酒店、开发区、度假村等，金融港、巴林湾等重点项目尤为壮观。麦纳麦的东部沿海建有巴林博物馆、古兰经之家、国家艺术中心、阿勒法蒂赫大清真寺、巴林国家图书馆、游艇俱乐部等。遗产古迹有巴林城堡、卡米古清真寺等。有代表性的“巴林门”老商业区是20世纪40年代在麦纳麦北部修建的通往巴林海峡的门户。到巴林的访问者一般都弃舟登岸，通过该拱门进入巴林，这里有麦纳麦古老的露天剧场和商场。

巴林景色

由于城市建设的步伐加快，各种车辆在面积不大的巴林岛上行驶，交通开始拥堵。2009年底竣工的通往各个省市的立交桥工程部分完工，相对缓解了一些路段的堵塞现象。麦纳麦人口剧增，特别是巴林与沙特连接的法赫德大桥建成之后，推动了巴林与沙特的相互交往。不少人虽然工作在沙特，但居住在巴林。每天需要经大桥往返沙特与巴林的人数非常之多，特别是到了周末或节假日，法赫德大桥车流熙来攘往。过往车辆

少则几千辆，多则几万辆。据巴林官方统计，2011年元旦前夕的一个晚上，从大桥上过往的车辆竟达6万余辆。车辆和人数的剧增使麦纳麦城较过去繁忙和兴旺了许多，促进了巴林酒店业、交通业、娱乐业、餐饮业、购物和旅游业的发展。每逢巴林各商城一些国际品牌打折促销或巴林举办秋季等商品展时，也会看到沙特等周边国家的人们，特别是穿着黑袍的沙特妇女购物群体，将大量的商品购买回去，巴林商人显然生意红火了一些。在麦纳麦，人们感受较深的是食宿非常方便。比比皆是的各类星级酒店，各种风味的饭馆、咖啡厅等建设在别具特色的老城区的狭窄胡同内，小巧精致的门脸，进去却是异国情调，别有洞天，吸引了不少慕名而来的追求浪漫和生活品质的本地与外国美食人群。

位于东区海滨大道之侧的巴林国家博物馆向游人展示着巴林约五千年的悠久历史。古老的迪尔蒙时代的各种文物，栩栩如生的民俗雕塑给人留下深刻的印象。与博物馆相邻的国家艺术中心，造型典雅，独具一格。附近的古兰经之家更是具有浓厚的伊斯兰特色，收藏着几千种版本的古兰经，堪称世界之最。

北部省位于首都省的西南部，中部省的西部，面积140.79平方公里（2008年统计数字），人口276949人（2010年统计数字），占总人口的22.4%。北部省分为5个区，分别是吉达夫区、卜代亚区、哈马德城、科威特区和穆罕默德·本·扎西姆·卡努区。现任省长为贾法尔·哈桑·本·拉吉布。该省西部沿海地区保存着一些古迹，如杰斯拉故居、巴尔巴尔神庙、杰斯拉手工艺中心等，这些巴林哈利法家族统治者的故居、遗产、城堡以及巴林传统手工艺制品的展示吸引了众多本国和外国游客参观考察。该省西北部有一座新兴高档居住区，这就是布代亚区。该区沿海而建，风光秀丽，居民区建筑风格豪华现代，居住环境幽雅舒适，很多当地居民和外国人在这里居住。该省西里法区内有一座以国王名字命名的“哈马德城”，是巴林第一批“安居工程”的重点项目，是该省普通居民的重要居住地。该省南部还建有跑马场、各类赛马俱乐部等。

中部省位于首都省的西南部，北部省的东部，面积84.75平方公里（2008年统计数字），人口326305人（2010年统计数字），占总人口的26.4%。该省分为5个区，分别是阿里区、伊萨城区、锡特拉区、哈马德·卡努区和艾哈迈德·阿里·卡努区。现任省长为穆巴拉克·本·艾哈迈德·阿勒法迪尔。该省是一个较为古老的省份，这里保存着史前3000年以上的世界最大的冢林，也曾被人们称为“万冢之岛”或“死岛”。这里的坟山墓海延绵数十里，占地30多平方公里。一个个人工土丘，横排竖列，视野颇为壮观。如今，部分坟山上已建筑了房屋，构成现代别墅周围环抱着巨大坟山的奇特景观，令人叹为观止。这里有个叫阿里的地方，是巴林最为古老的陶瓷制造作坊。如今这个制陶作坊仍然存在，政府将其作为文化遗产保护起来，很多家庭依然在这里用原始的方式制作出各类粗犷实用的陶器。这里的“伊萨城”是密集且较为贫困的居民点，城市建设较为落后，目前一条立交桥工程正在建设。相信随着交通的便利和人员与物资的流动，这一地区会逐渐繁荣起来。该省还有新建设的巴林国家体育场。

南部省位于巴林岛的最南端，地势以沙漠和岩石土为主，面积438.3平方公里（2008年统计数字），人口101465人（2010年统计数字），占总人口的8.2%。南部省是巴林最大的省份，但人口稀少。省内分为3个区，分别是里法区、扎阿斯科诊所

区和扎拉克区。现任省长为谢赫阿卜杜拉·本·拉希德·阿勒哈利法。里法地区是哈利法皇室家族的居住地，建有国王宫与王后宫以及其他重要王室成员的豪华庄园别墅，因此，里法区被称为皇家区域或富人区。这里的城市建设已经非常完备，到处绿树成荫，鲜花成片，特别是沿海地区，皇家庄园、私人海滩、游艇俱乐部以及一些大家族和外国富商、海湾国家以及部分欧洲国家的使馆占据了这里最为美丽富庶的地方。建设在扎拉克地区的巴林著名高等学府巴林大学成为众人皆知的地方。该省中部地区是巴林国家炼油厂和国家石油公司所在地，因此也是重要的经济省份。大面积的沙漠滩上排列着一条条输油管道，到处可见的是天然气厂、石化厂和零散的打井机在那里工作。这里著名，一是因为杜汉山为巴林最高山，二是因为在杜汉山附近，于1932年发现了巴林第一口油井，并开采了巴林第一桶石油。

南部省虽然地广人稀，荒沙茫茫，但近十年来，巴林政府对这里的许多处女地进行了开发和利用。著名的F1国际赛道就建设在这里，从2004年开始已经举办了7届国际赛车比赛。巴林著名景点之一“生命之树”也生长在这里。这棵根深叶茂的大树之所以被人们称为“生命之树”，是因为它的周围全部是黄沙一片，毫无生命迹象，但这棵参天大树却顽强地生长了几百年。对于形成这一奇妙景观的奥秘，至今无准确答案。在该省的西部沿海建有一个野生动物园，除有供游人休闲的小溪、庭榭、草坪、花卉、游乐场等外，这里还生存着巴林及海湾地区各种稀有的动物和鸟类，为保护野生动物和维护生态平衡发挥了重要作用。荒沙之中，还建有跑马训练场、冲沙公园，西南部海域还有供普通居民和外国游客休闲的海滩。该省最南端的一项重大填海拓地房地产工程，是杜哈度假村项目。另外，该省东部海域还建有游船码头，供游客乘船进入哈瓦尔群岛旅游、度假。

穆哈拉克省位于巴林第二大岛——穆哈拉克岛上。该省面积为56.13平方公里（2008年统计数字），人口189114人（2010年统计数字），占总人口的15.3%。该省有4个区，分别是迪亚尔区、阿拉德区、穆哈拉克区和谢赫萨勒曼区。现任省长为萨勒曼·本·伊萨·本·罕迪。穆哈拉克省是巴林最早开发的省份之一。城市建设规划有序，绿化程度高，特别是巴林国际机场的建设给该省带来巨大的发展契机，带动了全省的经济、贸易、文化、旅游等各方面的飞速发展。巴林国际机场目前正在不断地扩建之中，以适应不断增长的机场客流量。2009年，经过几年建设的哈利法新海港、新物流区和客运码头已经开始运作，逐渐取代了原来的萨勒曼旧港，吞吐能力、接待船舶能力、业务量和利润已明显提升和增加。这里还有海湾地区最大的船坞，可为各种船舶提供维修服务。该省还建有新的工业园区，老钢铁厂也在扩建和更新改造过程中。该省沿海还有一个较大规模的造船厂，制造的捕鱼船除供哈利法王室和当地渔民外，还向周边海湾国家销售。

穆哈拉克省最早为巴林的首都，分为南城和北城。南城为老城区，北城为新区。南区有古老的阿拉德城堡、希亚蒂故居和谢赫伊萨老酋长的故居、哈德老港、易卜拉欣文化遗产村、马塔尔博物馆等。北城有巴林国际机场、阿穆瓦吉岛的新居民区、新工业园区、迪亚尔新区等。该省城市建设前卫、现代，海水被引进市区，形成城中有水，水中有城，城市建筑、公园、水路为一体的美丽的休闲景观。

第二章　悠久历史

第一节　记录巴林历史的国家博物馆

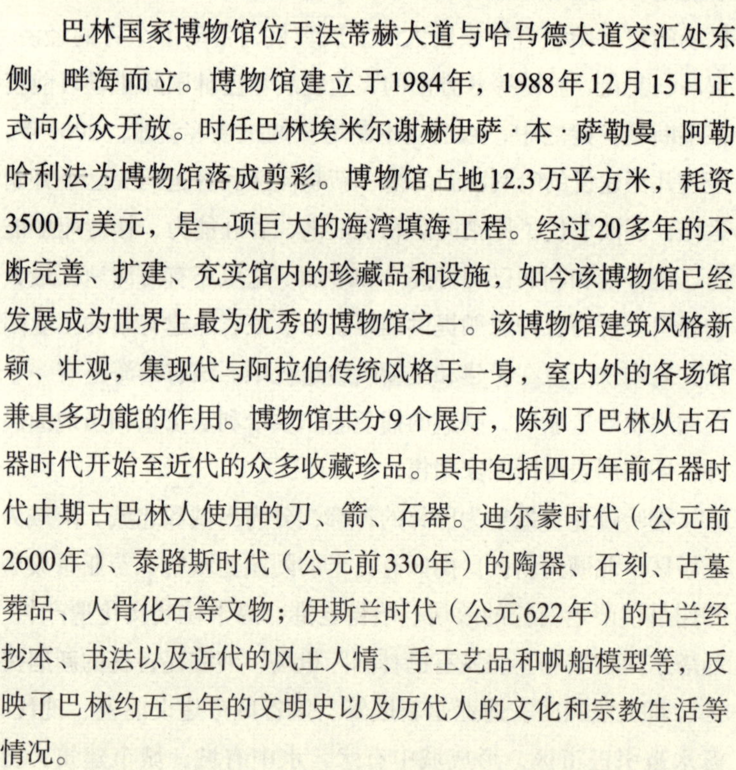

巴林国家博物馆位于法蒂赫大道与哈马德大道交汇处东侧，畔海而立。博物馆建立于1984年，1988年12月15日正式向公众开放。时任巴林埃米尔谢赫伊萨·本·萨勒曼·阿勒哈利法为博物馆落成剪彩。博物馆占地12.3万平方米，耗资3500万美元，是一项巨大的海湾填海工程。经过20多年的不断完善、扩建、充实馆内的珍藏品和设施，如今该博物馆已经发展成为世界上最为优秀的博物馆之一。该博物馆建筑风格新颖、壮观，集现代与阿拉伯传统风格于一身，室内外的各场馆兼具多功能的作用。博物馆共分9个展厅，陈列了巴林从古石器时代开始至近代的众多收藏珍品。其中包括四万年前石器时代中期古巴林人使用的刀、箭、石器。迪尔蒙时代（公元前2600年）、泰路斯时代（公元前330年）的陶器、石刻、古墓葬品、人骨化石等文物；伊斯兰时代（公元622年）的古兰经抄本、书法以及近代的风土人情、手工艺品和帆船模型等，反映了巴林约五千年的文明史以及历代人的文化和宗教生活等情况。

巴林博物馆是一座非营利、教育与科研相结合的综合机构，由巴林文化部文化遗产局管理，目的是保护、创造和传承巴林与海湾地区的艺术、自然和文化历史知识。几十年来，该博物馆通过收集、保护、研究、诠释和使用这些有形文物已经实现了这一目标。博物馆通过其现代化的设施和设备，特别是一套非常严谨的管理手段和专业操作标准，使这些藏品不被遗失、损坏或因管理不善而不加鉴别地散落在那里。博物馆不仅替巴林人民妥善保管好了这些历史文物，同时还承担着使其不断规范化和持续发展扩大的重任。巴林的考古人员在野外遗址的精心挖掘、研究和考证，博物馆内的技术人员对挖掘出来的文物悉心清洁与整理，然后按照其珍贵和重要程度择优陈列在博物馆内。这种延续不断的工作使博物馆内的藏品不断扩大、更新，同时还承担着到其他国家和地区展出的任务。

博物馆的第一部分展出的是石器和迪尔蒙时代的出土文物（公元前5000年~前330年）。这些文物大多是从巴尔巴尔神庙、卡拉特城堡、阿拉德城堡、迪拉兹庙、乌姆苏祖庙、哈马德城内的坟山等地出土。陈列品中，我们看到有石器时期发现的居民用来制作工具和箭头等武器用的打火石，以及贝壳类海产品的化石；迪尔蒙时代居家用的粗陶制碗、罐、杯、盆等，还有一些是做工较为精细的彩陶和刻有精美花纹的餐具等，证明了当时这里有人类生活并具有一定的制造水平。在萨尔庙和巴尔巴尔神庙的遗址中，发现有黄铜浇铸的鸟类、铜牛头等装饰品，还有大量石制印章等，证明当时金属制造业的发展和行政机构雏形的出现。

展馆第二部分是巴林人古代的生活情况。展馆展示了古代人出海捕鱼用的捕鱼船，这种船十分简易，是用棕榈树的树干和树枝制成。展品中有当时人们用石头制作的用来粉碎谷物的用具，还有相当多数量的陶制餐具、炊具等。大量古代印章中刻有牛、羊、人物等形象，说明当时人们已经开始饲养牲畜。从壁画雕刻的人物、景物、捕鱼、制陶等场景证明当时的人们已经开始从事相关活动。文物中还发现有金属类、贝壳类、石头类等制作较为精细的项链、手镯、戒指等挂件和饰品。

展馆的第三部分是提洛斯（Tylos）时期。提洛斯是迪尔蒙地区希腊文的名字，这个时期大约在公元前330年至公元622年间。由于当时希腊、罗马帝国、波斯帝国以及后来的波斯的萨珊王朝对巴林北部、东部地区的统治，使巴林北部与亚洲地区一度隔断联系，希腊文化对该地区的影响加大，特别是陶器制品、玻璃器具类和珠宝类的制作以及希腊的习俗、商人和商品的进入，使巴林北部地区十分繁华，特别是卡拉特古堡城市的出现成为这一时期文明进步的重要标志。迪尔蒙时期古墓群的出现也说明当时城市人口的增加，众多外来人口的墓穴也说明当时外来商人频繁进入巴林的情况。展厅中陈列的从卡拉特城堡和沙库拉古墓群中出土的希腊提洛斯时期的铜器、石雕、陶土人物、动物雕像、蓝色和绿色的陶器罐类餐具、精美的宝石首饰、钱币等都证明当时受希腊与波斯文化影响较深的巴林文明。

第四部分是伊斯兰教传入巴林。公元7世纪，阿拉伯半岛产生了伊斯兰教。公元629年，先知穆罕默德向当时的巴林酋长塔米米发出了一封信，请他的臣民接受伊斯兰教。由于巴林与伊斯兰教的发源地麦加和麦地那距离不远，因此成为较早接受伊斯兰教的地区。先知穆罕默德的代表——一个叫阿拉的人，在岛上进行伊斯兰教的宣传活动，巴林社会的下层民众对伊斯兰教产生兴趣，但上层显贵们却对此抵抗。阿拉率领新教的岛民粉碎了显贵们的抵抗，进占巴林岛。之后，又出现了几次波斯军队与巴林显贵之间的争斗，最终巴林回到伊斯兰教的怀抱。现存巴林的海湾地区最为古老的哈米斯（al khamis）清真寺和巴林古老清真寺贾马拉（Jamala Mosque）清真寺就是当时伊斯兰时代历史的见证。

第五部分展出是公元16世纪至17世纪的历史文物。这里主要陈列的是葡萄牙、土耳其、西班牙、波斯等外国军队入侵巴林时的一些军事地图。有些是后来经外国绘图专家制作的当时双方战事部署草图，如设在巴林北部沿海边的一些历史城堡：巴林卡拉特城堡、迪万城堡、比拉德·阿勒卡迪姆城堡、阿布·马哈尔城堡、阿拉德城堡以及里法城堡等防御性军事设施。还有葡萄牙、土耳其军队的军营、炮兵基地和军舰部署情况草图等，展示了当时巴林抵御外来入侵双方交战时的情景。

第六部分是公元18、19、20世纪哈利法家族开始统治巴林的情况。该部分主要介绍了哈利法家族的家谱、历任统治者的简历，陈列着一些当时颁发的历史文件，如1580年以300块银币拍卖阿里地区的一个庄园的文件、1932年巴林首次在阿拉伯地区出售6万桶石油的文件、1930年巴林早期的护照版本、由谢赫萨勒曼·本·哈马德·阿勒哈利法盖过章的文件、巴林早期发行的带有谢赫萨勒曼·本·哈马德·阿勒哈利法头像的邮票、1920年公布的城市法的部分章节等，展馆中还陈列着一些历史照片，如1961年，谢赫伊萨·本·萨勒曼·阿勒哈利法殿下登基时的情景、1971年巴林独立时，谢赫伊萨·本·萨勒曼·阿勒哈利法埃米尔殿下签署独立文件，等等。

第七部分，展馆用大量的实物、照片、场景再现巴林的文化与传统，如传统的婚嫁习俗、儿童成长过程中的游戏、巴林传统男女服饰、传统民间乐队、如何庆祝传统节日等。展馆还通过照片和图解讲述了巴林民间传统医学，治疗的方法与中国的中医疗法极为相近。人物和场景逼真地介绍了巴林传统手工艺制作的过程，如刺绣、制陶、编织草席、纺线、织布、编织草篮等。巴林是海湾国家以采集珍珠闻名的国家。展馆展出了采珠船的模型，文字和照片介绍了过去采珠人的艰辛生活。

巴林草编工艺

第八部分是自然历史馆。展馆图文并茂地向参观者详细介绍了巴林丰富的海洋资源和动植物资源，使我们了解到了在这个小岛上还生存着种类繁多的生物族群。

第九部分是艺术馆。主要展出一些传统和现代绘画。

除巴林国家博物馆外，巴林还有一些特色博物馆。如建在巴林货币局内的货币博物馆，收藏着古代阿拉伯、伊斯兰及拜占庭时期的用金、银铸造的各种货币。石油博物馆位于1932年巴林发现石油后，挖掘的第一口井的附近。该博物馆建于1992年，馆内展出了古老的钻井工具、从井下挖掘出的石油石块样品、勘探地形图纸以及巴林石油公司的有关资料等。潜水采珠博物馆内展出的有巴林人在发现石油前的生活写照，特别是潜水采珠、民俗服饰、本土乐器、婚礼陈设、民间工艺品、历史照片、草药医疗等。

第二节　史前世界上最大的坟山墓海

巴林是波斯湾上的一个小岛国，可就在这么一个小岛上，却保存着世界上史前最大的冢林，也曾被人们称为“万冢之岛”或“死岛”。来巴林前我们也曾在一些史料上看到有关这方面的信息，但这片坟山墓海到底是个什么样了，想必应该是非常之壮观和震撼的。2010年6月15日，我们在一位巴林朋友的带领下，驱车来到了位于巴林岛北部，首都麦纳麦以西的阿里地区的冢林。

车辆行驶到这里的时候，我们并没有马上意识到冢林已到，却在高速路旁看到了一个又一个的碎石山丘，原还以为是采石场，谁知这就是我们一直想要看到的冢林。而这些一望无际的碎石山丘，就是5000年以前的坟墓。这些山包有大有小，连绵不断，但坟前却没有任何墓碑类的标志。我们下了车，步行走进了坟场。脚下踩着碎石，望着大多3米高，有的甚至有10米高的坟头，真是不可想象5000年前的坟墓居然能留存到现在。一些墓穴已经被旧人挖掘过，里面的财宝估计已被盗墓人抢劫一空。

据介绍，历史上的巴林一直是海湾沿海地区居民埋葬亲友的地方，是史前时期世界上最大的冢林。这里埋葬的不仅是巴林人的祖先，也有海湾各国、海湾沿岸地区以及来往于海湾及世界各地的居民。这里埋葬的不仅有普通的渔民、商人，也有该地区的富裕人家的祖先。由于年代久远，前人之墓被泥沙埋没，后人复葬其上，一层叠一层，终成沙丘，最高达10米。一个个人工土丘，横排竖列，形成一种奇特的景观。1879年，英国人初次对这些土丘进行发掘，才发现这竟是些坟墓。

根据巴林国家博物馆资料介绍，在巴林岛上共有85000座坟山，大部分都是距今5000多年的墓穴。这里的坟山墓海大约有30多平方公里，约占巴林岛面积的5%。墓穴大概有4种类型，一般是根据其大小、外形、结构、质地等分类。最大的墓穴在巴林岛的萨尔（Saar）地区，约占地4平方公里；最小的在布里（buri）地区。坟海密度最大的在卡尔扎甘（Karzakkan）地区，平均每100平方米就有93个墓穴。巴林岛早期的坟场出现在迪尔蒙时期（公元前2800年~前2000年），当时约有170000座古老墓穴。很多小坟墓建在西部流动的洼地中，最北边和北部的墓穴则建在里法（riffa）地区的平原上。墓穴相对较小，占地约7米宽，高68公分。这些墓穴的建筑风格体现了当时该地区的文明程度进入了一个新的阶段。巴林中期（公元前2200年~前1900年）的坟山在规模上比早期的墓穴大了一些。而后期（公元前2000年~前1600年）的坟山则发生了很大变化。如在萨尔地区，方圆4平方公里的坟山墓海，每个墓穴的直径都大于50米，约90%的墓穴建有围墙和中心墓穴房间。典型的墓穴一般有一个单人间和围墙，有的墓穴有数个房间和几道围墙，甚至还有非常宽敞的墓穴入口。有一种类型墓穴被称为群体葬墓穴，如在萨尔地区、阿里地区和哈马德城内就有这样的墓穴遗址。这种墓穴类型体现了当时有家族成员共葬一处的习俗，或专门为一些在当地社会地位显贵的人士或家庭选定的固定地点制作的特殊墓穴。在阿里地区的坟场中，建有大约公元前2000年的皇家坟山，埋葬着皇家成员。这种墓穴也是迪尔蒙时期最为典型的贵族墓穴，墓室长10米，且一个挨着一个，有的所用石料达3吨以上。1906年，这座皇家墓穴被挖掘，一些墓室初见天日，围墙、天花板等清晰可见，还可看到墓穴过道墙上为置放油灯挖掘的小洞，甚至连当年劳工在墙上留下的手印都清晰如初。

在萨尔地区还存有一大片公元前2000年~前1600年的“复合坟场”。这个墓群位于萨尔村南面的一个斜坡上。这片墓群1978年被一个来巴林的阿拉伯考古队发现，并于1978年至1986年被挖掘。这一复合墓群共有1500个墓穴，之间由石墙分隔。每个墓穴中埋有一个成年男性或女性，卧式面朝北，腿自然弯曲。另有一些孩童专用墓穴。这片墓群看上去极为壮观，墓穴一个连着一个，好大一片。从中还出土数量可观的陶器、碗罐、铜器、各类刀具、炊具等陪葬品。

众多的历史坟冢成为历史学家考古的宝贵资源。考古学家已对60多座坟墓进行了挖掘和考证，发现古墓的历史上限在公元前3000年的青铜器时代。在坟层之下和坟林附近，发现古人的部落和城镇的遗址。

城镇遗址，城墙基础厚4米，城内房屋多为正方形石屋，庙宇有宽阔的石门。巨大的祭坛和施行宗教洗礼仪式的水池。它们同4000多年前的巴比伦城一样古老。表层出土的晚期文物，有印度的陶瓷，地中海沿岸的天青石制品，东非的象牙制品，中国的灯碗、马灯、手推小磨、古钱，说明古城对外贸易的繁华。这个说法从我们在附近参观的陶器作坊里似乎找到了一点答案。阿里地区的土质并不适合制作陶器，但这里却是巴林唯一的传统陶器制作地区，并且已有400多年的历史。他们制作的陶器非常类似中国灯具、手推小磨、花盆、储钱罐等制品。

墓场所在之处的地质情况非常特别，坟墓山丘全是一种黑色，类似胶质，又硬又脆的碎石构成，与周围的沙漠地区的土壤全然不同。打开石层切面，黑白相间的一圈圈年轮记录着这里地质地貌的久远和变迁的历史。在我们采集的石块里还有带着珊瑚化石、动物骨头化石及海洋生物的痕迹，说明5000年前这里曾经是海洋。我们发现，昔日的坟山墓海在现代社会里已经悄然发生了变化。过去一望无际的坟山墓海的有些部分已经被现代建筑隔断，有的盖上了民居，甚至高层楼房，居住了不少当地居民。部分厂房、商店、民居的周围是随处可见的碎石坟墓和尚存的高大坟头山丘，向世人呈现了一幕5000多年前的古代死人与现代活人共处一地的奇异景象。

巴林国土上罕见的史前坟山墓海虽然与我们想象的冢林有很大差别，但这个极为壮观奇异的景观却在我们的脑海里留下了不可磨灭的印象。由此可见，巴林这个岛国在5000年前就是一个极为繁华、开放的，贸易活动极为活跃的地区，如今的“死岛”证明了史前巴林是一个地道的“活岛”，拥有自己鲜活而悠久的历史。这些历史遗迹无疑为考古学家提供了不可多得的史料，也为现代人留下了无尽的遐想。

考古遗址

第三节　永生之地——迪尔蒙时代

光阴荏苒，但巴林却没有留下史书，它的远古历史还是一个谜。阿拉伯各国的古籍不止一次提到天堂一般的“迪尔蒙岛”（Dilmun）。“迪尔蒙文明”是海湾地区出现的早期文明之一。在美索不达米亚遗址中出土的形文书泥板中，记录着苏美尔人的创世神话，将“迪尔蒙”描述为“神圣的”和“纯洁的”地方。“迪尔蒙”被誉为“太阳升起的地方”和“永生之地”。从苏尔美、阿卡德、波斯和希腊的史料来看，特别是从巴林出土的城址及冢林印证，迪尔蒙就是现在的巴林。由于处于美索不达米亚和印度洋的交通要道，岛上丰沛的泉水、葱茏的绿洲和盛产珍珠蚌的浅海滩，吸引了大陆居民来岛定居。

公元前3000年前后，这里已有原始形态的国家组织——迪尔蒙国。迪尔蒙也发展成为古代世界的贸易中心之一。公元前2795~前2739年，两河流域的苏美尔人企图打通波斯湾横越大陆到地中海的商路，数次摧毁了迪尔蒙的都城。公元前2000年左右，迪尔蒙范围扩大到科威特和沙特阿拉伯东部地区。迪尔蒙控制了海湾地区的贸易线路，十分富有，是该地区最重要的贸易中心。迪尔蒙的居民将城市加固，并建立起了神庙。公元前1000年前后，东地中海的腓尼基人征服了巴林，把它建为波斯湾的转口贸易中心，盛极一时。这里的物品种类繁多，包括铜矿、香料和熏香。

在巴林岛麦纳麦海边，有一座保存完好的巴林城堡，也称卡拉特考古遗址。卡拉特在阿文中是“城堡”的意思。根据考古研究证实，巴林城堡始建于公元前2300年左右，一直到16世纪仍是当地居民居住的地方。那时正是迪尔蒙文明最为昌盛的时期，距今已有5000多年历史。该城堡完全是用泥土垒起来的，在宽300米长600米范围的地层中，考古学家发现的古代文明遗址和出土文物中有住宅、商贸、宗教和军事设施等。从城堡中挖掘出大量的成堆散落的稻谷颗粒和在城堡周围陆续发现了大量来自东亚、东南亚地区的钱币等物品，其中包括中国的铜钱，由此证明这里曾是一个非常繁华的城镇，它是一个与外界进行商贸活动的口岸，同时也是迪尔蒙的首都，是迪尔蒙文明的重要标志。到了葡萄牙占领期间，该城堡再次被加固改为军营，沿海建成葡萄牙军队的港口。随后规模进一步扩大，故巴林城堡又被称为葡萄牙城堡。巴林城堡依海而建，景色优美，2005年被列入《世界文化遗产目录》，成为巴林唯一一个被列入联合国教科文组织世界文化遗产的景点。

公元前5世纪，巴林群岛被希腊人称为阿拉德（Arad）岛。公元前10世纪，阿拉德岛被来自叙利亚和巴勒斯坦沿海地区的腓尼斯人控制。腓尼斯人利用岛上的地下水开辟了棉花种植园，对当时地中海沿岸各国的经济发展发挥了一定作用。公元前5世纪后，希腊和罗马人的船只出现在海湾地区，腓尼斯人被迫撤离，巴林作为转口贸易中心的地位迅速下降。公元前4世纪末，亚历山大大帝派遣一支希腊船队开往海湾地区，在科威特的法拉卡岛上建立移民定居点，从此，希腊人的影响向南辐射到巴林，迪尔蒙的希腊名字叫“提罗斯（Tylos）”。亚历山大死后，迪尔蒙成为马其顿帝国的领土，希腊文化对巴林地区的影响在陶瓷、玻璃器皿和珠宝类等制作中有所体现。公元250年，波斯帕提亚（Parthia）人控制了巴林地区，并将海湾划入自己的势力范围。公元3世纪，波斯的萨珊王朝将巴林纳入政治版图。

第三章 政治改革

第一节 巴林国体与政体的变革

巴林在英国殖民统治时期，是通过英国的政治代理人对巴林进行统治的。巴林的直接统治者是酋长，酋长实行世袭制，如更换酋长必须经过英国政府的承认。酋长拥有行政、立法、司法权力，国家的一切决策权归于酋长。

1931年，巴林对行政管理制度进行了改革，先后成立了教育、卫生、公益及劳工部门等专门委员会。巴林的一些重要部门由英国技术专家掌控，其他部门则由哈利法家族的人员掌管。英国的一个秘书处负责定期发布预算、协调政府各部门关系，联络巴林政府与英国政府代理人。

1956年2月，巴林成立最高行政委员会，负责指导警察、公安、司法、土地使用、民事案件等部门和专门委员会的工作，监督市政局和村社委员会的工作。10名最高行政委员会成员由酋长指定，其中7名为统治家族成员，3人则从政府官员中挑选。

1970年1月19日，巴林发布了管理体制改革的第一号命令，建立了由12名成员组成的国务委员会，代替最高行政委员会的行政权和立法权。这次改革削弱了哈利法家族的势力，在12名成员中，只有4名王室成员。

1971年8月14日，巴林宣告独立。巴林酋长国改为巴林国，国家元首谢赫伊萨·本·萨勒曼·阿勒哈利法酋长将称谓改为埃米尔。同年12月16日登基，成为巴林独立后的开国君主，这一天被定为巴林国庆日。

巴林政体的突出特点就是国家元首实行世袭的长子继承制。1973年6月巴林颁布的宪法规定，国家统治权实行世袭制，由哈利法家族统治。谢赫伊萨·本·萨勒曼·阿勒哈利法传给他的长子，如此世代相传。但如果埃米尔以继位诏令指定另一儿子为继承人，则情况例外。国家元首掌握政治、经济和军事大权。埃米尔为国家元首兼武装部队最高统帅，有权任免首相、内阁成员、协商会议议员和决定议会开会日期及解散议会；国家的立法权属于埃米尔和议会，行政权属于埃米尔和内阁，司法审判权以埃米尔的名义行使；禁止组织政党或集会结社。

自独立以来，哈利法家族一直占据着内阁成员一半以上的职位。首相从未更换过，外交、内政、国防、财政、贸易等要害部门的大臣始终由王室成员担任。

1999年3月6日，埃米尔伊萨因心脏病突发逝世。当日晚，王储哈马德继任新埃米尔。哈马德继位后，于5月底改组内阁，但其内、外政策未变，巴林政权实现平稳过渡。为适应国际民主化潮流，哈马德埃米尔推出了一系列政改措施。2000年11月，哈马德发布埃米尔令，成立民族宪章全国最高起草委员会，负责制定民族宪章。2001年2月，巴林举行全国投票，以98.4%的支持率通过了《国家行动宪章》。2001年2月，颁布法令，取消国家安全法和国家安全法庭，宣布大赦，释放政治犯，允许流亡国外的政治犯返回巴林；放宽对新闻的控制，恢复政治结社活动，但不允许成立以党派命名的政治组织。2002年2月14日，巴林在庆祝《国家行动宪章》通过一周年之际，颁布新《宪法》，宣布巴林由传统世袭制酋长国转为君主立宪制国家，改国体为王国制，修改国旗，确定新国歌，埃米尔改称国王，解散协商会议，设两院制议会，司法独立，实行行政、立法、司法三权分立，开始建设法制国家。

巴林独立后就开始制定新宪法。制宪会议由42人组成，自1972年12月16日到1973年6月9日共举行了45次会议。1972年6月2日，新宪法获得批准，12月正式颁布。宪法主要包括5个部分：1. 国家和政府制度；2. 社会的基本要素；3. 公民的权利与义务；4. 权力机构；5. 一般性条款与最后决定。宪法对巴林的国家性质与政府制度作出了明确的规定，界定了国家机构的职能，奠定了国家基本政治、法律制度的基础。

执掌国家政权的哈利法家族属逊尼派。2002年10月举行议会众议院选举时，代表什叶派的政治派别"伊斯兰全国和解协会"与"民主爱国行动协会"、"民主爱国联盟"和"伊斯兰爱国行动协会"四个派别对新宪法中关于协商会议由国王任命并享有与众议院相同立法权的规定不满，认为这一规定确保了国王对议会的绝对控制权，决定抵制选举。在参选率为53%的情况下，选举产生了由温和派和独立人士组成的众议院。

抵制选举的四派不甘心被排除在政治生活之外，一直试图通过各种社会活动推动修宪，多次召集有关修宪的集会，并试图引入国际力量介入修宪。2004年初，四派联盟以15人名义向当局递交要求修宪的《请愿书》，当局强调任何在议会之外举行的修宪活动均属违法，并以“煽动非法集会罪名”拘留了15人，后经国王调解，当局与四派联盟达成妥协，同意就宪法问题进行对话，允许四派参与2006年下届议会众院选举。四派亦在修宪机制问题上作出妥协，15人被释放，反对派与当局围绕修宪的争论暂告平息。当局与四派虽未就修宪等问题达成协议，但对话协商仍未中断。2006年11月25日，众议院举行第二届国民议会选举。这次是巴林占多数的什叶派穆斯林的派别第一次参加选举。

1973年巴林宪法规定埃米尔为国家元首兼武装部队最高统帅。谢赫伊萨·本·萨勒曼·阿勒哈利法1961年继承父位成为巴林的第11位埃米尔。根据宪法，埃米尔的职责与头衔自动由父亲向其长子传承，因此，伊萨于1958年就已被确定为继承人，顺理成章继位。现在的统治者哈马德·本·伊萨·阿勒哈利法于1999年其父谢赫伊萨·本·萨勒曼·阿勒哈利法去世后继位。2002年，哈马德对巴林进行国体和政体改革，宣布巴林为君主立宪制国家，颁布新宪法，改国名为王国，改国旗和国歌，恢复了关闭已久的议会，并规定议会可以审议和批准法律，使巴林在政治民主化道路上迈出革命性一步。

内阁是国家最高行政机构，由国王任命，向国王负责。现任首相哈利法·本·萨勒曼·阿勒哈利法是前埃米尔的兄弟，是现国王哈马德的叔父。他自1971年担任政府首脑至今。目前主体内阁仍是独立后的内阁构架，虽多次调整过部分成员，改换过各部委的称谓，但首相从未更换过，副首相、内政、外交、国防、财政等要害部门大臣均由哈利法王室成员担任。哈马德国王1999年继位后，于5月底进行过一次调整。2002年

11月11日、2006年12月举行第一届、第二届国民议会选举后，对内阁先后进行调整。2010年10月23日至30日，巴林举行第三届议会选举后，哈马德国王接受哈利法首相提交的政府辞呈，并再次责成其筹组新政府。11月2日，哈马德国王颁令组成新一届政府。新政府在保留原3位副首相基础上，新增谢赫哈立德·本·阿卜杜拉·阿勒哈利法为副首相，以加强首相辅佐。内阁成员中新增后续事务国务大臣一职，名列大臣首位，显然旨在加大监督各部政府指令执行力度。新增水电部，将原来的文化新闻部改为文化部，单独成立了新闻总局。原市政和农业部改为市政和建设规划事务部，更加务实城市建设。前任国务大臣曼苏尔因涉嫌洗钱等腐败案被免职。总体看，此次内阁改组仅属局部微调，无重大变化。

2011年2月，受中东和阿拉伯国家民主浪潮影响，巴林什叶派群众上街游行示威，要求内阁民选，争取更多的政治、经济、就业、医疗等权利。哈马德国王于2月26日被迫更换了5名内阁成员，将原来的部分王室阁员由什叶派官员取代。其中包括：住房大臣马吉德·阿拉维（原劳工大臣，什叶派）、能源大臣阿卜杜勒·侯赛因·米尔扎（原石油天然气大臣，原石油天然气部与水电部合并）、卫生大臣尼扎尔·巴哈拉纳（原外交国务大臣，什叶派）、劳工大臣贾米勒·胡迈丹（什叶派）和内阁事务大臣卡迈勒·穆罕默德（原巴经济发展委员会项目执行主席）。之后，由于宗派斗争持续，什叶派的住房大臣和卫生大臣先后辞职。

第二节　协商会议与众议院

1970年，巴林组成了一个咨询性质的12人国务委员会，负责内政和外交事务。1972年，又组成了30人的制宪议会，其中22人经选举产生。1973年12月，经选举成立了巴林国民议会。国民议会是巴林的立法机构，未经国民议会通过和埃米尔批准，不得颁布法律。按选举法规定，国民议会议员按秘密投票方式选举产生。国民议会每年召开一次常会，会期不少于8个月。议会设议长、副议长、秘书各1人。1973年12月，巴林举行第一届国民议会会议，由30名当选议员与14名内阁成员组成，其中21名为民族主义左翼议员。他们提出了允许成立工会，将大公司收归国有等主张。1974年10月内阁颁布《国家安全法》，国民议会不予认可。1975年，内阁全体成员被迫辞职。为此，时任埃米尔伊萨宣布无限期解散国民议会，并将左翼领袖逮捕，由内阁行使立法权。

1992年12月，面对民众的改革要求，为安抚民心，埃米尔伊萨宣布成立协商会议。会议为咨询机构，无立法权，无任何实际权力。每届任期4年，可连任。成员和主席均由埃米尔任命。埃米尔有权罢免成员，有权解散议会。1996年末，巴林的政治民主愈趋扩大，协商会议被授予讨论政府政策的权力。1999年哈马德继位后，决定恢复议会民主。2000年12月16日，哈马德宣布将恢复关闭多年的国民议会。2001年2月，在全民通过的《国家行动宪章》中，巴林成为一个拥有选举议会的君主立宪制国家。2002年2月，哈马德国王颁布了新宪法，取代了1973年的宪法。根据巴林新宪法的规定，2002年

10月，巴林成立了两院制国民议会，取代了原来30人的一院制议会。国王颁令协商会议作为参议院（the Shura Council），并任命了议长和39名议员；众议院（the Chamber of Deputies）由40名直选议员组成，议长由议员选出。两院享有同等立法监督权，众议院的议员有权对立法，以及对颁布新法律提出计划与建议，但法律的颁布需经两议院通过后，呈国王批准。

至此，巴林议会由协商会议和众议院组成，协商会议职能为向国家立法、行政工作提供咨询意见和建议；众议院承担立法工作；国王、内阁和众议院拥有法律创设权，协商会议无法律创设权。对于现行国家法令和政策，议会有权对其进行“违宪审查”，并提交宪法法院审查，若经宪法法院裁决该法令或政策违宪，须立即停止执行。国王有权将议会已通过的法案交由宪法法院进行审查，经查实违宪，国王不予签署，该法案则不能实施。

议会两院均有权监督政府，并就有关问题质询内阁成员。众议院除拥有质询权外，还有权对内阁成员启动“不信任投票”。如“不信任投票”获半数以上众议员通过，该内阁成员必须辞职，或由国王下令解散议会，重新举行议会选举。议会不得对首相进行质询或启动“不信任投票”。

协商会议主席和39名议员均由国王任命。议员任期4年，可被多次任命。众议院40名议员来自巴林40个不同选区，由选民直接选举产生，议长由议员投票选出。议员任期4年，可连选连任。年满20岁（2011年5月9日，巴内阁会议通过将选举年龄降低至18岁），拥有完全的公民权和政治权利，具有阅读和书写阿拉伯语能力的巴林男女公民均有资格成为议员候选人。年满20岁（现为18岁）的巴林男女公民，因犯罪被剥夺选举权的除外，均可在自己居住所在选区参加投票；海外公民可参加投票，不受居住地限制。

巴林设有选举委员会，专门负责众议院议员选举。该委员会主席由司法和伊斯兰事务大臣担任。主席委托一个由3人组成的执行委员会负责具体工作。巴政府允许国内人权组织在各选区监督选举，但不欢迎国际人权组织派观察员介入本国选举。各选区地方政府应于选举前进行选民登记，并在选区张贴选民名单。各选区第一轮选举应于选举开始后45日内完成，若此轮选举中无候选人获该选区50%以上选票，得票最高的前两名候选人进入第二轮选举，获多数选票者获胜。第二轮选举应在30日内结束。

协商会议办公室为协商会议常设机构，由协商会议主席、两名副主席及5名下设专门委员会主席组成。该办公室负责制定会议议程、审查协商会议年度预决算、帮助各专门委员会开展工作，并受主席委托，在议会休会期间负责协商会议日常工作。协商会议下设6个常设委员会。立法及法律事务委员会：负责研究法律草案及其是否违宪，协助其他委员会审定提案文本；处理关于免去有关人员议员身份、终止议员豁免权等事务；其他委员会职权之外的事务。外事、国防及国家安全委员会：负责研究国际政治、巴林外交政策及在国际事务上的立场；审议巴政府对外签订的条约与协议；讨论巴面临的外部国家安全问题、国内安全事务及有组织犯罪等议题。财政与经济事务委员会：负责审议政府预决算、国家经济发展计划、政府预算内建设项目及与政府各部有关的财政或经济项目。社会服务事务委员会：负责教育、扫盲、工会、职业培训、社会文化、卫生服务、新闻媒体等事务。公共事业与环境委员会：负

责农业、水电、住房、交通、邮政、市政建设及环境保护等领域事务。妇女儿童事务委员会：负责审议关于妇女儿童事务的法律、政策草案，向协商会议提交有关报告；就关于妇女儿童事务向其他委员会提供咨询；跟踪监督议会关于妇女儿童事务所做决议或建议的落实情况。总秘书处为协商会议的办事机构，受协商会议主席领导，负责处理日常行政工作。总秘书处由会务局、议员局、议会事务局、人事局和网络局组成，分别负责会议安排及记录、议员发言计时、接受议员提案、接受各专门委员会报告并将转呈协商会议办公室。

协商会议主席的职权是对协商会议的各项工作负总责；直接领导协商会议总秘书处；协调下设各委员会之间的关系，监督各委员会工作；召集并支持协商会议理事会及紧急会议；有权要求下设委员会就重要或紧急议题召开会议，并主持会议；代表协商会议发言并与其他部门进行联系与协调；协商会议各委员及议员有义务协助主席做好工作。

首任协商会议主席是费萨尔·瑞达·穆萨维，原国民议会议长哈立德·本·艾哈迈德·哈利法·道赫拉尼（Khalid Bin Ahmed Al-Dhahrani）连任众议院议长。2006年12月，巴林进行第二届议会选举时，协商会议主席为阿里·萨利赫·阿卜杜拉·阿勒萨利赫（Ali Saleh abudula Al Saleh），哈立德·本·艾哈迈德·阿勒道赫拉尼连任众议长。现届协商会议和众议院组成分别于2010年11月24日和2010年11月，协商会议主席仍为阿里·萨利赫·阿卜杜拉·阿勒萨利赫，众议院议长也仍为哈立德·本·艾哈迈德·阿勒道赫拉尼连任。

众议院办公室为众议院常设机构，由议长、两名副议长、众议院立法及法律事务委员会主席、财政与经济事务委员会主席组成。负责制订会议议程、安排审议政府提案的先后次序、审查众议院年度预决算、审议各专门委员会提交的报告、审议众议员出访报告、并受议长委托，在议会休会期间负责众议院的日常工作。众议院下设5个常设委员会。立法及法律事务委员会：负责研究法律草案及其是否违宪，协助其他委员会审定提案文本；处理关于议员资格及豁免权等事务；其他委员会职权之外的事务。外事、国防及国家安全委员会：负责研究国际政治、巴林外交政策及在国际事务上的立场；审议巴政府对外签订的条约与协议；讨论巴面临的外部国家安全问题、国内安全事务及有组织犯罪等议题。财政与经济事务委员会：负责审议政府预决算、国家经济发展计划、政府预算内建设项目及与政府各部有关的财政或经济项目。社会服务事务委员会：负责扫盲、职业培训及社会服务、体育、文化、卫生、新闻、劳工等有关事务。公共事业与环境委员会：负责农业、水电、住房、交通、邮政、市政建设及环境保护等领域事务。总秘书处为众议院的办事机构，受众议院议长领导，负责处理日常行政工作。总秘书处由内部事务局、公共关系与新闻局、委员会事务局、议员事务局、人力资源局、信息技术局等部门组成，分别负责会议安排及记录、议员发言计时、接受议员提案及各专门委员会报告，维护设备及网络等。

众议院议长的职权是对众议院各项工作负总责；直接领导总秘书处；协调并监督各委员会工作；召集并主持众议院理会及紧急会议；有权要求下设委员会就重要或紧急议题召开会议，并主持会议；代表众议院发表言论并与其他部门进行联系与协调。

巴林议会的会议制度：协商会议于每周一上午9:30召开

例会，众议院于每周二上午9:30召开例会。会议出席人数必须超过议员半数，否则会议决议无效。除例会外，两院可就重要或紧急议题召开特别会议。议会会议对公众开放，百姓和记者可参与旁听。在讨论与政府部门相关问题时，有关内阁大臣或其代表应列席，就相关问题进行说明，届时议会可应政府部门要求举行闭门会议。每年12月的第2个星期六，巴林召开国民议会开幕仪式，两院议员共同参加，国王出席并宣布议会开幕。夏季（6月至9月）为巴林议会休会期。

议会立法程序:（一）对内阁提出议案的审议程序：1. 首相向众议院提交内阁法规草案，众议院须在接受草案后15日内启动审核程序，否则内阁有权将草案交协商会议审核；2. 众议院办公室安排众议院审议内阁草案的优先次序，并将有关草案先后送相关委员会及立法与法律事务委员会审阅；3. 由相关专门委员会就上述草案汇总立法与法律事务委员会修改意见后呈众议院会议通过；4. 如该草案获众议院通过，众议院将其送协商会议审议；5. 如该草案获协商会议审议通过，则发还内阁，并由内阁呈国王批准签署，公开发布；6. 如该草案未获协商会议通过，则协商会议将其送还众议院再次审议，修改后送协商会议二读；7. 如协商会议二读仍未通过该草案，则召开两院大会，由两院议员共同投票，按简单多数决定是否通过该草案。（二）对众议院提出议案的审议程序：1. 由不超过5名众议员联名提出立法草案，并呈交众议院议长；2. 众议院议长将该草案先后交相关专门委员会及立法与法律事务委员会审阅；3. 由相关专门委员会就上述草案汇总立法与法律事务委员会修改意见后呈众议院办公室，由众议院办公室决定众议院会议审议该草案的时间；4. 众议院就该草案进行辩论，如草案获众议院通过，众议院将其送内阁，并由内阁将该草案以内阁法规草案形式再次送众议院审议，此后审议程序与审议内阁提出的法规草案程序相同。

第三节　议会选举是民主改革的重要标志

2010年10月23日，巴林王国的第三届议会选举拉开序幕。这是继2002年10月24日和2006年11月25日巴林两次议会选举之后的又一重大政治活动。本次选举与市政选举同时举行，投票时可同时向议会和市政委员两个票箱投票，选出代表本选区的议员和市政委员各1名。

据报道，巴林五个省份共有318668为合法选民参加了选举。选举共设35个投票站，144名参选议员角逐40名席位，候选人中包括8名女性。在此次人选中只有5个选区因仅有1名候选人而直接产生议员，其余35个区共139名候选人均通过10月23日和30日两轮选举激烈竞争出线。市政委员的选举有177名候选人，其中3位女性，角逐39个席位，其中1名已经以推荐方式当选。

巴林电视台对选举现场进行了直播，并相继介绍了有关这次选举的情况。选举从早8点开始至晚8点关闭投票箱。从电视中，我们看到巴林各省投票点的秩序井然，选民持护照和身份证排队入场，经工作人员核对后，在证件上加盖选举专用章，领取两张选票，红色为众议员选票，绿色为市政委员选票，投票箱也以红色和绿色为标志。镜头中，我们看到不少身着黑色阿拉伯袍的女性选民参加投票。在巴林国家领导人中，令人注目的是哈利法首相来到投票站，与其他选民一起参加投

等待投票的巴林妇女

票，并接受了记者采访。

巴林政府为这次选举进行了充分的准备。参加议会选举的选民于9月12日至16日之间开始登记注册，参加市政选举的选民于9月20日开始注册登记。为确保这次选举的公正性、透明度和顺利进行，巴林政府专门设立了最高竞选委员会机构，司法大臣谢赫哈利德·本·阿里·阿勒哈利法任主席。该委员会先期挑选了350名巴林人为选举监督员，同时培训了1500名现场工作人员。为显示教派平等和选举民主，巴林政府在选举前解除了对什叶派反对派“伊斯兰全国和解协会”网站的封闭；为显示公正、公开，允许巴林“人权协会”、“透明度协会”、“对话协会”和“人权监督委员会”等组织的292人作为观察员参与选举工作，并安排近1400余名巴林工作人员利用摄像等设备监督投票过程。为保证大选安全，增加巡逻和夜间值班警力，23日和30日投票期间，警察和安全部队对检票场所等敏感地区实行交通管制，严格限制出入。巴林新闻机构邀请20多个阿拉伯和西方国家的100多名记者对选举进行采访，并向其提供一切便利，同时邀请巴林当地报刊选派文字和摄影记者各1名采访选举中心。巴林电视台在各省各选区对投票进行直播，全程追踪报道。仅第一轮投票直播时间就长达30个小时。正如巴林最高选举委员会主席谢赫哈利法强调的那样：巴林的这次选举具有公正和透明等特点，选举工作和监督机制全程均由巴林人自己完成。投票箱也是首次采用国际标准制作的透明塑料箱。选举委员会在金融港设立了新闻中心，外交大臣谢赫哈立德召开了中外记者招待会。

选举之前，相关候选人不断公开表示参选，其中有29名上届议员和19名市政委员表示连任参选。自9月以来，巴林大街小巷和建筑物上随处可见参选人大幅照片、竞选口号和政策说明。许多候选人搭建帐篷、设立宣传点、举办拉票会、恳谈会，有的还在晚间在院内摆上坐椅，吸引众多选民前来讨论问题，在车辆上张贴照片和标语等各种形式推介自己、宣传主张、大力拉票。巴林民众非常重视此次大选，积极参与投票。据巴林司法部统计，共有318668名合法选民，参加投票人数达21.5万，占全体选民近68%。当地媒体也热炒大选，均以大版篇幅刊登选举相关报道和评论等。10月23日为首轮投票日，经投票产生了32个选区的议员；另8个选区因候选人票数接近，于30日进行了第二轮选举，亦顺利选出议员。

作为一个由王室家族世袭统治近230年的君主立宪制国家，特别是在一个人口占少数的家族统治的巴林小岛国实行议会民主选举和地方政府选举，尽管有其毫无争议的不彻底性，但的确是一件值得圈点的事件。它曾被视为挑战以家族为基本模式的海湾国家的政治体制和民主改革的“破冰之举”。

巴林的民主改革和议会制度一波三折，经历了坎坷之路。1973年12月，巴林举行第一届国民议会会议，由30名当选议员与14名内阁成员组成，其中21名为民族主义左翼议员。他们提出了允许成立工会，将大公司收归国有等主张。1975年8月24日，由于议会反对内阁提出的《国家安全法》，埃米尔下令解散议会，并终止宪法中有关君主立宪和政治民主的条款，改行君主制。随后，《国家安全法》及其补充法《国家安全法庭审法》获得通过。这两项法律允许司法机构不经审判便可拘禁公民3个月，意味着巴林民主进程的巨大倒退，短命的首次民主改革随之夭折。议会对1974年10月颁布的《国家安全法》不予认可，引起了哈利法家族的不满。1975年，内阁全体成员被迫辞职。为此，埃米尔伊萨宣布无限期解散国民议会，并将左翼领袖逮捕，由内阁行使立法权。

巴林王室试图仿照西方国家模式进行政治和立法改革，由于现代政体模式与王室统治的矛盾，加之当时巴林社会落后、缺乏民主土壤，导致这次民主改革的尝试无果而终。这次改革的失败反映了当时巴林社会中王室势力与民众的民主要求之间的激烈冲突，以及王室在政治民主化问题上摇摆不定的态度。同时说明，从部族社会脱胎的巴林在独立之初，社会发展的落后，民主传统和理念的缺乏，制约了民主化进程。因此，1973年的民主改革从思想和物质两方面均不具备成熟的条件，其失败在所难免。

1992年12月，面对民众的改革要求，为安抚民心，埃米尔伊萨宣布成立协商会议。会议为咨询机构，无立法权，无任何实际权力。埃米尔有权任免主席和成员，有权解散议会。

1996年末，巴林的政治民主愈趋扩大，协商会议被授予讨论政府政策的权力。1999年哈马德继位后，决定恢复议会民主。

2000年11月，巴林成立宪章全国最高制定委员会，负责制定《国家行动宪章》（National Action Charter）。2001年2月，全民投票通过《国家行动宪章》。根据这一纲领性文件，改革后的巴林由一个酋长国变成君主立宪制的王国，巴林将恢复公民直选产生的国民议会众议院，并首次赋予妇女选举权和被选举权。

2001年2月，巴林宣布废除1975年的《国家安全法》，以清除民主改革的法律障碍。同年12月17日，哈马德发表电视讲话，宣布将通过全民公决恢复解散了25年的国民议会，实行民主政治改革。

2002年2月14日，哈马德国王颁布了新宪法，取代了1973年的宪法。哈马德宣布将国体由原来的“巴林国”（State of Bahrain）改为“巴林王国”（Kindom of Bahrain），国家元首由埃米尔改为国王。根据新宪法，2002年10月，巴林举行了第一次议会选举，成立了协商会议和众议院两院制国民议会。两院享有同等立法监督权，众议院的议员有权对立法以及对颁布新法律提出计划与建议，但法律的颁布需经两议院通过后，呈国王批准。

2010年第三次议会选举的结果还表明，巴林什叶派代表力量上升，对王权的抗衡能力渐大，对政府要求平等、分权的呼声日高。主要反政府派别“伊斯兰全国和解协会”由2006年大选的17席增至18席，来自18个选区的18名候选人全额当选，占众议院全部席位的45%。代表逊尼派保守势力的“伊斯兰正统联盟”和“伊斯兰论坛联盟”在选举中仅获5席，较上

届12席剧烈下挫。独立候选人表现突出，有17人当选。面对这一结果，王室和政府反应平静，哈马德国王和哈利法首相等领导人对选举进程和结果表示满意。本次选举证明，巴民众民主意识进一步增强，反对派表达政见的空间有所扩展，巴政府在维护王权统治的同时，继续推行改革和民主进程，强调全民应增强爱国、和谐理念，争取民众最大限度的支持和拥护，注意与反对派进行协调与沟通，维护国家的安定团结。

第四节　巴林现任重要领导人简介

国王谢赫哈马德·本·伊萨·阿勒哈利法陛下

谢赫哈马德·本·伊萨·阿勒哈利法国王陛下（H.M. Shaikh Hamad Bin Isa Al-Khalifa）系埃米尔伊萨之长子。1999年3月6日其父逝世后继位，成为巴林第14代统治者，也是巴林独立后的第二任国家元首。2002年2月14日，巴林更改国名为巴林王国，首脑称谓由埃米尔改为国王。

谢赫哈马德1950年1月28日生于巴林北部里法城。6岁起开始接受初等教育，在伊斯兰学者指导下诵读古兰经、学习伊斯兰教教律和阿拉伯语，他对阿拉伯诗歌情有独钟。年幼时，他还喜欢倾听伊斯兰历史上英雄的生动事迹，梦想成为一名军人。1963年，哈马德以优异的成绩完成初等教育。1964年6月27日被立为王储。1967年9月14日就读于英国阿普尔加斯中学、穆尼兹军官学校以及美国陆军指挥和参谋学院。1968年2月18日回国后创建巴林国防军部队，当年8月就任总司令。1969年至1971年任国民卫队司令。1970年至1971年任巴林国

巴林国王哈马德

务委员会委员。1971年8月15日被任命为内阁国防大臣。在美国军官参谋学院学习期间，获美军事荣誉证书和堪萨斯自由勋章。1972年5月31日获华盛顿军工学院通讯专业毕业证书。1974年6月26日被任命为哈利法家族委员会副主席。1975年创立巴林青年体育最高委员会，任主席。1978年，哈马德成立巴林历史文献中心，专门收集整理各国的历史文献和图片，

定期汇编成册出版。哈马德重视科学技术在经济发展中的作用，1981年建立并主持巴林科学研究中心。

哈马德从1967年2月起曾获多枚勋章，其中著名的有：巴林哈利法勋章、巴林一级勋章、巴林军事服役勋章；约旦之星一级勋章、约旦复兴一级勋章、伊拉克两河流域一级勋章、科威特国防一级勋章、摩洛哥穆罕默迪一级勋章、埃及共和国绶带一级勋章、伊朗王冠一级勋章、沙特阿卜杜勒·阿齐兹国王一级勋章、利比亚九·一一级勋章以及英国麦卡尔和乔治骑士勋章等。1986年以王储名义设立亚洲最佳运动员奖。著有《晨曦》一书。

哈马德于1999年3月6日就任埃米尔后稳步推进政治、经济改革，制定《国家行动宪章》并于2001年2月举行公投，2002年2月颁布新宪法，改巴林国为巴林王国，同年10月举行议会选举，实行两院议会制度，放宽新闻自由，释放政治犯，允许反对派回国，重视就业本土化以解决失业问题。重视同美、英、法等西方大国以及沙特、埃及等阿拉伯国家的关系。对华友好，坚持奉行一个中国的政策，重视发展双边经贸合作。

哈马德精力充沛，兴趣广泛，投身于国防、文化、教育、体育、科技和卫生等各个领域。他在语言、诗歌方面有较深造诣，精通英语，爱好骑马、游泳、驾驶直升机、鹰猎、射击、足球、高尔夫球和网球等体育运动。1977年6月，哈马德建立巴林埃米尔赛马场，并于1978年加入世界阿拉伯赛马协会。哈马德对飞机的兴趣始于童年，1977年10月，他学习驾驶直升机，1978年1月14日，通过考试成为一名飞机驾驶员。1979年1月30日，哈马德加入了英国直升机俱乐部，成为该俱乐部一名永久成员。

1968年10月9日哈马德同其堂妹赛碧凯结婚，之后又娶三妻。膝下共有7子2女。长子萨勒曼·本·哈马德·阿勒哈利法生于1969年10月21日，现任王储兼武装部队最高副统帅，哈马德出国期间任代国王；次子阿卜杜拉·本·哈马德·阿勒哈利法，1975年6月30日生，于2010年3月23日被任命为国王私人代表，主管经济事务；三子纳塞尔·本·哈马德·阿勒哈利法（二王妃生），现为巴林青年体育最高委员会主席和巴林奥林匹克委员会主席；四子哈利法（赛碧凯王后生）、五子哈立德（二王妃生）、六子苏尔坦（四王妃生）。另外一个儿子费萨尔于2006年1月13日因车祸不幸丧生，年仅15岁。另有女儿娜吉拉·宾特·哈马德·阿勒哈利法公主（赛碧凯王后生）。

首相谢赫哈利法·本·萨勒曼·阿勒哈利法殿下

首相谢赫哈利法·本·萨勒曼·阿勒哈利法殿下（H.H. Shaikh Khalifa bin Salman Al-Khalifa）为巴林第12任酋长萨勒曼之次子，已故第13任埃米尔伊萨之弟，现任国王哈马德之叔。1935年11月24日生于巴林西部的杰斯拉宫，自幼同其兄伊萨深得其父萨勒曼酋长的厚爱。在英国接受高等教育，通晓英语。1954年任巴林租赁委员会成员，1957年任教育委员会主席，1959年任巴林政府秘书长，1960年任巴林政府财政大臣，1962年任麦纳麦市市长。自1966年起分别任行政委员会和国务委员会主席，1971年巴林独立后任内阁首相至今。此外，还领导巴林国防最高委员会、工程项目最高委员会、石油最高委员会、民政服务最高委员会以及水资源委员会。1976

年12月19日被授予哈利法勋章。2009年获哈马德国王最高发展勋章。

哈利法注重经济、社会问题的研究。关心百姓疾苦，喜欢微服私访，慰问不幸家庭，或看望病人，或去工地了解情况，重视群众来信，并帮助解决重要问题。定期邀请专家学者到首相官邸讨论各种问题，关心知识分子和思想家以及他们的思想文化成就和著述。重视巴林历史和文化遗产，重视保护生态环境，追求返璞归真的自然生活。2007年，联合国人居署授予他“联合国人居特别奖”，以表彰其为保护巴林古老文化遗产所作出的积极贡献。

哈利法对华友好，多次接见我国访问巴林重要代表团，赞扬我国改革开放所取得的伟大成就，表示愿与我国发展友好合作关系。2002年5月15日至18日访华，江泽民主席、李鹏委员长、吴仪国务委员予以会见，朱镕基总理与其举行会谈，双方签署了避免双重征税和防止偷漏税协定、关于劳务合作及职业培训领域合作协定、2002年至2004年文化合作执行计划、关于在巴林设立中国投资与经济服务中心谅解备忘录、关于向巴林派遣农、牧、渔专家换文和建立中巴联合商务理事会合作协议。2008年11月3日至6日，出席南京第四届“世界城市论坛”，并为获得联合国人居奖的国家颁发以他本人名字命名的“哈利法·本·萨勒曼·阿勒哈利法人居奖”。

哈利法首相是巴林政坛上极具影响的人物，他同时也是一位商人，与巴林工商界人士关系较深。他爱好读书、园艺和摄影，喜欢散步。工作之余，喜欢和孙子们在一起。

哈利法生有三子一女，长子穆罕默德早逝；次子阿里·本·哈利法·阿勒哈利法现为副首相，曾任交通大臣，主管交通、通信、航空等事务，在政府中地位显赫，经常陪同首相出席官方活动；1998年2月曾访华，同我国签署航空运输协定；三子萨勒曼·本·哈利法·阿勒哈利法曾应邀参加香港回归庆典、澳门回归庆典以及在上海举行的世界“财富论坛”会议，现任首相顾问和巴林石油公司副董事长。女婿谢赫拉希德任内政部主管护照和移民事务次大臣。

王储兼武装部队最高副统帅谢赫萨勒曼·本·哈马德·阿勒哈利法殿下

王储兼武装部队最高副统帅谢赫萨勒曼·本·哈马德·阿勒哈利法殿下（H.H.Shaikh Salman Bin Al-Khalifa）系现国王哈马德之长子，1969年10月21日生。在巴林就读小学和中学。1992年2月6日在美国华盛顿大学获政治学学士学位，1994年获英国剑桥大学历史哲学硕士学位。1995年被任命为巴林国防部次大臣，巴林国家研究中心董事会主席。1999年3月9日被立为王储，同年3月22日被任命为巴林国防军总司令。2001年2月18日被任命为《国家行动宪章》实施委员会主席，主持制定法律法规，组织实施巴林最高领导推行的政治经济改革。在国王哈马德出国或首相哈利法出国期间任代国王或代首相，并主持内阁工作。萨勒曼受过良好的西方教育，主张开放的政治制度和自由化的经济体系。

萨勒曼王储爱好潜水、射击、驾驶摩托车和飞机。2006年7月，与夫人哈拉·宾特·杜伊吉·阿勒哈利法离婚，育有2子1女。

巴林国王、首相和王储

王后谢赫赛碧凯·宾特·易卜拉欣·阿勒哈利法殿下王后

谢赫赛碧凯·宾特·易卜拉欣·阿勒哈利法殿下（H.R.H.Princess Sabeeka Bint Ibrahim Al Khalifa）1948年生于穆哈拉克省其祖父谢赫穆罕默德·本·伊萨·阿里·阿勒哈利法的宫中。其母谢赫法蒂玛为巴林统治者谢赫萨勒曼·本·哈马德·阿勒哈利法之长女。赛碧凯在其外公位于里法的王宫中长大，有3个兄弟和4个姐妹。

赛碧凯王后在巴林接受初等教育，并到英国进修专科。1968年，与当时的王储、现国王哈马德结婚，生有3个儿子和1个女儿，现有3个孙子和3个孙女。

赛碧凯一直积极从事巴林的重要社会活动，倡导提高巴林低收入和特需家庭生活水平，并为此发挥了重要作用。赛碧凯重视妇女的社会地位与作用，鼓励她们学习掌握恢复和发展巴林传统手工业技能，参加使家庭增加收入的发展项目，还特别关心与青少年有关的问题。

2001年，哈马德国王颁令成立妇女最高委员会，赛碧凯王后出任该委员会主席。该委员会是巴林妇女最高官方机构，全权负责妇女问题，负责制定提高妇女在各个领域地位的总规划与政策。赛碧凯还兼任多个行业和慈善组织的名誉主席，十分关心诸多妇女协会的工作和计划，并在妇女和家庭领域开创妇女最高委员会与民政机构之间合作的途径。

赛碧凯曾出席阿拉伯妇女最高会议和联合国第27届儿童特别会议。重视并关心文学艺术学校的发展，积极倡导保护巴林古建筑的特征，对环保有独特的见解，重视返璞归真的生活和环境，重视绿化，喜欢花草树木，对阿拉伯马情有独钟，对阿拉伯马的历史和珍稀品种颇有研究。赛碧凯王后精通阿拉伯语、英语和法语。

赛碧凯王后曾于2002年9月10日至20日访华，参观了北京、上海两地，被中华女子学院授予社会学荣誉教授。

副首相谢赫穆罕默德·本·穆巴拉克·阿勒哈利法

副首相谢赫穆罕默德·本·穆巴拉克·阿勒哈利法（Shaikh Mohammed bin Mubarak Al Khalifa）系巴林王室哈利法家族重要成员。生于1936年，是已故埃米尔伊萨和现任首相哈利法之堂弟、现任国王哈马德的堂叔。在巴林接受初等教育，在黎巴嫩就读中学。在贝鲁特美国大学和英国伦敦大学及牛津大学攻读国际关系学，获博士学位。精通英文。

1961年11月至1962年10月任巴林法院法官。1962年11月至1965年7月任巴林公共关系局局长。1965年7月至1970年1月任巴林新闻局局长，其间兼任巴林政治办公室主任（1968年至1969年）和外交事务局局长（1969年1月至1970年12月）。1970年1月至1971年8月任巴林外交事务局局长和国务委员。1970年，率巴林代表团参加同英国、伊朗及联合国四方谈判，为巴林赢得合法独立权。1971年4月至1971年8月兼任代理新闻局局长。1971年8月14日巴林独立后，曾任外交大臣、任代理新闻大臣；1973年12月至1975年8月任巴林国民议会议员。1973年起任巴林国防最高委员会成员，1974年起任巴林王室家族委员会成员，1978年起任巴林内阁财经委员会主席和内阁规划委员会委员，1980年起任巴林石油最高委员会成员。2002年11月任副首相兼外交大臣。

1990年7月曾访华，同钱其琛外长会谈，并同外经贸部部长郑拓彬签订两国经济、贸易、技术合作协定和成立两国经济贸易技术合作混委会协议。2002年5月随哈利法首相访华时，钱其琛副总理予以会见。2004年6月率团参加在青岛召开的亚洲合作对话第三届外长会议，并与李肇星外长举行会晤。2010年6月2日至6日，参观上海世博会。

已婚，有1子3女。

外交大臣谢赫哈立德·本·艾哈迈德·本·穆罕默德·阿勒哈利法

外交大臣谢赫哈立德·本·艾哈迈德·本·穆罕默德·阿勒哈利法（Shaikh Khalid Bin Ahmed Bin Mohammed al Khalifa）

1960年4月24日出生于巴林。小学、中学在巴林学校就读，1978年毕业于约旦安曼伊斯兰专科学院。1984年在美国得克萨斯州大学获历史及政治学士学位，学习期间曾多次担任美国总统竞选活动的义务工作者。1985年3月1日进入巴林外交部任三等秘书。1985年8月至1994年11月在巴林驻美国使馆工作，涉及政治、国会及新闻等事务。1995年6月至2000年8月，在副首相兼外交大臣办公室担任巴林与卡塔尔边界问题总协调员，以及负责其他事务。2000年在王储府担任典礼及信息局局长。随王储、副首相多次出席重要国际会议，出访多国。2001年5月，鉴于他在处理与卡塔尔边界问题上作为总协调员的出色表现，被国王授予二级勋章。2001年9月13日任巴林驻英国大使，2002年3月20日任巴林驻荷兰大使，2002年5月3日任巴林驻爱尔兰大使，2002年5月20日任巴林驻挪威大使，2003年11月13日任巴林驻瑞典大使。

他精通英语、西班牙语，会葡萄牙语。妻子维萨尔·宾特·穆罕默德·阿勒哈利法是巴林妇女最高委员会领导成员。爱好阅读历史、政治、社会、文学等方面书籍，喜欢旅行。

本书作者拜会巴外交大臣谢赫哈立德

协商会议主席阿里·本·萨利赫·阿勒萨利赫

协商会议主席阿里·本·萨利赫·阿勒萨利赫（Ali Bin Saleh Al Saleh）1942年12月28日出生。

1966年获开罗艾因·舍姆斯大学商业、财会学士学位。曾参与制定1971年颁布的巴林宪法。1973年至1975年当选为巴林首届国家委员会经济委员会主席。1976年任巴林工商会董事会成员。1976年至1993年任巴林工商会董事会第一副主席兼财政与经济委员会主席。1979年任巴林证券交易所主席。1993年任巴林协商会议副主席。1995年任巴林贸易大臣兼巴林研究中心理事会理事、巴林大学董事会董事和巴林国际展览中心主席。2001年任巴林贸易与工业大臣。2002年11月任巴林商务大臣。2005年1月14日任巴林市政与农业大臣。2006年12月被国王任命为巴林新一届协商会议主席。2010年11月，在巴林第三届议会选举中连任协商会议主席。

1984年率巴林商会代表团访华。2000年2月访华。2002年5月随哈利法首相访华。已婚，有1子和1女。

众议院议长哈利法·本·艾哈迈德·哈利法·阿勒道赫拉尼

众议院议长哈利法·本·艾哈迈德·哈利法·阿勒道赫拉尼（Khalid Bin Ahmed Al-Dhahrani）1942年生于里法（Riffa）。1957~1961年，在巴林石油公司接受职业培训。1973年当选巴林国民议会议员。1990年，任巴林未成年基金会成员。1992~2002年，连续三届当选巴林协商议会议员。

他历任巴林协商会议法律委员会委员，巴林司法部和伊斯兰事务部仲裁委员会副主任委员。里法俱乐部董事会主席。里法人民慈善基金会创始人并担任总监20余年。1998年任里法慈善基金会名誉主席。2001年任逊尼派宗教基金董事会主席。伊斯兰事务最高委员会主席。2002年10月，当选众议院议长。2006年12月连任众议院议长，2010年11月再次连任众议院议长。

分别兼任以下协会会员：巴林伊斯兰协会创始人及会员，巴林慈善协会创始人及会员，巴林伊斯兰银行创始人及会员，巴林灯塔老年人之家创始人及会员，巴林仁慈之家协会创始人及会员，1974年在叙利亚成立的阿拉伯议会联盟任创始人及会员。

第四章 多云经济

第一节 多元化的经济战略格局

巴林王国国土面积小，土地资源匮乏，虽最早开采石油，但油气储量有限，经济自给能力不强。1971年独立后，巴林政府充分利用本国独特的地理位置和岛国海上运输、转口和与外界交往的便利，采取了多项经济措施，构建了一个多元化的经济发展格局。

巴林的油气资源虽然有限，但石油和天然气仍是巴林工业的支柱产业，在国民经济发展中仍发挥着重要的、不可替代的作用。建国初期，巴林的经济仍然依赖石油，炼油业较发达。巴林是海湾地区最早开采石油的国家，石油收入占国民收入的一半以上。巴林独立后实行石油国有化政策，政府利用颇丰的石油收入，因地制宜地发展符合国情的各种产业和基础设施，促进了经济的迅速发展。自20世纪80年代，巴林政府开始实施经济结构多元化政策，积极进行产业结构调整和扩大对外开放，引进外资，鼓励私人投资，鼓励在除油气开采外的其他行业投资，大力发展石油下游产业和金融服务业，努力实现市场经济和国民收入多元化，减少对石油的依赖，并成为其经济发展战略的主要内容，取得了较为显著的成效。之后，巴林工业的投资重点逐渐由石油相关的工业拓展到钢铁、铝业等重工业，因此，巴林也是海湾地区最早拥有重工业的国家。在矿产业领域，石油、天然气以及衍生的石化产品的生产在巴林工业中仍占重要比例。较巴林建国初期比较，特别是哈马德国王执政以来，随着其经济结构多元化战略的逐渐推进，油气领域在国民生产总值中的比重发生了变化，非油气收益逐年增多，金融业、房地产建筑业、进出口贸易、酒店餐饮业以及交通通信等行业发展较快，在国民生产总值中所占比例增大。2009年石油天然气占国内生产总值的23%，与金融业基本持平。

巴林是海湾地区乃至整个中东地区的金融中心，这一地位在近些年来得到进一步的巩固和加强，越来越多的巴林本地银行和国际金融机构在巴林落地，金融交易额逐年上升，更多的金融机构在巴林投资。目前在巴的金融机构总数为410家。巴林金融港的落成和开业，以及其周边辅助设施的建设均为巴林国内和国际金融机构创造了一个世界一流的现代化的办公和金融交易场所和一个集商务、住宅、休闲娱乐为一体的良好的投资与生活环境。

鉴于其优越的地理位置和通畅的海上运输，巴林自古以来就是海湾和世界的交通枢纽。巴林政府利用这一天然的地域优势，在沿海修建现代化海港、建立工业园区和投资区，制定优惠的外商投资政策，积极改善投资环境，简化外国公司注册、投资程序，提高服务质量和效率以吸引大批外资为巴林的经济建设服务。巴林于1972年9月7日加入国际货币基金组织，并于1995年1月1日正式成为世界贸易组织成员。巴林是阿拉伯石油输出国组织成员国和海湾阿拉伯国家合作委员会成员国，积极拓展与海湾国家的对外经贸合作，推动GCC一体化进程。2004年9月13日巴林率先与美国签署了《巴林——美国自由贸易协定》，自2006年8月1日生效。根据该协定，两国的工业产品和消费品可以零关税进入对方国家。

巴林大部分地区属沙漠地区，气候炎热干燥，水源匮乏，因此不适合农作物的种植。巴林可耕地面积为1.1万公顷，约占全国总面积的15.5%，目前实际种植面积4766公顷。农业人口约占劳动力总人口的1.5%。2009年农业占巴林国内生产总值的0.29%，较前几年略有增加。粮食主要靠进口，本地农产品的供给量仅占巴食品需求总量的6%。主要农产品有椰枣、苜蓿、水果、蔬菜、家禽、海产品等。

在经济多元化理念的指导下，巴林在2030年经济发展规划中制定了非常明确的发展目标。今后的20年，巴林将根据此战略目标，建立具有先进生产力水平和全球竞争力、可持续发展的国民经济体；家庭实际可支配收入在现有基础上翻两番；私有经济将得到大力发展，每年为巴林人和外籍人士创造更多的就业岗位，不断提高劳动者的工资待遇，使人民生活得到更大的改善。

第二节　巴林王国2030年前经济发展战略规划

2007年10月23日，巴林经济发展局公布了《巴林2030年前经济发展战略规划》，对今后20年的经济发展战略进行了详尽的设计和规划。

一、总体设想

规划的前言指出，巴林经济近年来得到稳步发展，近五年的GDP增长率都在6%的水平，其主因是石油价格不断走高，金融领域发展迅速，地区经济持续看好，巴林政府在国际金融界和商界建立了良好信誉。但是，为使巴林经济更具发展潜力，必须改变目前的经济发展模式和解决存在的问题，如私营部门工资待遇低，就业者技能差，政府为解决就业而增加工作岗位致使机构臃肿；海湾地区投资机会很多，政府要依靠自身优势加快吸引外资的动作；技术创新少，产值低，不能同世界经济发展同步。现在，巴林正处在关键时期，只有彻底改革才能跟上当今世界经济发展的步伐。

为此，提出建立可持续、具竞争力、公正的发展模式。

（一）可持续

使用新技术和产品的不断更新使经济可持续发展。过去20年是在国有经济的带动下发展进步的，现在国有经济发展的空间已经有限，在当今世界经济竞争加剧的情况下，私有经济要成为带动巴经济发展的主力军。政府要为此提供帮助，要充分开发人力资源，搞好教育和培训、特别是实用科学的使用，鼓励发明创造，使可持续发展走向成功。

（二）具竞争力

提高人均产值，使产品和服务具有国际竞争力。为此，每个国民都要提高自己的技能，政府要加大培训力度，让其掌握先进技术，能为本地和外国公司提供所需人才，从而使巴林成为从事实业方面具有国际竞争力的国家。

（三）公正

为了使社会公正化，国营和私营部门都要加强透明度，就业、拍卖土地和授标都要通过公平的自由竞争进行。政府要为此提供法律、法律担保、保护消费者、商人（包括外籍投资者）的权益，根除腐败，达到执法公正。社会的公正就是在法律面前人人平等，讲求国际标准的人权，人人都能有接受教育的机会，有医疗保障，通过培训找到适合自己的职业。

二. 经济发展的构想

经济发展的目标是：经济强力发展。通过提高产值和技术水平推动国民经济的发展，2030年时巴林公司赶上国外公司的生产率。

巴林将致力于发展非石油企业，通过国民经济多元化政策增加总产值，金融界仍然为经济活动的基础，并在此政策下得到不断发展。政府将为非石油企业提供经济发展机会，鼓励包括金融界在内的非石油经济资源多元化，如旅游、商业、工业、服务业等领域的投资；鼓励出口企业参加产品和服务的国际竞争。

经济在创新中长期发展。公司要通过创造和发明迈入世界先进行列，进而使公司增加产量，增加高附加产值。

为达此目标必须做到：

（一）加强教育和培训

规划将提高国民素质排在重要地位。指出国家经济、企业的发展以及居民收入的提高都离不开个人的技能。只有提高教育水平和技术培训才能带动国家和企业的发展。所以要求政府部门提高对教育和培训的重视程度。

（二）大力开发市场，以科技创新提高生产率

规划将企业发展的创新程度同企业的发明创造、提高个人的生产率相结合。鼓励国民和高等教育部门重视科研和发明创造，鼓励人民学习外国的先进技术，并通过吸引外资引进先进

科技来提高企业的竞争力，不要依靠廉价劳动力来创造公司效益。

（三）发挥私营企业在国民经济发展中的作用

规划强调，私营企业要成为国家经济发展的有生力量，私营企业的发展同人民生活水平的实际提高有着密切联系。政府部门要为私营企业的发展，吸引外资提供法律、基础设施的保障。政府要同企业合作为社会提供职能服务。

三. 政府部门职能的构想

规划要求政府制定鼓励发明创造政策；为企业高效提供高质量的服务；建立透明的监督机制，为经济发展提供便利；加强政府保障机制，减少经常性支出中对石油收入的依赖，广开财源，减少不必要的开支；加强投资环境建设，建立国际水平的基础设施，使贸易行业的国际信息同世界接轨。同时，要求政府部门加强反腐败，取消特权，对于节省的石油收入，一部分留给后代使用，另一部分用于教育、卫生医疗和改善投资环境。政府部门还要制定石油资源枯竭后的经济发展计划。

四. 社会生活保障体系的构想

建立公正、繁荣和团结的社会。为巴林人提供高水平的社会性帮助和足够的计划，人人获得最高水平的教育，使在巴林居住的人都得到高水平的卫生医疗保障，享受到安全的、有吸引力的、有生活气息、文化氛围的环境，规划要求2030年达到人人有住房、有工作，并使收入水平得到不断提高的标准。

另外，规划也为医疗保障、教育、文化遗产保护、环境、国家安全等长远目标的实现，提出了具体的实施措施。

规划要求政府抓住地区发展机遇，加紧改革，并为此制定一系列切实可行的政策。要求各部门朝这一目标努力，要求全国人民团结一心，迎接挑战，共同摘取胜利果实。

第三节　不断壮大的巴林石油公司

巴林的石油历史可以追溯到20世纪90年代。在著名的杜汉山（Al Dukhan）地区很早就发现石油的存在，巴林古堡遗址的有些房屋用黑色涂料粉刷墙壁就是最好的证明。那时人们不知石油是何物，也不知如何利用，却发现用它来粉刷墙壁防潮防水。美国、英国很早就参与了在巴林地区勘探石油的活动，里程碑的日子是1929年1月11日，巴林石油公司在加拿大渥太华注册了当地托拉斯。1930年3月，美国旧金山决定派遣地质和钻探专家来巴林进行石油勘探，同年5月，专家抵达了当时非常简陋的巴林机场。在锡特拉地区的杜汉山勘测地点立旗立标，纪念这一划时代项目的开始。当时的勘探报告显示，杜汉山的石油可开采22年。1931年10月16日，巴林酋长与美国专家共同见证了石油钻井开采的启动。9个月后，也就是1932年7月，第一口井喷油，记录了巴林在海湾地区乃至世界石油史上的不可替代的位置。

抱着想进一步了解巴林石油业发展的强烈愿望，2010年10月20日，我们走进了这个世界油气领先企业——巴林石油公司（BAPCO）。石油公司的执行主席费萨尔和该公司的高层管理人员10余人共同接待了我们。费萨尔主席通过DVR片向我们介绍了巴林石油历史及公司发展情况。自1932年第一口井喷出第一股石油后，巴林的石油开采便拉开了序幕。随后又紧接着开采了16口油井。1934年，巴林第一根输油管道铺设完毕，并直接通向油船。同年6月，第一艘满载原油的油船驶出海湾，出口到美国加利福尼亚州的埃尔赛贡多（El Segundo）。1937年，巴林岛上已经有60口油井，原油产量从1933年的4500吨增加到1939年的10多万吨。

1932开采的海湾地区第一口油井

至此，巴林成为海湾地区最早发现石油和开采石油的国家。1936年，巴林在锡特拉地区建设了海湾第一个炼油厂，设备从美国进口。扩建码头，铺设更多更长的输油管道的工程也随之开始。美国和英国的石油公司基本控制了巴林石油的勘探、开采、提炼、运输和销售权。1940年后，海湾石油大部分在巴林石油公司的炼油厂里加工。1945年，当时世界上最长的从沙特至巴林的输油管道建成长达40公里。沙特的原油输送到巴林锡特拉炼油厂提炼。1958年2月22日，巴林第一次进行海上勘探，但勘探出石油的阿布·萨阿法地区是沙特与巴林有领海争议的地区。1966年，在萨阿法地区发现大油田，经过谈判，两国最终达成协议，已经开采出的石油归沙特，今后两国共享这一地区的油气资源。

1971年，巴林独立后，实行石油国有化政策，从美英石油公司手中收回石油所有权。20世纪70年代，国际油价大幅上涨，巴林石油收入迅速增加。巴林政府利用巨额的石油收入进行国内基础设施建设，发展工业，促进经济快速发展。1976年2月，巴林埃米尔颁布命令，成立国家石油公司，进行勘探、提炼、储存运输及本地石油生产市场化的活动，从此巴林国家公司控制了巴林石油生产60%的份额。

1980年9月，两伊战争爆发后，巴林石油产量由1970年的7.6万桶/日降至1983年的4.2万桶/日。20世纪80年代，国际油价下跌，石油收入锐减。由于资金短缺，巴林政府被迫将实现经济多元化、大力发展金融业等四年计划（1982~1985）改为六年计划，延期到1987年完成。1997年，为帮助巴林解决社会动荡，沙特将其阿布·萨阿法（Abu Saafa）油田由两国共享，该油田日产量为15.11万桶（最高可达30万桶/日），占巴林石油总产量的80.1%。沙特达曼的输油管与巴林锡特拉（Sitra）炼油厂相连，沙特以低于市场的价格每天输送20万~25万桶石油到巴林提炼。巴林提炼的成品油85%（9313.1万桶）供出口，超过了原油出口的5549.3万桶。

1999年末，巴林政府将巴林国家石油公司（BANOCO）归并至巴林石油公司（BAPCO），负责巴林所有油气资源勘探、开采、生产、销售及经营管理，负责开发阿瓦利油田，管理锡特拉的炼油厂。参访当天，在巴林石油公司有43年工龄的元老工程师侯赛因的陪同下，我们还驱车进入巴林炼油厂厂区，亲眼目睹该炼油厂的雄姿。该炼油厂为海湾地区第一家炼油厂，1936年由巴林石油公司在东部锡特拉地区兴建，日炼油1万桶。目前该炼油厂已发展成为日炼油能力达25.5万桶的大型炼油厂。其中，约1/6的原油来自巴林油田，余下部分经过约54公里的输油管道（海底和陆地输油管道各27公里）从沙特进口。该公司拥有170多个储油罐，总储量1400多万桶。主要产品有液化气、石脑油、汽油、煤油、航空油、柴油、润滑油、燃料油及沥青等，95%的产品用于出口，主要销往中东、印度、远东、东南亚和非洲。巴林石油公司与巴林国际机场成立的股份制巴林航空燃油公司，供应航空燃油，巴林石油公司股权为60%。此外，巴林石油公司还负责向巴林境内的发电厂及其他企业供应天然气。巴林政府70%以上的财政收入来自巴林石油公司。该炼油厂面积为4平方公里，从设备来看，经过70多年的发展与扩建，其规模和生产能力不断增强。我们看到了从1936年开始的第一套设备，到后来不同阶段更新的设备，包括目前已经建设成的低硫柴油厂、正在建设中的润滑油厂以及计划中的新炼油厂，等等。

2001年3月，国际法院将巴林东南部的哈瓦尔群岛的主权判给巴林，巴林政府通过招标交由马来西亚和美国公司在该地区进行石油和天然气的开发。2002年末，巴林石油公司花费15亿美元与外国公司建立新石化工厂，制造乙烯和丙烯的石脑油裂解。2004年末，科威特在巴林投资13亿美元开发石化、能源和水利项目。

巴林原油来源分两块，一块是巴本土油田，日产约3.5万桶。2009年总产量达1175万桶，主要用于国内石油炼厂的生产；另一块是与沙特共享的阿布·萨阿法油田，日产量约15万桶。2009年总产量为5476万桶，均由沙特协助完成出口。据巴中央统计局有关报告显示，2009年巴石油产品出口8134万桶，金额达143.38亿美元，其中经沙特出口的石油金额达125.60亿美元。主要销往日本、中国和美国。2010年上半年同比增长10%，为4217万桶。2009年，当地石油消费量达907万桶，其中包括汽车、飞机用油和液化石油气等。

巴林是一个资源贫乏的国家，作为石油输出国组织的成员国，2006年，巴林探明石油储量2200万吨，天然气储量1182亿立方米。当年的石油产量为1308.5万桶。2008年石油总产量约912万吨，炼油量约131万吨，天然气产量约152亿立方米，铝产量约87万吨。2008年，巴林石油天然气产值为62.6亿美元，占GDP的28.49%，分列出口总额和进口总额的65%和44%，财政收入的85%。2010年，巴林石油和天然气产值达21亿第纳尔（约54亿美元）。

巴林目前的石油储量估计为1.4亿桶，现每年的开采量约达1200万桶，如不抓紧时间寻找新的油田，势必在几年后就无油可采。2007年，巴林政府出台两项油气开发和再利用的政策，通过招标对巴林7652平方公里的领海域内进行勘探，积极寻找新油田。这是巴林首次进行海上石油勘探。巴海域由北向南分四个区块，第一区块2858平方公里，二区块2228平方公里，三区块1088平方公里，四区块1478平方公里。目前四个区块的开采权都有得主，美国马克新迪塔尔公司获第1、3、4区块，泰国获第2区块。各区块的地震勘探已完成，第一口探井已于2010年8月钻探完毕，正对井下块层进行物理分析。关于油气的开采成果问题，由双方协议分成。中国石油公司的勘探人员参与了第四区块的勘探工作。

另外就是通过招标对巴林的陆上油田进行开发和再利用。这一项目新增加了63口油井，其中竖井48口，水平井15口，使总量达700口，天然气日产量将增至1400万立方米，以满足国内电力生产和其他项目所需，还计划于2015年前再增加700口开发井来维持和增加产量。为了扩大陆地老油井的增产，2009年巴林石油天然气控股公司与美国马克新迪塔尔公司、阿联酋穆巴达拉公司共同合资成立了“石油开发公司”，联合开发陆地现有石油。其中巴林天然气控股公司占51%的股份。据报道，如项目成功，巴林石油日产量可达10万桶，天然气可达25亿立方英尺。

巴林天然气公司成立于1979年12月17日，投资额1亿美元，其中巴林政府出资75%，阿拉伯石油投资公司（ARAB PETROLELEUM INVESTMENT CORP.）和巴林CALTEX公司共同持有25%，主要产品有液化气、丙烷、丁烷和石脑油。加工后的废气满足自用外，还供巴林铝厂和国家电厂之用。巴林的天然气和液化气全部自用，消费比例分别为：电力部37%、铝厂24%、炼油厂9%、石化厂8%、回冲油田17%，其他5%。2005年，巴林铝业公司用气量为天然气总产量的27%。

天然气和石油液化气产量：2005年分别为362.966亿立方英尺和107.447亿立方英尺，总量为470.413亿立方英尺；2006年分别为381.726亿立方英尺和106.206亿立方英尺，总量为487.932亿立方英尺；2007年分别为407.755亿立方英尺和99.916亿立方英尺，总量为507.671亿立方英尺；2008年分别为435.890亿立方英尺和102.343亿立方英尺，总量为538.233亿立方英尺；2009年分别为440.640亿立方英尺和102.785亿立方英尺，总量为543.425亿立方英尺。2010年上半年天然气产量为266.300立方英尺，同比增长3.5%。

2007年2月28日，巴林油气大臣阿卜杜拉·侯赛因·米尔扎博士授权巴林石油公司总裁与科威特独立石油集团、阿联酋国家石油公司独资子公司地平线储油公司和阿拉伯石油输出国组织的阿拉伯石油投资公司签订了有关巴林石油公司新建储油和出口设施可行性研究的谅解备忘录。最终巴林石油公司投资9500万美元，在锡特拉地区的出口码头新建50万立方米的储油和出口设施，以进一步实现该公司多元化经营的战略。为应对油田整体的自然老化和资源的日益减少，保护资源和延缓油田开采时限已成为巴林政府的当务之急。为此，巴林制定了限产政策和采用现代开采设备和技术措施，日产量从7.6万桶限制在4.2万桶以内，以图现有油田的开采期延缓20~30年。据巴林石油公司执行主席费萨尔介绍，巴林过去开采的是容易开采和具有中等难度的地下层石油，现正在召集国际公司对地下深层的油气资源进行开发。1万米左右深的地下层一般温度较高，可获取更多的石油气。如果对这些陆地深度油层进行再开发，可大大延长巴林油气的开采期。目前，巴林已探明的石油储量为2200万吨，天然气储量为1182亿立方米。

油气业是带动其他经济部门发展的动力。20世纪30年代初期，巴林石油的发现被视为其社会经济历史的转折点，成为国家财政收入的主要来源，由此而创造的财富使巴林从采集珍珠为特征的农业经济快速转型为以工商业占主导的现代经济。

由此，巴林形成了以石油资金、西方技术、外籍劳动力为依托、以资金密集型和技术密集型产业为龙头、面向世界的开放型、多元化的经济发展模式，产业结构发生了重大变化。

第四节 海湾铝业巨头之一的巴林铝厂

1968年10月1日，巴林政府、瑞典公司、巴拿马公司和伦敦公司联合成立了铝熔炼加工厂，巴林占27.5%的份额。巴林铝厂（ALBA）位于巴林炼油厂的南部，可以就近利用阿瓦利油田的天然气。巴林铝业公司具有官办企业的特征，其负责人是时任财政大臣马哈茂德·阿拉维。1969年，巴政府依靠包括英国、瑞典、法国和美国公司的国际财团，建造了年生产能力为12万吨的炼铝厂和360兆瓦附属电厂。

1971年5月11日，巴林铝业公司正式投入生产，成为中东地区第一家炼铝厂，也是巴林第一家非石油企业。铝厂成立初期，巴林内外7家股东，巴林政府占18%的股份。经过不断重组之后，剩3家股东，巴林政府占77%。该公司利用英国出口信贷，累计6000万英镑，年产铝12万吨左右。铝钒土由澳大利亚提供，产品除满足国内市场需要外，80%的铝产品向沙特、阿联酋和约旦等国出口。1975年6月，巴林财政大臣授权巴林铝业公司筹集1000万美元修建工厂，增加钢铁产量。为形成生产序列与规模，巴林在1977年还建立了铝电缆厂、铝粉涂料厂和建筑用铝材轧制厂。同年4月，铝厂开始生产铝产品，成为仅次于石油工业的第二大支柱产业。

20世纪80年代，沙特曾酝酿建设一个大规模铝厂，巴林采取灵活做法，让出巴林铝业公司20%的股权给沙特，打消其建铝厂的念头。之后，巴林成立了锡特拉海湾轧铝公司，有

4万吨的生产能力。1999年，巴林铝厂接管了沙特基础工业公司下属的巴林—沙特铝业市场公司。2003年铝厂年产量51.2万吨，位于世界前列。铝产品占巴林出口额的15%，非石油产品占出口的50%。

随着炼铝业的成功，一些以铝为原料的下游铝制品厂诞生：1973年，生产雾化铝粉和铝球粒的巴林铝粉国际（Bahrain Atomizers International，BAI）成立，该公司51%属于巴林开发银行，49%属于Eckart Werke公司。产品对世界各国涂料厂、汽车配件厂和钢厂出口。1977年，巴林铝挤出公司（Bahrain Aluminum Extrusion Company，BALEXCO）成立。该厂主要生产铝型材、金属盖层、金属熔炼和预制件，产品20%内销，80%外销。1977年，巴林和沙特各占50%的米德尔电缆责任有限公司（Midal Cables Ltd，）成立，生产铝电缆线和导线，产品主销中东、远东地区和欧洲。1986年，海湾轧铝厂公司（Gulf Aluminum Rolling Mill Company，GARMCO）投产。该厂是海湾国家合资企业，巴林占38%，主要生产轧铝产品、压延铝箔、线圈等，主销海湾6国、中东、远东、欧洲和美国。1993年，巴林汽车铝轮毂厂投产。最初是一家合资企业，巴林投资占51%，国外投资占49%。产品批发给欧洲和远东汽车制造商，例如宝马等。1996年，巴林合金制造公司（Bahrain Alloy Manufacturing Company，BAMCO）成立，为生产汽车零配件和铸件生产不同比例的铝硅合金。该公司为合资企业，产品主销欧洲、亚洲和远东。

随着巴林国内建筑业的发展，铝材需求量增加。巴林注资7亿美元，新建电解铝生产线，铝生产量增加了50%，达到每年81.9万吨。巴林铝厂还耗资4亿美元兴建煤焦油工厂，

2002年正式投入生产。煤焦油年产量45万吨，铝厂自用25万吨，其余出口。2003年底，世界上最大的铝业生产者美国铝业公司与巴林铝厂签署谅解备忘录，购买巴林铝厂26%的股份，销售价值高达6亿美元。该协议为计划建设第6条电解铝生产线铺平道路，该生产线完工后，年铝产量可望增加到120万吨。

据巴林中央统计局提供的工业产值统计表显示，巴林铝业2005年为3.62亿美元，2006年为5.29亿美元，2007年为7.03亿美元，2008年为8.07亿美元，2009年为5.89亿美元。巴林铝厂于2005年5月进行工程扩建后，第5条生产线启动。2006年铝产量增至87.2万吨。2008年，原铝产量87.17万吨，名列全球第十位。目前巴林铝年产量基本保持85万吨左右，其中包括一系列纯度标准高达99.89%的高质量铝产品。产品约45%供给巴林下游铝制品厂，剩余的出口地区和国际市场，如中东、欧洲、远东、东南亚、非洲和北美。目前铝业公司中除5条炼铝生产线外，还有3个冶炼车间、1个碳生产车间、1个年产60万吨的焦化厂、1个海水净化厂、11个烟尘处理厂、1个船舶码头和1个2200兆瓦的发电厂，包括4个发电站。

巴林铝业进入市场是从巴林实施经济多元化战略，减少对石油的依赖开始的。目的是在巴林建立一个出口工业，开发国家资源和创造更多巴林人培训和就业的机会。事实上，巴林铝业已经为巴林王国的社会、工业和经济发展作出了巨大贡献，目前拥有3000多员工，其中90%为巴林人。巴林铝业目前已经进入世界最大规模、最为现代的铝炼厂的行列。这些年，该公司通过技术革新改造，使其生产能力大大提高，成为本地区、本行业的领军企业，同时保持安全生产的纪录，发展成为世界十大铝业之一。巴林铝业所使用的所有机械、设备均通过了2008年设备系统质量标准ISO9001认证。

近两年，受世界经济危机影响，地区和世界铝需求量减少，致使2008年巴林铝库存量达125.7万吨。随着世界经济的复苏和巴林政府采取的一系列应对金融危机的政策，巴林铝厂仍旧保持平稳产量和稳定的销售额，继续在安全、生产与环保方面追求高标准，使巴林铝业继续保持世界最大熔炼专业厂之一的地位。另外，巴林铝业最大限度地参加国际大型贸易展会，不断开拓其在地区和国际市场的竞争力。巴林铝业是2011年海湾工业展的铝业战略合作伙伴，成为展会铝业部分的顶级的支持者。

第五节　茫茫沙漠中的巨大沥青湖

海湾是个出石油的地方。平日里我们只是看到到处铺设的石油管道、钻井平台和现代化的炼油厂、天然气加工厂等，但从来没有想到，在巴林等海湾国家的沙漠中却存在着积存几十年的炼油废渣形成的巨大的“沥青湖”。2010年9月8日，我们应马沙勒石油集团（al Mashael Petroleum）董事长、巴林国王哈马德的表弟谢赫穆罕默德·阿里·阿勒哈利法的邀请，在其执行总监法赫德的陪同下，参访了该公司的合作公司Agaz Tubes润滑油精炼厂。

这个润滑油精炼厂坐落在巴林麦纳麦希塔区的工业开发区内，目前刚刚进入试运营，但我们主要参观的是该公司的另外一项巨大工程，也就是即将与我国上海油汇集团合作，共同改造沥青湖的项目。上海油汇集团此前参访巴林，与该公司有过接触，意外发现该公司处理沥青湖的这一巨大工程正在寻求国际合作伙伴。之后，法赫德以及沙特王子阿卜杜拉等参访了上海油汇公司，并达成了意向合作协议。巴林是海湾国家中最早发现石油和最早生产石油的国家，至今巴林锡特拉地区的杜汉山那里仍将第一口石油井台作为著名的纪念和旅游景点供人们观看。在这口油井的旁边还建设了一座石油博物馆，向世人展示着巴林悠久的石油历史和今后的石油远景。Agaz国际公司拥有的巨大沥青湖是自二战以来长期将沥青作为炼油废渣排放在沙漠低洼处所形成的沥青湖。经过70余年的积累，湖内的沥青储量已达百万吨之巨。由于沥青自然排放在沙漠之中，因此含沙比例较高。2008年6月开始，Agaz公司将沥青湖中最表面的含沙比例较少的那部分直接销售。每天从中挖取1000吨左右，每月的出运能力为27000吨。他们的主要市场有中国、印度、巴基斯坦、非洲等地区，有五六个直接购买客户。

沥青湖占地面积巨大，Agaz公司一直想投资改造沥青湖，既达到巴林政府的环保要求，又能将此沥青湖“变废为宝”，让其创造剩余价值。拥有开发权的Agaz公司一直受技术、资金等限制，未能完成这一目标。特别是下层沥青中含沙比例越来越高，巴林方面希望能有一个合作伙伴加盟，共同参与开发和改造沥青湖。参观之前，我们对此毫无概念，沥青怎么会形成大片湖湾呢？眼见为实。站在高高的平台上，我们惊愕地看到茫茫一大片板结了的黑色土地。经介绍，这些黑色物质是巴林炼油厂在初次炼油后提炼出来的油渣，里面含有大量沥青等其他石油成分。在海湾产油国，如沙特阿拉伯、阿曼、科威特等都有这样的大片沥青湖。巴林的这一大片已经使我们惊叹不已，但据称在沙特这个石油大国的炼油厂旁边还有比这块更大的茫茫黑色沥青海。由于产油甚多，海湾国家都无暇顾及提炼或处理这些大量的油渣，致使70余年下来形成了“沥青湖”。我们看到，一部分沥青湖的表面已被挖掘了厚厚一层，经过加温后存放在大罐内，据介绍，这些稠沥青已在罐内存放了15年。自2008年6月，该公司开始向亚洲和非洲等国家直接销售这些含沙比例较低的沥青。我们看到，尚未挖掘的沥青湖颜色较黑，已经被挖掘的沥青湖，颜色变浅，沙子含量显而易见。因此需要更高的技术和更好的设备将沥青和沙子分离开来。我们在实验室中看到，一小袋一小袋的不同品质的沥青样品整整齐齐地摆放在地上，进行必要的化验分析，供不同的买家选择。

沥青输送过程是通过设备和密封管道完成的。管道的阀门

沥青湖一角

可以直接与油罐车或集装箱接通，沥青可以通过管道直接输送到油罐车内或集装箱内。这里每天都会有好几辆集装箱车或油罐车在那里装油。我们抵达时，正赶上一辆25吨的集装箱的车辆，正在灌装沥青。储存罐内的沥青只有40摄氏度左右，呈固体状，不可能直接被吸入管道进入集装箱的塑料大包装袋内，因此需要将沥青加温至70摄氏度左右。加热后的沥青呈液体状，通过黑色橡胶管道输送到集装箱内的密封袋中。好奇的我们，顶着40多摄氏度的烈日，通过简陋的金属爬梯，登上与集装箱平行高度的平台，目睹输油管向集装箱内输送沥青。集装箱内的包装袋是白色的，是一种特殊材料制成的密封袋，几乎与集装箱的容积相等。站在平台上，可以感觉到经过升温后的沥青在输油管道内的温度，小心翼翼地用手触摸，还有点烫。等密封袋内装满了25吨沥青后，再将温度降至40摄氏度左右，使其成为固体状，便于运输。到达目的地后，再用同样的方法将沥青加温，把沥青从管道中吸出来。法赫德告诉我们，目前往集装箱内输送的沥青，就是为中国公司准备的。

在该公司，我们还参观了引进的德国生产线，新建的注资350万巴林第纳尔的高科技二手润滑油精炼厂，设计生产能力为日产300吨，目前试运转期间的生产能力约为100吨。回收润滑油的来源一是巴林本土，二是邻国沙特。产品大部分销往日本，并经日本转销其他国家。我们参观的时候，这座二手润滑油厂刚投产15天，2011年2月正式投产。哈马德国王的次子兼私人代表、国家海洋环境和野生资源公共保护委员会总裁谢赫阿卜杜拉·本·哈马德·阿勒哈利法出席剪彩仪式。该厂每年可提炼和加工36000吨润滑油及各种不同要求的油品，并拥有一套完整的二手油采集、运输、储存、质量分析、加工和向世界出口基础油及其副产品的能力和设备。这一精炼二手润滑油设备使用了尖端科技，几乎达到零损耗。这一先进技术使回收的各种档次的基础油、燃料油、沥青油等二手油被提炼成为高价值的产品。据称，目前美国、欧洲、中国等都尚未安装这套先进设备。在石油大国沙特也没有这样的现代化炼油厂，他们甚至将润滑油等回收油品运送到巴林来提炼。巴林地域狭小，能源有限，无新能源产品可供开发利用。目前能将废弃原料开发利用，经济效益前景也相当可观。

第六节　活跃的巴林外贸经济

巴林王国是波斯湾海面上漂浮的一个岛国，面积虽然很小，但在历史上始终是海湾、中东地区乃至世界各国海上交通的枢纽和各类商品的集散地。巴林依仗其优越的地理位置和便利的海上运输，从他们的祖先开始到现在，掌控着海上贸易达数千年之久，致使巴林的外贸经济从以前的珍珠贸易，到如今的油气贸易等各类商品贸易的进出口和转口经久不衰。

巴林于1972年9月7日加入国际货币基金组织，并于1995年1月1日正式成为世界贸易组织成员国。巴林是阿拉伯石油输出国组织成员国和海湾阿拉伯国家合作委员会成员国。2004年9月13日，巴林率先与美国签署了《巴林—美国自由贸易协定》，自2006年8月1日生效。根据该协定，两国的工业产品和消费品可以零关税进入对方国家。因此，巴林具备了向海合会其他成员国市场和美国市场辐射的条件。特别是海合会分别于2003年1月1日和2008年1月1日启动了关税同盟和共同市场后，从区域外进口的商品征收0~5%的统一关税，区域内公民在其中任何一国就业、居住和投资将享有与所在国公民同等待遇，更使巴林外贸如虎添翼。

巴林的经销采购商的经营范围一般都辐射海湾六国，因此，与巴林的贸易，实际就是海湾贸易和中东贸易，世界各国也都将与巴林的贸易往来作为占领中东市场的贸易策略。巴林政府致力于发展边贸，作为世界上少有的自由贸易国，巴林政府对各国贸易合作伙伴给予了巨大的经济优惠政策，比如，对抵岸的物资产品，政府只收10%的关税，进关后不再缴纳任何税费。优惠的政策环境加上强劲的购买力，使巴林成为一个进口和转口的贸易大国，成为了一个巨大的吞吐市场。2005年巴林的商品及服务进出口总额为237.76亿美元，其中进口103.27亿美元，出口134.49亿美元；2006年总额为273.28亿美元，其中进口116.04亿美元，出口157.24亿美元。主要出口产品为石油、成品油、初级铝产品及石化产品。2007年总额为300.58亿美元，其中进口126.76亿美元，出口173.82亿美元；2008年总额为376.55亿美元，进口163.40亿美元，出口213.15亿美元；2009年总额约为271.64亿美元，进口113.98亿美元，出口157.66亿美元。

石油是巴林主要的进出口商品，原油出口分当地石油和与沙特共享油田石油两部分，进口主要来自沙特。2005年原油出口总额为135.25亿美元，其中当地原油占18.71亿美元，与沙特共享油田占116.57亿美元；2006年出口总额为158.16亿美元，当地原油占21.82亿美元，与沙特共享油田占136.34亿美元；2007年出口总额为189.73亿美元，当地原油占24.57亿美元，与沙特共享油田占165.17亿美元；2008年出口总额为230.59亿美元，当地原油占29.09亿美元，与沙特共享油田为

201.49亿美元；2009年出口总额为143.38亿美元，当地原油为17.78亿美元，与沙特共享油田为125.60亿美元。原油进口主要来自沙特，2005年为112.67亿美元，2006年为135.86亿美元，2007年为153.69亿美元，2008年为210.82亿美元，2009年为137.43亿美元。

2007年巴林非石油产品进出口总额排名：沙特12.64亿美元、澳大利亚8.45亿美元、美国7.57亿美元、日本6.31亿美元、阿联酋5.29亿美元、中国5.15亿美元、德国3.47亿美元、印度3.32亿美元、意大利2.68亿美元、英国2.58亿美元。其中进口排名：澳大利亚7.28亿美元、日本6.04亿美元、沙特5.24亿美元、中国4.79亿美元、美国3.85亿美元、阿联酋3.28亿美元、德国3.23亿美元、英国2.36亿美元、印度1.97亿美元、意大利1.95亿美元。出口排名：沙特7.10亿美元、美国3.72亿美元、阿联酋2.02亿美元、印度1.35亿美元、卡塔尔1.24亿美元、澳大利亚1.17亿美元、荷兰1.17亿美元、科威特0.89亿美元、意大利0.73亿美元、中国0.36亿美元。

2008年1~3季度非石油产品进出口总额排名：沙特13.14亿美元、阿联酋4.84亿美元、美国3.86亿美元、中国2.21亿美元、日本2.09亿美元、卡塔尔1.99亿美元、科威特1.94亿美元、澳大利亚1.92亿美元、德国1.58亿美元、印度1.56亿美元。进口排名：沙特、阿联酋、中国、日本、美国、德国、英国、印度、澳大利亚、法国。出口排名：沙特、阿联酋、美国、卡塔尔、科威特、澳大利亚、荷兰、印度、阿曼、意大利、中国。

2007年非石油产品进口：矿产品61.28亿美元、机电产品11.38亿美元、化工产品10.07亿美元、运输工具9.9亿美元、五金制品6.99亿美元、食品饮料等2.88亿美元、橡胶制品2.03亿美元、纺织品1.72亿美元、动物及产品1.59亿美元、石料石膏制品1.51亿美元、植物产品1.31亿美元。出口：矿产品110.40亿美元、机电产品1.20亿美元、化工产品5.85亿美元、运输工具1.47亿美元、五金制品14.48亿美元、纺织品1.21亿美元。

2008年1~3季度进口：矿产品64.75亿美元、机电产品5.95亿美元、化工产品2.81亿美元、运输工具3.88亿美元、五金制品4.18亿美元、食品饮料等1.42亿美元、橡胶制品1.11亿美元、纺织品0.92亿美元、动物及产品0.80亿美元、石料石膏制品0.70亿美元、植物产品0.62亿美元。出口：矿产品120.88亿美元、机电产品2.01亿美元、化工产品3.95亿美元、运输工具1.70亿美元、五金制品13.70亿美元、纺织品0.83亿美元。

巴林致力于发展会展业，希望成为地区性和国际性的会展中心，借以带动非金融服务业的发展。2006年会展业对巴林国民经济的直接贡献率约为1%。巴林工商部署下的巴林会展管理局负责会展业的宏观管理。目前该国有巴林国际会展中心、巴林会议中心和海湾会议中心三个较大规模的会展场所，巴林国际会展中心规模最大。2008年和2009年分别承办了125次和39次各类会议和展览。

第七节　巴林工业园区的蓬勃发展

据巴林工商部投资区的负责人讲，巴林目前有9个工业投资区，最新的是巴林萨勒曼工业城，于2010年元月落成。该工业城原以巴林国王哈马德的名字命名，但在落成庆典时，王储萨勒曼致辞时称：感谢国王将“哈马德工业城”更名为“萨勒曼工业城”。

萨勒曼工业城位于巴林东部沿海地段，东与巴林的萨勒曼新港相邻，北与约10公里外的巴林国际机场相望，西与著名的“法赫德大桥”相连。这种便利的海、陆、空通道为该工业城的物流提供了极大的方便。

萨勒曼工业城是海湾地区的工业门户，总面积为1200万平方米，能解决3.4万人的就业机会。该工业城共分成三大独立区域：巴林国际投资区、巴林投资港和哈德工业区。三个区都有不同的投资特点。巴林国际投资区（BAHRAIN INTERNATIONAL INVSTMENT PART—BIIP）。该区由巴林商工部直接管理，向国际公司提供占地面积为25万平方米的基础设施建设用地，以发展巴林的加工工业，投资者可自行建设设施，也可租用设施。现已有80家公司投资近10亿美元，并可提供8500个就业机会。该工业区内有基础设施完备、平坦的空地待出租，投资者可以根据需要自建生产厂房；也有已建好的封闭式厂房15万平方米，可供投资者租用。最小租用面积为1000平方米。本区内还设有独立办公区，为新入住公司人员临时办公提供方便。

巴林投资港系由“海湾塔米尔公司”投资16亿美元兴建。港内基础设施完备，土地专为对外出租，租期50年，租金为每英尺9~12第纳尔，一次性付清。该投资港是巴林最大招商项目，占地面积为170万平方米，集物流、加工、贸易、住宅和服务为一体。该港与巴林哈利法·本·萨勒曼新港隔岸相望，为进出该区的物流提供了极大方便，其基本设施为：加工、物流和仓储区。商业区包括商务办公室、培训区、会议大厅及商务配套设施。宿舍区分有工人宿舍、职员和高管人员住房。此外还有后勤服务区等。该投资港所实施的60个项目将提供10000个就业机会。

哈德工业区占地79万平方米，现有阿拉伯造船修船公司和钢铁厂等大型工厂约30家，员工7500人。为发展国民经济，政府提出鼓励中小企业政策，为此该区还有帮助中小企业发展的职能，巴林发展银行的“新星工业发展中心”承担了在该区资助中小企业开拓发展的任务，即由该行投资建立中小企业孵化区，为他们提供前期优惠政策，待他们成型后再搬出该区自行发展。现在，贾瓦德商务集团为他们提供冷藏、冷冻、冰冻、当地及海湾地区分销和发运服务。

入园企业可以享有如下优惠待遇：可以拥有100%的股权；巴林国家目前不征收企业所得税，如将来增加该税种时，仍保证园区内的企业有10年的免税期限；产品可以免税进入海湾合作委员会国家；土地使用权为50年，期满后可再行延期；土地租金为每年700第纳尔/平方米，临海地段为500第纳尔/平方米。用工可在5年内不受“必须雇用10%当地人”规定的限制；工业园区内的设施齐全，有专业的管理团队随时为企业服务。目前园内有13个国家的企业，其中大型的投资公司有美国的卡拉福特食品公司、新加坡的M.T.Q公司、德国的劳沙公司以及巴林当地公司。值得一提的是沙特较有名气的艾巴·侯赛因集团也在此投资建玻璃纤维厂，投资规模1.5亿美元。

该园区内，有现成的厂房和办公室对外出租，厂房的起租面积为1000平方米，办公室设备齐全，可供初入园的企业临时办公使用。同时，企业还可以根据需要自行建厂。另外，科威特投资公司出资在本区内建立的“你的工业投资绿色家园”

正在筹建中，其占地15万平方米，现大部分基础设施基本完成。该项目建成后将为入园企业提供更加便捷周到的服务。

中国港湾有限责任公司巴林分公司与巴林Amar Holding co.公司签署了《巴林麦纳麦疏浚吹填边坡保护项目合同》，承揽了巴林门户投资项目（Investment gateway Bahrain—LGB）。项目内容是在巴林穆哈拉克省的哈德地区东部沿海地区进行围海造地工程。该工程于2010年7月29日开工，计划将306万立方米的沿海吹沙填海造地，修建1535米的临时护岸、2549米的永久护岸和3个水道涵洞。合同总金额为1700万美元，预计在2011年3月完工。该填海工程完成后，计划建造新的工业园区和与该工业园区相匹配的住宅区。

第八节　近年巴林经济增长指数

根据巴林信息中心的统计，2005年巴林国内生产总值为135.12亿美元，其中石油天然气占33.84亿美元，贸易为13.18亿美元，酒店餐饮类为2.88亿美元，房地产和相关商业服务为11.03亿美元，金融业为32.23亿美元，国立服务为17.32亿美元。2006年为159.14亿美元，其中石油天然气为41.39亿美元，贸易为15.25亿美元，酒店餐饮业为3.33亿美元，房地产和相关商业服务为12.56亿美元，金融业为36.34亿美元，国立服务为18.76亿美元。2007年为185.45亿美元，其中石油天然气为45.65亿美元，贸易为16.87亿美元，酒店餐饮业为3.79亿美元，房地产和相关商业服务为13.78亿美元，金融业为42.20亿美元，国立服务为21.69亿美元。2008年为222.38亿美元，其中石油天然气为63.06亿美元，贸易为17.51亿美元，酒店餐饮业为4.36亿美元，房地产和相关商业服务为14.87亿美元，金融业为44.81亿美元，国立服务为24.41亿美元。2009年为193.94亿美元，其中石油天然气为44.78亿美元，贸易为14.80亿美元，酒店餐饮业为4.78亿美元，房地产和相关商业服务为13.68亿美元，金融业为41.57亿美元，国立服务为25.18亿美元。2010年为206亿美元。

巴林的石油和非石油产值分别是，2005年石油领域产值为33.84亿美元，非石油领域产值为101.28亿美元；2006年石油领域产值为41.39亿美元，非石油领域产值为117.75亿美元；2007年石油领域产值为45.65亿美元，非石油领域产值为139.80亿美元；2008年石油领域产值为63.06亿美元，非石油领域产值为159.32亿美元；2009年石油领域产值为44.77亿美元，非石油领域产值为149.17亿美元。

巴林的工业产值2005年总额为16.34亿美元，其中食品加工业为1.44亿美元，纸制品加工业0.36亿美元，石油加工业为5.35亿美元，化工业为0.59亿美元，铝业为3.62亿美元，金属加工为2.41亿美元，建材加工为1.53亿美元，其他加工1.04亿美元。2006年总额为22.03亿美元，其中食品加工业为1.62亿美元，纸制品加工业为0.48亿美元，石油加工业为8.21亿美元，化工业为0.59亿美元，铝业为5.29亿美元，金属加工为2.61亿美元，建材加工为2.17亿美元，其他加工为1.06亿美元。2007年工业产值总额为28.37亿美元，其中食品加工业为1.80亿美元，纸制品加工业为0.51亿美元，石油加工业为11.66亿美元，化工业为0.62亿美元，铝业为7.03亿美元，金属加工为3.08亿美元，建材加工为2.42亿美元，其他加工为1.25亿美元。2008年工业产值总额为35.96亿美元，其中食品加工业为2.18亿美元，纸制品加工业为0.59亿美元，石油加工业为15.85亿美元，化工业为0.84亿美元，铝业为8.07亿美元，金属加工为4.12亿美元，建材加工为2.86亿美元，其他加工为1.45亿美元。2009年工业产值总额为28.59亿美元，其中食品加工业为2.69亿美元，纸制品加工业为0.72亿美元，石油加工业为9.73亿美元，化工业为0.91亿美元，铝业为5.89亿美元，金属加工为4.40亿美元，建材加工为2.67亿美元，其他加工为1.58亿美元。

巴林的交通通讯产值：2005年航空运输为1.23亿美元、通讯为4.48亿美元、陆路运输为1.60亿美元、水路运输0.33亿美元、国营运输为0.78亿美元。2006年航空运输为1.54亿美元、通讯为5.20亿美元、陆路运输为1.91亿美元、水路运输为0.38亿美元、国营运输为0.85亿美元。2007年航空运输为2.06亿美元、通讯为5.78亿美元、陆路运输2.22亿美元、水路运输0.44亿美元、国营运输0.55亿美元。2008年航空运输为2.70亿美元、通讯为6.63亿美元、陆路运输为2.40亿美元、水路运输为0.46亿美元、国营运输为0.59亿美元。2009年航空运输为2.08亿美元、通讯为7.47亿美元、陆路运输为3.07亿美元、水路运输为0.46亿美元、国营运输0.69亿美元。

第九节　农牧渔业将列入巴林发展计划

近年来，巴林政府加大了对农业、畜牧业和渔业的关注度，同时根据2030年巴林经济远景规划的长远战略考虑，采取了一些加大对农、牧、渔宣传力度和鼓励发展农业和畜牧业的举措。2010年11月25日，巴林首次举办畜牧业国际博览会就是一件具有里程碑意义的项目。这次展会由巴林市政和建设规划部组织，哈马德国王直接关怀并亲自为开幕式盛典剪彩，充分体现巴林政府对此次展会的高度重视。这是巴林农业史上首次举办如此盛大规模的展会，来自20多个国家参展商参加了展会。该展会为巴林及海湾和中东地区的农业和畜牧业的发展提供了一个平台，使人们从多方面了解巴林和海湾地区农业和畜牧业的发展历史，特别是警示人们牲畜的存栏数量，从而全力保护这一传统经济遗产，对保障巴林、海湾及中东地区今后的食品安全具有重大的战略意义。巴林市政和建设规划大臣朱马说，该展会对发展畜牧业生产具有重大意义，有助于实施巴林2030年战略发展规划和巴林食品安全计划。此展对投资者和商人都是一个难得的机遇。该展会也是一种很好的教育和引导方式，大家通过一些娱乐活动、动物表演、知识竞赛等更多地增加农、牧、渔领域的相关知识，特别是许多农民、饲养员、教师、学生、企业老板、食品和乳业人士受益匪浅。巴林工商会主席埃萨姆说，哈马德国王亲自出席博览会说明巴林在畜牧业生产方面具有很大潜力，工商会鼓励和支持举办此类展会，这对巴林展会业是一个很好的补充，将扩大巴林在展会业的声誉和地位，并为实现可持续的农业和畜牧业发展作出贡献。阿联酋劳工大臣萨格尔在参访时说，举办此展将使人们增强食品安全意识，鼓励当地投资者在此领域投资兴业，这是一个极具战略眼光的领域。

2010年巴林国际畜牧业产品展会在南部省跑马耐力训练村举行。巴林政府为开幕式举办了盛大晚会，首先是150名巴林大学生表演的巴林传统舞蹈，歌手演唱了阿拉伯传统歌曲，以“家乡与海洋”为主题的歌剧为展会拉开了序幕。人们在管乐队、打击乐和巴林风笛的伴奏下，用歌舞、音乐、诗歌表达巴林人民热爱家乡，表现海洋与动物之间，人类与动物之间和谐的亲密关系。之后，美国的宫廷盛装马步表演队首次在海湾地区亮相，吸引了观众的赞誉和好奇。美国的军犬、白色雄性种马都为观众表演了精彩的节目。特别是美国著名的Lipizzaner骏马在海湾地区首次登台，表演了集体马步舞蹈，给开幕式添色不少。阿拉伯当地纯种马也驰骋在舞台上，与巴林人民生活息息相关的牛、羊、骆驼以及鸽子等家禽都隆重登场，展示巴林农业历史的进程。本次展会分5个区块：牲畜展区、动物表演区、国家动物分布图片展区、禽类、鸟类、鱼类区、儿童活动区等。展会虽然只举办三天，但参访者接踵而来，第一天就有1.5万人参观，其中包括学生和家庭。举办单位计划该展会将每两年举办一次。

通过展会，我们了解到巴林农业和畜牧业的有关数据：目前巴林的可耕地面积为4300公顷，私人农业占地1500公顷，政府土地面积为400公顷，蔬菜种植面积为860公顷，牲畜饲料种植面积为774公顷，椰枣种植面积为2666公顷，椰枣树约572000棵。巴林农业生产总值为1450万第纳尔，年产椰枣170亿吨，其中85%内销；年产饲料400万吨，其中75%内销；年产蔬菜120万吨，其中14%内销；年产奶和奶制品110万吨，15%内销；年产鸡肉57万吨，其中38%内销；年产红肉（牛羊肉）15万吨，其中8%内销。奶牛存栏数为7200头，绵羊41000头，山羊20000头，阿拉伯马4600匹，骆驼2000头，驴大部分为家庭养殖，无法统计。巴林每年孵化850万只肉鸡，其中30%供应国内市场；25万蛋鸡每年产蛋6000万枚，其中60%内销。另外还有饲养的火鸡、鸽子、鹰等禽类。

动物展厅内，我们看到了巴林当地的各类品种的牛、羊等牲畜。据介绍，这些优良品种一般都是与外国，如澳大利亚、印度、巴基斯坦等国的优良品种进行杂交产生。大多是由巴林王室或显赫家族投资购买、饲养、繁殖的。由于巴林过去不太重视畜牧业的养殖，牛、羊肉大部分为进口，尤其是优良品种极为缺乏。近年来，部分王室成员意识到了畜牧业对巴林食品安全的重要性，开始聘请外国专家并引进一些国际优良品种，在自家的农场内进行养殖和繁殖并取得一定成效。在禽类方面，巴林重视鸟类保护，鼓励私人饲养鸽子、鹰等鸟类，同时通过自然保护区、公园、动物园等场所进行禽类动物保护和养殖，使巴林这一沙漠岛国的鸟类品种和数量大大增加。展会中所展示的各种优秀鸟类品种就是一个很好的证明。

展会中还有一个国际农业设备展厅。这里主要展出的是包括巴林在内的各国厂家展出的各类农业及畜牧业设备及相关产品。参展各国大部分是通过图片和资料介绍本国农业和畜牧业发展情况，对巴林来说是一个与国际交流的良好平台。我们还特别看到巴林政府不仅为展会的举办作了充分的准备，同时在为加大对巴林农业、畜牧业和渔业投资力度方面做了很多宣传和展示。在宣传小册子上，人们看到巴林向本地和国际投资商介绍的在巴林投资的可能性和各种机会，如椰枣加工、农业市场、花园建设、园艺设计、农场绿色大棚、牲畜的饲养和饲料生产、有机饲料项目、养鸡项目、农业机械设备等方面的投资方向。总之，这次展会时间虽短，但展出内容丰富，主题目标突出，宣传力度强大，对巴林今后的农业、畜牧业和渔业等方面的发展奠定了坚实的基础。

2010年10月6日，我们应邀参访了位于巴林麦纳麦工业

王后赛碧凯参观展览会

区附近的巴林国家海水养殖中心。这是一家国营企业，沿海占地5公顷。主要负责饲养种鱼、培育鱼苗、保护巴林海洋鱼种和拯救濒临灭绝的海洋鱼种。该中心1980年建立，1984年完成基础设施建设，1993年完成孵化室鱼苗建设。

石斑鱼是海湾地区著名的鱼种，因此养殖石斑鱼是该中心的一项主要任务。此外还有鲷鱼、鹦鹉鱼、沙非鱼等当地鱼种。该中心副主任侯赛因先生通过视频向我们详细介绍了该公司的基本状况以及养殖鱼苗的过程。中心养殖着不同年龄的种鱼，种鱼两年后开始产卵，鱼卵被放在筛子里挑选。一般好的鱼卵会浮在水面上，坏鱼卵沉于水底被淘汰。鱼子被放进孵化室，一周后孵化完毕，成活率在14.5%~26.6%之间。小鱼苗的饲料从沙特进口，养育一段时间开始按鱼苗大小分类，以避免大鱼吃小鱼。120天后的鱼苗就可以外卖出口了。该中心的鱼苗一般在海湾国家销售，阿联酋等国均进口巴林鱼苗。目前每年可出口600万至700万尾鱼苗，今后力争达年出口量30000尾。生长一年后的一斤左右的成鱼，一部分开始放入巴林海域的海洋之中，以增加海洋鱼类的数量和种类。中心的鱼类不进入市场，仅为养殖试验之用。

该中心有职工32人，主要负责孵化、养殖、清理池塘、进行鱼塘水质检测等工作。据介绍，仅种鱼每天消耗的食用小鱼就达60公斤。该中心除政府的有限资助外，主要由一家企业赞助。每年出口销售的小鱼苗可为中心赢得一些回流资金，但由于养殖育苗项目成本昂贵，该中心盈利有限。

2011年1月24日，我们通过巴林电视台举办的“食品安全问题讲座”节目，了解到一些每年巴林各类食品自产、进口和消费的相关数据。蔬菜：当地生产18000吨，进口75000吨，总消费93000吨，自给比例为19%；椰枣：当地生产2774吨，进口570吨，总消费13870吨，自给比例为20%；水果：当地生产3000吨，进口52500吨，总消费55500吨，自给比例为5%；禽肉：当地生产6100吨，进口18300吨，总消费24400吨，自给比例为25%；牛羊肉：当地生产6100吨，进口2300吨，总消费33980吨，自给比例为4%；鸡蛋：当地生产3000吨，进口4021吨，总消费7021吨，自给比例为43%；鱼类：当地生产5200吨，进口3900吨，总消费9100吨，自给比例为58%；鲜奶：当地生产9200吨，进口17000吨，总消费26200吨，自给比例为35%。

根据中巴两国的渔业、农业、畜牧业合作项目规定，我国每年派渔业专家、农业专家和畜牧业专家各1名，与巴林方面农业部门合作，主要负责进行鱼病的防治和水质监测，畜牧业的新品种的引进和疾病防治，农作物的种植等。近年来，我曾多次前往项目组参观考察，对取得的初步成果表示肯定，并鼓励他们积极开拓进取，不断拓宽两国在农牧渔领域合作的新方式和新途径。2011年1月30日，我作为中国政府代表出席了中国援助巴林农牧渔设备仪器交接仪式，并与巴林建设规划部负责农业的次大臣纳比勒分别代表两国政府签署了交接证书。这是我国首次向巴林方面赠送援助设备，巴方认为这将进一步提升巴林农牧渔业领域的整体发展水平。

第十节　巴林经贸机构和团体

一、巴林经济发展局

巴林经济发展局（Bahrain Economic Development Board—EDB）是一个充满活力的公共机构，负责规划和监管巴林的经济发展战略，为吸引外商到巴林投资创造优越的环境。该部引进外资战略主要集中在巴林的优势产业，包括金融服务业、下游产业、旅游业、商业服务业、物流业和信息与通讯技术业。对于有意在巴林投资的公司，巴林经济发展局是其首个联系的部门，从中可了解投资者的目的，提供开办企业的相关流程信息，并帮助他们在巴林组建联系网络。该部的任务是通过制定经济发展战略，支持推进现代化的自由商业环境，鼓励外商投资，使巴林在全球市场具有竞争力，最终促进巴林经济的增长和多元化。巴林经济发展局正在与国家和私营部门通力合作，制定一个着眼于未来的短期、中期和长期的经济增长战略。该部努力确保巴林的经济在当前和未来都具有竞争力和影响力，为巴林创造最佳的商业环境，以吸引海外投资，促进巴林公司的发展。为吸引全球领先者的投资，巴林经济发展局的主要服务项目之一就是向全球宣传巴林的投资政策和投资机会。此外，该部还同时向投资企业提供后续服务，确保企业成立后在巴林高效运营。该部的商业发展团队为计划在巴林开设或扩大业务的公司提供量身订制的免费辅导服务。如：提供关于巴林潜在投资机会，关键行业和巴林经济的全面信息；提供关于在巴林开办企业的定制信息和可行性建议，由跨部门团队支持投资过程；介绍巴林的相关政府部门、设施提供商和专业服务公司、包括律师、会计师、搬迁公司和招聘公司；安排个性化的访问行程；协助选择地点及获得其他资源，等等。

经济发展局的组织架构是：主席为萨勒曼王储，约有30名成员，其中包括哈马德国王次子、海洋资源、环境和野生动物保护委员会主席谢赫阿卜杜拉；国王三子、皇家慈善协会董事会主席、巴林青年体育最高委员会主席和巴林奥林匹克委员会主席谢赫纳赛尔；3位副首相及首相府大臣、工商大臣、财政大臣、油气大臣、教育大臣、工程大臣、劳工大臣、社会发展大臣、内阁事务大臣、司法大臣、住房大臣、市政大臣、新闻大臣、卫生大臣等重要内阁成员；中央银行行长、工商会主席、JAWAD集团董事长、HASS集团首席执行官、ARCAPITA银行首席执行官、MUMTALAKAT控股公司首席执行官、MANSOOR集团首席执行官、MASKATI集团常务董事等巴林金融和商业界重要机构的负责人均为该发展局的成员。该局内部还设首席执行官、首席运营官、首席法律顾问、副首席执行官、执行董事等要职。该局下设公共和改革部、经济规划和发展部、全球运营联络部、宣传部、商业发展部、行政和财务部等。

二. 巴林工商会

巴林工商会（Bahrain Chamber of Commerce and Industry—BCCI）成立于1939年，是巴林工商界最大的半官方民间组织。前身原名为“巴林商人协会”，是当时海湾地区的首家商会。它的建成被认为是阿拉伯商会的标准模式，其他国家的商会只是根据个别需求稍作修改。1945年更名为“巴林商会”，1968年，鉴于该商会在巴林经济中享有的盛誉和被巴林各界的认可，又增加了“工业”一词，改为“巴林工商会”。董事会每四年选举一次，人数为18人，另有一个7人的执行委员会。工商会设主席、第一副主席、第二副主席、司库、副司库等职。现任巴工商会主席为埃萨姆·法赫鲁。工商会设秘书处，有秘书长、副秘书长、秘书长助理及经理等职，负责处理日常事务。现有会员5442人。大部分会员是商人或商人兼企业家，单纯从事生产经营的不多。2009年第二季度，工商会有各类注册企业85110家。

巴林工商会具有法人地位，代表并维护巴林商业和工业利益，致力于商业、工业的发展；关心其会员利益，向会员提供各种服务；掌握进出口经营权，负责就有关问题与政府对口部委的协调，对政府决策具有一定影响力。巴林工商会的职能包括：认证各类商业文件、经济领域的调研、解决商业纠纷、外贸及工商业企业的基础数据统计、国内外展会推介、推动国内产品出口、介绍投资项目、参与政府部门的决策、代表商人参加和出席国际商业性组织和会议。

该工商会设有管理委员会，根据行业划分，下设16个行业委员会。各行业委员会的领导成员，根据各自对市场行情变化的观察与预测及从业人员的要求，随时向政府有关职能部门提出意见和建议，要求其及时调整政策。

工商会的任务是为民营企业竭诚服务，协助政府发展巴林经济。主要目标是：（一）通过与相关部委、组织和机构对话，向政府提供刺激巴林经济、鼓励发展巴林民营行业的意见、概念和思路，参与巴林政府发展国家经济的努力。（二）在政府决策过程中，参与各部委和企业之间的协调。（三）协助密切会员企业之间的关系，联系政府部门共同探讨和协助解决会员企业遇到的问题和障碍。（四）评估巴林经济形势。发挥民营企业作用，提高民营企业经济效益。（五）宣传推销巴林经济环境和优势，协助吸引、鼓励国内外资本在巴林投资。（六）向企业和其他单位提供贸易和工业数据和各类专项调研成果。（七）协助发展对内对外贸易，促进巴林经济发展，协助企业扩大出口和再出口，扩大对各国的贸易。（八）协调政府与金融机构之间的关系。（九）协助消除阻碍民营企业发展的难题，协调本国国民就业和生产品种多样化。（十）参与阿拉伯和海合会国家的经济合作，促进阿拉伯国家内部贸易、促进海合会国家经济一体化进程。（十一）关心中小企业成长，协助他们增长实力。

巴工商会对华友好，支持发展中巴经济贸易关系。长期以来，向我国提供巴林经贸、关税、投资项目、展会等信息，是我国获取巴林经济贸易情况的主要渠道之一；协助我国为访巴经贸团组介绍情况及客户等，为双边经济贸易活动提供多种便利。2002年5月哈利法首相访华期间，中国贸促会与巴林工商会签署了建立中巴联合商务理事会合作协议。2010年10月，埃萨姆·法赫鲁主席率由20多名企业家组成的巴林工商会代表团访华，先后访问北京和深圳，并出席了广交会开幕式。

三．巴林企业家协会

巴林企业家协会成立于2001年11月，是一个非营利性和独立的机构。目标是加强私营部门的发展，振兴巴林经济。主要成员为巴林商人。入会费为500第纳尔，会员年费为250第纳尔。主要活动为吸引外资进入巴林，成立巴经济发展中心，组织经济问题研讨会等。协会设董事会，由9人组成，通过大会选举产生。现任主席为哈立德·阿勒穆埃伊德（兼巴林—中国友好协会会长）。巴林企业家协会同约旦、埃及、黎巴嫩等国签有贸易合作协定，并计划今后同中国、俄罗斯、泰国、土耳其、摩洛哥和其他阿拉伯国家签署合作协议。

四．巴林工会联合会

巴林是工会运动历史较为悠久的国家。工会联合会是巴林各行业分会的最高组织机构，按1981年巴林劳动和社会事务部颁布的第10号部令从事活动。职能是代表政府、业主和工人参加国际和地区会议，同有关部门积极协调提高会员的经济待遇问题，为工人举办文化、技能培训班等事宜。联合会下属建筑、医疗卫生、运输和通讯、市政和旅游服务、石油化工业等9个行业分工会。

第十一节　局势动荡对巴林经济造成严重影响

2011年中旬开始，中东和阿拉伯地区国家的政局出现的急剧变化，对巴林产生了影响，巴林开始了持续的街头示威游行、罢工、罢课，暴力冲突不断升级，导致国内社会秩序混乱，对巴林原有在金融危机中挣扎趋缓的国民经济造成了严重的负面影响。有的企业家甚至称，此次事件将使巴林的经济倒退5年。

首当其冲的应该是旅游业及其相关产业。由于局势动荡，来巴林旅游、度假的外籍人士在很短的时间内几乎归零。酒店业由原来的8~9成入住率骤减为2~3成，中小酒店几乎到了破产崩溃的边缘。航空公司和游轮的减班，甚至停班，每个周末通过巴林—沙特大桥以几万人次进入巴林度假的数字锐减以及该陆路通道的暂时关闭，使巴林的旅游、酒店、购物、餐饮业损失惨重。街头上只有巴林本地人和在巴工作或打工的外籍人，看不到以往蜂拥而至前来度假的沙特人和其他海湾国家及国际旅游团的到来。旅游景点空无一人，鸦雀无声；酒店大堂也是冷冷清清，无人光顾；一些私人餐馆、咖啡厅、酒吧考虑到财产和人身安全，加之门庭冷落，干脆就停业关门。距离示威者安营扎寨的珍珠广场较近的city Center、Dana Mall、Seef Mall、Lulu Center等大型购物中心，为避免极端分子的打砸抢行为受损，也都大门紧闭，停止了营业。尽管如此，一些像哈瓦吉等大家族的外国香水、手表、电器等专卖店，距离街头较近，均成了示威者的打砸目标。巴林的居民，只能在附近的一些小超市里购买些能够买到的日用品。局势紧张时，超市内的商品经常被抢购一空，大家都考虑到准备些"战备粮"。由于交通被示威者设置了路障，食品运输车辆基本停止了对超市、餐馆等市场的供给。为了减少损失、降低成本，很多酒店、商城、餐馆只能强行员工安排休假，有的企业甚至到了要裁员的边缘，据悉，有4000人面临收入减少或失业，仅旅游业的经济损失就达5亿美元。

巴林是中东地区的金融中心，鉴于长期政局稳定，投资政策宽松，一直是众多国家和人士投资、创业的地方。巴林各省的基础设施和城市建设一直在有条不紊地进行。特别是巴林制定了2030年经济战略规划之后，很多项目上马，其中包括有关民生的“安居工程”、“公立医院的建设”、“学校建设”、“道路和排水工程”等均在建设或计划建设之中。特别是2011年1月突尼斯和埃及出现政局动荡之后，巴林政府加快出台了惠民政策和举措，除决定向每个家庭发放1000第纳尔的困难补贴外，还加快了对住房建设的启动和投资。但此举却未能有效地遏制住在巴林发生的反政府示威游行。由于局势动荡，一些新项目停止了招标，投资者驻足观望；一些正在建设的项目也一度停工。一方面是由于资金链和建材运输出了问题，另一方面是众多外籍劳工暂时撤离了巴林。与巴林企业家进行贸易活动的外籍供应商也一度供应叫停，一方面是他们在静观局势发展，另一方面是海港、运输等行业运转已经不正常，一些货轮减运或停运。

从2月中旬巴林街头开始出现反对派大规模示威游行，巴林政府就先后宣布取消或推迟一些巴林内部、与外国双边或多边的研讨会、文化、经贸、体育、展会等活动。仅我们所知的就有首届海湾国家运动会、世界信息技术大会、第17届中东石油天然气及油气技术展、世界园艺大会和巴林知识节、世界广告大会、阿拉伯女歌唱家费茹兹个人演唱会、一年一度的巴林文化之春联欢节等。最令世人瞩目的是被迫取消的F1国际赛道的巴林揭幕赛，仅此一项就为巴林造成近5亿第纳尔的损失。

与中国直接有关的是计划2月17日至23日在巴林举办的“中国文化周”活动。此活动中巴双方已经认真运作准备了半年之久，以中国文化部外联局副局长项晓炜率领的中国文化政府代表团以及近50人的北京歌剧舞剧院的演职人员，参加中国丝绸精品展的工作人员等均已如期抵达巴林。一切准备工作就绪，就连演出现场也已基本布置完毕，丝绸展的展品也已稳妥地挂在了展厅的墙面上，真可谓万事俱备，就等17日晚文化周开幕仪式了。然而，就在16日晚，巴林文化大臣谢赫梅亲自给我打了电话，告知由于巴林局势突变，出于安全考虑，建议“中国文化周”推迟举行。的确，巴林动荡的局势已经不允许我们举办演出，巴林的观众也均忙于上街游行或在家中躲避动乱，尽管十分遗憾，但我们经认真研究还是接受了巴方的建议。为了使文化部代表团此次访巴取得成果，在我的建议推动下，文化大臣谢赫梅在穆哈拉克省的马塔尔博物馆内她的工作室接见了项晓炜副局长一行。尽管那天的会见是在窗外几十万高举巴林国旗、高喊口号的游行队伍的呐喊声和数千辆汽车的鸣笛声中进行的，但会见卓有成效，谈及了许多双边合作问题。值得一提的是，项副局长和我原本打算在文化周开幕式上为中国政府给哈马德国王制作的绣像举行赠送仪式，这时就借拜会之机请谢赫梅大臣代为转交。谢赫梅十分感动，甚至用“十分难过”这个词语来表达对“中国文化周”未能如期举办的遗憾之情。她承诺一旦局势稳定，将商中方立即重启“中国文化周”活动。

持续一个多月的动荡局势使这个经济极为脆弱的小岛国遭受重大损失。直至3月14日，在哈马德国王委托萨勒曼王储号召举行全国对话的倡议受挫，巴林政府在局势几乎失控的情况

下，求助海湾合作委员会协助维持巴林的社会治安，保护石油、水、电等重要设施的安全，沙特作为首批海合会军事先遣部队的150辆装甲军车和1000名官兵通过巴林——沙特大桥进入巴林，随后阿联酋的500名安全部队人员、科威特的医护人员和救护车以及其他海合会国家的相关安全人员先后进驻巴林，帮助巴林维持社会治安。与此同时，巴林军警再次清除了驻守在珍珠广场上的反政府什叶派人员和装备，拆除了象征反对派“民主革命”的珍珠广场的雕塑。军警部署在巴林街头，清除了反对派设置的重重路障，对行人进行排查和宵禁。最终巴林政府基本控制了局势，稳定了民众情绪，整顿了社会秩序。一个星期后，在政府的要求下，各部门人员返回工作岗位，银行开业，教师返校，学校复课，商店营业，居民生活基本恢复正常。5月8日，哈马德国王宣布，6月1日起解除全国紧急状态。这个日期比早前宣布实施3个月的国家安全状态提前15天结束，说明巴林局势趋于稳定，经济建设在迅速回升。尽管如此，两个多月的动荡局势所造成的经济损失仍需在相当长的一段时间内才能得到弥补。

第五章　财政金融

第一节　海湾和中东的金融中心

巴林从1973年开始构筑自身的金融发展体系。巴林建立了金融机构，监督货币流通、指导本地商业银行的活动。巴林的邻国，如沙特、阿联酋、卡塔尔、科威特等都拥有巨额资金，过去都将资金存在黎巴嫩贝鲁特银行。1975年黎巴嫩内战，金融活动受到影响，巴林借助有利的地理位置和黎巴嫩内战的有利时机，颁布了允许外国银行开设离岸分行的规定。除不征收所得税外，还保证这些离岸分行可以自由向母国转移资金，对储备比例和利息率也不做限制。当时巴林的外国银行已达100多家，其中包括著名的花旗银行、大通曼哈顿银行等。海湾最大的金融机构国际银行和阿拉伯银行也把总部设在巴林。巴林不仅取代了贝鲁特成为海湾和中东地区的金融中心，而且同中国香港、新加坡、伦敦并列为世界四大金融中心。1975年初，巴林货币管理局承担了中央银行的职责，被授予监管石油生产和外汇交易业务。

20世纪90年代以来，巴林的金融业飞速发展。1993年，巴林境内已有商业银行17家，离岸银行47家，投资银行22家，银行代表处38家，货币兑换商号25家，货币和外国经纪商号5家。2003年末，巴林大约有357个金融机构，包括52个离岸银行机构和37个投资银行、29个国际银行。在巴林登记的保险公司有162家，巴林国际保险中心也建于巴林金融港内，主要发挥传统伊斯兰银行的功能。2006年，有400多家地区及国际银行、保险公司及其他金融服务机构在巴林设有办事处。

1984年，巴林的证券交易所（BSE）正式开业。这是巴林唯一的证券交易市场，规模不大，为海合会7个股市中的第六大市场，有银行业、银行投资业、投资业、保险业、服务业、工业、酒店业7个交易板块。截至2008年10月底，共有63家企业在BSE上市，其中有卡塔尔电信和苏丹电信两家外国企业。1989年6月，巴林股票交易所开业。1994年，巴林允许外国公司股票上市，当时有上市公司300多家。1999年，巴林股票交易所电子贸易开始运营。据2007年10月31日《巴林论坛报》报道，巴林证券投资基金额超过200亿美元，成为海湾合作委员会最大的投资基金经济体。巴林是海湾合作委员会第一个颁布实施投资信托法的国家，良好的投资环境吸引了世界各地的投资商。

1992年，巴林政府组建了鼓励投资的政策性“巴林发展银行”（Bahrain Development Bank，BDB）。宗旨是鼓励工商界投资，重点资助初创阶段的中小企业。在扶持和鼓励来巴林投资的项目方面，巴林发展银行可以提供较优惠的利息、较灵活的宽限期（最长可达3年）、竞争力较强的酬金。巴林通过巴林股票交易市场和巴林发展银行，为国内外投资者提供了多种金融投资工具和机会选择，因而形成了较好的投资环境，吸引了大量国内外资金。

巴林法定货币为巴林第纳尔。根据《2006年巴林中央银行和金融机构法》规定，巴林第纳尔为可自由兑换货币。在巴林的所有商业金融机构均可进行巴林第纳尔与主要西方货币（美元、欧元、日元等）、其他海合会国家货币以及主要劳务来源货币（印度卢比、巴基斯坦卢比、孟加拉塔卡等）的兑换业务。巴林自2001年以来采取巴林第纳尔与美元的联系汇率制度，2005~2007年汇率一直保持在0.376巴林第纳尔兑换1美元。

巴林货币局（Bahrain Monetary Agency——BMA）是巴林国家中央银行负责制定金融、货币政策，维护货币稳定的机构。货币局成立于1973年，其最高管理机构是董事会，由5人组成，首相哈利法任主席。局长由董事会推荐，财政和国民经济部批准，国王任命。

1975年，巴林货币局允许离岸金融机构在巴开展业务，从此，奠定了巴林在中东地区金融中心的地位。货币局通过规范的政策法规，健全的金融基础设施和服务，吸引了众多国际金融机构来巴设立分支机构，开展业务活动。

货币局主要有以下职能:（一）制定货币政策，规范货币的发行和流通，确保货币和金融体系稳定。（二）规范和完善金融机构的服务。（三）储备外汇，确保巴林货币流通的需求和国家对外支付的需要。（四）签发银行和其他金融机构的营业证。（五）规范商业银行类别，划定不同类别银行的经营范围。（六）监管金融系统运作。（七）规定资本金、储备金和流动资金的数额。（八）考察、评估银行和金融机构及其实力。（九）根据政策目标，管理和指导银行信贷。（十）管理国内清算银行。（十一）代表政府发行有价证券和债券。（十二）根据信托关系，巴林货币局有权处理巴林财政和国民经济部的外汇资产。

根据《2006年巴林中央银行和金融机构法》、《2001年巴林商业公司法》以及《巴林中央银行规则手册》，巴林不实行外汇管制，在此注册的外国企业可以在巴林银行开设外汇账户，用于境内外结算。外汇的汇入、汇出无需申报。外资企业利润自由汇出，无需交纳税金。在巴林工作和居留的外国人，其合法收入可全部汇出境外。个人携带现金出入境不需要申报，也无数额限制。

巴林中央银行是该国的国家银行，主要负责国家货币政策和外汇汇率政策的制定、管理国家外汇储备和国债、监管国家支付和结算系统、本币发行以及对各类金融机构及资本市场和证券市场的监管。巴林本地主要商业银行有：巴林国民银行、巴林科威特银行以及阿赫里联合银行。主要外资银行是：花旗银行、汇丰银行、巴黎银行、三菱联合金融控股集团以及标准渣打银行等。巴林当地信用卡使用普遍。中国境内发行的visa卡和万事达卡均可在当地使用。2010年前9个月，该行净利润为3403万第纳尔，2009年同期为3695万第纳尔，下降7.9%。2011年第一季度，尽管受国内动荡局势影响，该行的净利润仍为1363万第纳尔，约合3625万美元。2010年同期为1322万第纳尔，约合3516万美元，增长3.1%。

海湾地区石油资源的开发，需要一个为其服务的金融中心。巴林以其严谨而不失灵活的政策规范、优越的地理位置、比较健全的基础设施和比较雄厚的金融人才资源确立了它在中东地区金融中心的位置。20世纪70年代，巴林政府抓住机遇，为离岸银行打开了大门，从而成就了巴林金融业发展的辉煌。2000年，金融业在巴林经济中已占第二位。2002年5月，巴林被选为以美元为基础的国际伊斯兰金融市场（International Islamic financial Market, IIFM）所在地，当选为该市场的副主席国。2008年，巴林金融业产值为33.64亿美元，占GDP的26.5%，成为巴林最大的产业。本地金融机构，离岸金融机构及保险机构的产值对GDP的贡献率分别为8.88%、11.59%和6.12%。2009年，巴林金融业从业人员为14137人，资产总额达2218亿美元。本地金融企业规模较小，外资金融企业主导巴林的金融业。

作为中东地区的金融中心，每年均有新的金融机构加入到巴林金融市场内或在巴林设办事处。2004年在巴的金融机构有367家，其中零售银行24家、批发银行89家、代表处31家、专业银行2家、兑换所18家、信贷公司1家、投资公司16家、支付技术支持服务公司5家、中介公司3家、资本市场中间商13家、保险公司165家。2005年在巴金融机构共365家，其中零售银行25家、批发银行89家、代表处32家、专业银行2家、兑换所19家、信贷公司4家、投资公司18家、支付技术支持服务公司8家、中介公司4家、资本市场中间商13家、保险公司151家。2006年在巴金融机构共377家，其中零售银行25家、批发银行86家、代表处34家、专业银行2家、兑换所18家、信贷公司4家、投资公司27家、支付技术支持服务公司10家、中介公司1家、资本市场中间商14家、保险公司156家。2007年在巴金融机构共402家，其中零售银行29家、批发银行85家、代表处35家、兑换所19家、信贷公司4家、投资公司34家、支付技术支持服务公司15家、金融担保人1家、资本市场中间商13家、保险公司167家。2008年在巴金融机构共416家，其中零售银行30家、批发银行84家、代表处36家、兑换所19家、信贷公司5家、投资公司49家、投资基金管理公司5家、支付技术支持服务公司14家、金融担保人3家、资本市场中间商7家、保险公司164家。2009年在巴金融机构共410家，其中银行32家零售、批发银行78家、代表处30家、兑换所19家、信贷公司9家、投资公司47家、投资基金管理公司5家、支付技术支持服务公司13家、金融担保人3家、资本市场中间商6家、保险公司168家。2009年颁发13张金融机构和职业新牌照，包括8家零售银行、2家保险服务公司和3个精算师。截至2010年3月，在巴金融机构共406家。

在巴林的主要外资金融机构包括花旗银行（CITY BANGK BAHRAIN BRANCH）、汇丰银行（HSBC BAHRAIN BRANCH）、巴黎银行（BNP PARIS BAHRAIN）、三菱联合金融控股集团（Mitsubishi UFJ Financial Group）以及标准渣打银行（STANDARD CHARTERED BANK）等，分列2009年《财富》杂志世界500强之39位、21位、24位、128位和38位。此外还有海湾金融公司（GULF FINANCE HOUSE）、科威特金融银行（KUWEIT FINANCE HOUSE）、巴林伊斯兰银行（BAHRAIN ISLAMIC BANK）以及ITHMAAR银行等按伊斯兰教规运营的投资金融机构。

目前，有400多家地区和国际金融服务机构在巴设立办事处，各国银行在巴总资产达855亿美元。2008年巴林股市共有上市公司51家，市值201亿美元，成交额约21亿美元。世界经济论坛《2008~2009年度全球竞争力报告》显示，在全球最具竞争力的国家排名中，巴林在134个国家中位居第37位。

第二节　巴林是众多国家与外商投资之地

巴林是波斯湾上的一个袖珍岛国，虽然地域面积狭窄，市场相对较小，但却吸引着众多国家和外商来这里投资、谋职和生存。原因是巴林在海湾占据着一个得天独厚的地理位置，处于中东地区的中心地带，海陆空四通八达通往海合会的任何国家。其商业投资的地位可追溯到几十年前，历史远于邻邦。巴林的金融业也已持续繁荣了近40年，远早于阿联酋和卡塔尔。巴林的社会稳定和持续发展，使其成为中东地区的金融中心和商业规范的制定者。在巴林经商的意义远远超过仅着眼于本地市场，因为巴林是海湾地区的门户，是中东地区贸易和运输的枢纽，进入巴林就等于进入了海湾市场、中东市场，甚至进入了更大范围的国际市场。在巴林，企业可以自由经营，没有程序上的繁文缛节，海外投资持股比例也基本不受限制。巴林还拥有自由的劳动力市场，其全球的经济自由度排名稳步提升，目前在中东、北非地区位居第一，是世界排名第16的自由经济体，领先于7国集团中的德国、法国和日本及主要发展中国家，如中国和印度。巴林是一个开放、宽容的国度，无论是工作场合，还是社交场所，外籍人士都能与当地居民融洽相处。巴林为投资企业提供最低的税率和经营成本，确保投资者的最佳回报。巴林人的工作效率在海湾地区中也是最高的，据世界大企业联合会的报告称，巴林人的工作效率是海合会国家公民平均值的6倍。特别在金融业，巴林本地员工占三分之二。

根据巴林中央银行2009年发布的报告，巴林在外资产总

额：2006年为1685亿美元，其中对外直接投资60.7亿美元，对外有价证券投资440.3亿美元，对外其他投资1149亿美元，对外资产储备35.0亿美元；2007年总额为2196亿美元，其中对外直接投资77.5亿美元，对外有价证券投资539.6亿美元，对外其他投资1536亿美元，对外资产储备42.9亿美元；2008年总额为2178亿美元，对外直接投资93.7亿美元，对外有价证券投资476.5亿美元，对外其他投资1569亿美元，对外资产储备38.8亿美元；2009年总额为1910亿美元，直接投资75.8亿美元，有价证券投资409.1亿美元，其他投资1387亿美元，资产储备38.1亿美元。

外国在巴林资产总额：2006年为1577亿美元，在巴直接投资112.3亿美元，在巴有价证券投资67.7亿美元，其他投资1397亿美元；2007年总额为2064亿美元，在巴直接投资130.0亿美元，在巴有价证券投资81亿美元，在巴其他投资1853亿美元；2008年总额为2023亿美元，在巴直接投资148.0亿美元，在巴有价证券投资110亿美元，在巴其他投资1765亿美元；2009年总额为1749亿美元，在巴直接投资150.6亿美元，在巴有价证券投资126.4亿美元，在巴其他投资1472亿美元。净投资：2006年为102.5亿美元；2007年为132.1亿美元；2008年为155.2亿美元；2009年为160.9亿美元。

联合国贸易发展会议发布的《2008年世界投资报告》显示，2007年，巴林国外直接投资流入运行指数名列全球第12位，海合会国家第1位，外国直接投资流出运行指数名列全球第9位，海合会国家第2位。2007年，巴林吸收外国直接投资额16.61亿美元。外资主要来自其他海合会国家和其他阿拉伯国家、欧盟和美国，投资领域为金融业、零售业、通信、石油勘探、餐饮、港务经营及房地产等。

在巴林投资的主要外企有：花旗银行、汇丰银行、巴黎银行、家乐福、马士基集团、标准渣打银行、三菱联合金融控股集团、泰国国家石油公司、沙特基础工业公司、麦当劳公司、西方石油公司、敦豪快递公司、ZAIN电信公司、科威特银行等。

2011年2月27日，巴林工商大臣哈桑博士向内阁提交的工业投资报告称，2010年共颁发工业生产执照140份，预计投资额为7.47亿第纳尔（约合19.94亿美元）；其中62%已投产，19%在建，19%待建。可创造7000个就业机会。另有253个工业项目获得原则同意，投资总额约为6.37亿第纳尔（约合17亿美元）。

第三节　美丽壮观的巴林金融港

巴林金融港（Bahrain Financial Harbour）位于巴林首都麦纳麦海滨北岸，面向旧港区、鱼市和老集市，站在金融港写字楼第40层的大厅窗户向下望去，麦纳麦新老城区一览无遗。特别是建筑密集的老城区，醒目的“巴林门”传统集市与金融港和以现代化建筑和美丽港湾为特色的“巴林湾”形成强烈对比。

巴林金融港股份公司（BFHHCO）开发的金融港项目是2002年12月由巴林首相谢赫哈利法·本·萨勒曼·阿勒哈利法批准的设计方案，因此该开发区为巴林政府的国家级重点项目。金融港占地38公顷，其中20公顷用于开发区，其余的18公顷用于公共设施，如道路、休闲设施和剧院。这一项目包括建设占地47万平方米的建筑群，其中住宅区占19万平方米，商用区占25万平方米，零售店占3万平方米。该项目被分成28个小开发区，之间有海湾水域分割、有花草绿地等环保设施等。在不断完善的建设中，金融港正在解决出入该港的便利通道问题，并预计修建多座能停放14000个车位的停车楼，以满足工作人员和参访者的停车问题。该区域交通便利，驱车10分钟就能抵达巴林国际机场，15分钟就能通过法赫德大桥进入沙特阿拉伯。

金融港开发项目于2003年8月开工建设，耗资30亿美元。伊斯兰银行组织的投资占整个项目的60%，巴林政府与私人投资占40%。金融港的总体设计打破了传统CBD模式，创造了一种集商务、旅游、居住及休闲功能为一身的混合用地模式，致使该开发区内具有白昼同样的活力。金融港里程碑是这样记载的：2002年12月，谢赫哈利法首相为金融港奠基；2003年8月，金融港工程宣布正式启动；2004年3月，金融中心开始建设；2007年5月，金融中心竣工；2007年5月，周边辅助工程开始动工；2007年，南部住宅区开始建设；2008年4月，下湾工程动工；2010年，机车设施工程基本完工；2010年2月西部1700车位的停车楼建设开始，等等。

金融港中的两座巴林最高办公大楼、港湾商城、高级公寓住宅楼、零售店与经销店、五星级酒店和海上设施等均成为这一项目的特色景观。站在已建成的金融中心的高层观景平台上，直接映入眼帘的是双塔北面的一个港湾，这里海水荡漾，环绕在已建成和未完工的住宅区楼群和商用楼群中。港湾为圆形，周围有护浪堤和金色的沙滩，港内停靠着无数只小船，北面是海湾的出口，水路与其他建筑群连接。住在金融港的居民或来访者可乘坐小船在港湾的碧波中荡漾，实在非常惬意。对于长期在海湾地区干燥沙漠中生存的人们来说，这里是避暑、休闲的人间天堂。在金融中心的东、西两侧分别建有两片商务区，在海湾北面出口处的两侧分别是南部住宅区和五星级酒店、高档住宅区。海湾出口的东北侧又是一大片住宅区，四面环海，风景优美，中间有一条南北向的高速公路贯穿。在海湾东部延伸出去的一个小岛上建有一个豪华酒店，取名“钻石塔酒店”。所有建筑群内均拥有办公、住宅、餐饮、购物、停车、娱乐等设施。

巴林金融港股份公司的目标是将金融港发展成为世界一流的全球金融机构，并同时能够不断激励巴林社会经济发展的项目。这一庞大的地产开发项目将要创造一个自我控制的拥有各种商务、住宅、娱乐等领域组成的国际金融城市，并采用世界最先进的高科技通讯、安保、家政等服务系统。这里的建筑群也均以不同主题和风格拔地而起，代表着巴林城市现代化建设和实现居民美好生活的梦想。

金融港的中心位置为两座53层的姊妹双塔办公大楼，也是该港的金融中心所在地，象征着巴林力争在中东地区和全球树立自己的金融地位。周边有巴林财政部办公大楼，为高端商务环境设立的地区与国际专业银行、巴林股票市场等其他金融机构。高层观海，不仅这一片金融建筑群的港湾、海洋与城市的壮丽景观令你感到震撼和心旷神怡，同时在办公大楼内你还可享受到优质的物流支持和辅助服务。金融港商城位于巴林证券交易所内，两层专门用于资金交易、佣金和企业贸易业务的场所是金融港内唯一可以接触到金融活动的商城。这一商务机构同时还有零售店和咖啡厅，顶层还拥有最先进的健身俱乐部

和按摩馆。

目前，金融港的大部分主体工程以及海上设施已建成，双塔大楼已如期于2009年开始启用。巴林政府投资建设的集豪华办公、酒店、娱乐于一身的“金融港”，对外承诺为外国金融机构办理牌照时提供各种便利和优惠，其战略在于巩固该国在中东金融中心的地位，吸引更多外国金融机构入驻巴林。

第四节 世界金融危机对巴林经济的影响

世界金融危机爆发后，巴林经济总体保持平衡。但对巴林经济发展速度、资金来源、多元化进程等均造成不同程度的影响。2005年至2007年，巴林国民生产总值年均增长率为7%。受危机影响，巴林经济增速明显放缓，2008年GDP增长率为4%，2009年为3%。

油价下跌导致巴林收入减少，赤字扩大，2009年巴林油气收入43亿美元，较上年减少18亿美元；欧美等传统贸易伙伴购买力下降使巴林出口收入锐减，2009年巴林美贸易额为11亿美元，同比下降两成且巴方逆差1.3亿美元；外来投资锐减，市场活力下降，2008年巴林吸引外资10亿美元，2009年仅为2.6亿美元；银行收紧放贷、企业谨慎观望，投资规模减少，2009年巴林企业贷款总额仅为58亿美元，同比下降1%。

巴林经济规模小，开放程度高且油气资源匮乏，谋求多元化发展是必然选择。2008年，巴林非油气部门占巴林经济总量的3/4，其中金融业占25%，建筑业占10%，房地产业占9%。作为海湾金融中心，巴林金融服务业多年保持两位数增长，受危机影响，2009年首次出现负增长；巴林建筑市场保持近10年繁荣，但受经济环境和资金紧张影响出现萎缩，2009年产值同比下降9%。当年竣工项目合同总额同比减少数百亿美元；巴林外籍人员占人口比例过半，房地产业是巴林重要收入来源，受危机影响，多家公司撤资离境或裁员减负，导致2009年巴林房屋出租率下降近1/5，租金大幅缩水。

2010年3月，哈马德国王强调，巴林资源短缺，唯有实行自由开放经济政策才能保持发展优势，减轻金融危机冲击。为创造商机，巴林政府积极举办各类展会，仅2010年上半年就举办了航空展、国际书展、工业创新展、建筑及装潢展、电子政务论坛等大型经贸招商活动；为吸引投资，巴林简化外商签证手续，目前有36国（包括中国）商务旅客享受落地签证便利；为鼓励创业，巴林政府2009年设立中小企业发展基金，并与世界主流咨询培训企业合作，建立中小企业孵化中心，培植经济增长点。

美国次贷危机发生后，巴林迅速建立银行风险监测机制，加强金融机构监管，增加资金流动透明度，规避投资风险；2009年，由巴林央行提供资金，建立银行体系危机预警机制，缓解危机冲击；同时，在金融危机发生后，巴林坚持第纳尔与美元挂钩政策，使巴林经济在经受危机考验过程中能够较高程度与美保持同步，适应美相关政策调整。

因资金短缺，巴林政府压缩公共支出，搁置了部分建设项目，集中力量优先为重点工程和民生项目融资，减轻危机对国家发展战略和百姓生活的影响。2009年以来，萨勒曼港、萨勒曼工业城等大型工程竣工投入使用，凸显巴林打造地区物流中心和扩大外来投资的战略构想；为强化巴林地区交通枢纽地位，巴林政府近期将法赫德国王大桥扩建和兴建巴林——卡塔尔大桥等战略工程列入发展日程；同时，巴林内阁和经济管理委员会多次强调保障住宅、交通等民生项目按期保质完工，减少金融危机对巴林社会稳定的影响。据国际货币基金组织的评估，巴林2010年的经济增长数据为4%，预计2011年将达到5%。

金融危机爆发后，巴林更加重视经贸伙伴的多元平衡。在先于海湾其他国家与美签订自由贸易协定的同时，注重加强与东南亚国家经贸往来，东向意识明显加强。2009年6月，首届海合会与东盟外长会议在巴举行，确立了会晤机制与重点经贸合作领域；2010年3月，巴林举办中国—海湾国家经贸合作论坛，进一步探讨了巴林与中国开展经贸合作的新方式和新途径。2010年6月，第二届海合会与东盟外长会议在新加坡举行，巴林外交大臣与会，双方就发展经贸、能源、农业、旅游等领域务实合作制定了具体时间表。

第六章　基础设施

第一节　逐渐改善的陆路交通

20世纪70年代末，巴林建国初期，境内陆路交通十分破旧。当时巴林经济发展缓慢，人口稀少，外籍人口数量也相对其他海湾国家比例较低，因此，巴林境内道路对基础设施的建设需求不迫切，政府对公路建设计划相对迟缓。进入90年代，巴林除利用石油资源大力发展国民经济外，在包括制定新的城市发展规划等方面均加大了建设和开发力度。首都麦纳麦面积小，人口密度大，车流量多，道路相对狭窄，加之原来的城市和道路规划陈旧落后，已远远不能适应经济发展的需要。面对这一交通拥堵、低效耗能的状况。巴林政府根据2030年前经济发展战略规划，开始对城市交通进行了大规模的基础设施建设。劳工部和城市规划部门制定了全面改善巴林道路状况的计划，鼓励政府、国营企业和私营企业合作，共同努力，在幅员有限的巴林岛上投资建设具有国际标准的高质量的立体交通设施。

自2007年起，巴林建国以来最大的立交桥建设全面拉开了序幕。这是一项遍布巴林各主要城市的巨大工程，但这项工程启动之后，也是世界金融危机来临之时。尽管如此，巴林政府仍然克服重重困难，在境内外吸引资金，不间断地在巴林岛上建设了一条又一条公路和一座又一座立交桥，大大缓解了由于发展迅速和人口膨胀导致的交通拥堵现象。

锡特拉桥与乌姆哈桑立交桥项目于2006年11月1日破土动工，旨在重建锡特拉大桥。这是代表巴林战略通道的最重要的工程之一。老桥经过30年磨损，已不能承受日益增长的交通压力，导致禁止大货车通行。该立交桥从乌姆哈桑至锡特拉工业区为3.2公里，至谢赫伊萨·本·萨勒曼大道1.5公里，整个工程包括铺设高压、低压电缆、输水、煤气和灌溉管道以及排污设施。第一期工程已于2010年7月16日完工，乌姆哈桑立交桥的两座高架桥和麦纳麦至锡特拉大桥，初步缓解了这一路段的40%的交通拥堵问题。现大桥项目完成后，麦纳麦至萨勒曼港的车辆可通过此桥畅通无阻地行驶。该项目还包括在原有桥梁西侧兴建2座新堤坝公路立交桥，其中北边桥长200米，南边桥长400米。两座桥均为单向3车道，将来还可根据交通状况，扩建至4车道。2010年10月底完工，共注资1亿第纳尔。

巴林地图立交桥项目为建在巴林地图枢纽处的两座立交桥，于2009年10月完工，耗资1150万第纳尔。这两座桥改善了通向谢赫伊萨·本·萨勒曼大道的交通状况，项目为东西双向立交桥，桥下设有立体交叉公路信号监控系统。

伊萨城立体交叉公路出入口的立交桥。这一巨大工程从2007年开始动工，共耗资4100万第纳尔，涉及建设3座独立的平面交叉公路，包括建设高架桥，承担通往谢赫萨勒曼大道的交通。这一工程还有一座连接谢赫萨勒曼大道和阿勒艾斯蒂卡干道的立交桥。另有一座安装了交通信号监控系统以监控伊萨城入口处的交通状况的桥梁。

巴林城市商城立交桥：该立交桥自38号公路通向谢赫哈利法公路，2009年3月通车，注资597.5万第纳尔，极大改善了希福区和周边正在开发地区的交通状况。

扎拉克桥以及巴林大学大门和哈马德城的2座高架桥：这3座桥与谢赫哈利法·本·萨勒曼大道平行，于2009年第一季度完工。两座高架桥帮助加快了谢赫萨勒曼大道上的车辆流通速度，缓解了出入哈马德城的交通。车辆的减少为通往巴林国际赛车大道和巴林大学节省了时间。该立交桥上装有交通信号监控系统。

里法岛桥和公路建设：该项目建在里法区入口处，经过谢赫哈利法·本·萨勒曼大道，总注资580万第纳尔。

部分道路的交通信号取代了道路交叉处的环形路。巴林过去的道路交叉口都是环岛形式，各种车辆要通过环绕道路中间的人工岛改变方向，车辆行驶缓慢，混乱无序，安全系数低。这次的交通改造，将部分路段的环岛改变成了交通信号十字路口，加大了车流速度。在巴林天燃气公司环形路、阿里环行路、阿勒艾斯蒂卡拉公路的黑可马环行路以及主要的交叉路口均安装了信号监控系统。这一系统提高了30%以上的交通疏导能力，提高了伊萨城学校区和国家体育场在道路繁忙时的安全系数。

立交桥的大部分工程已经完工，交通的改善状况已显而易见。巴林政府正在就部分未改造或改造后仍然存在问题的路段进行进一步研讨和改造。特别是在市中心或老城区，在不可能修建立交桥的区域，交通拥堵的状况仍然严峻。巴林陆路交通的改造任重道远。据统计，2008年境内公路总长3942公里，随着遍布巴林全境的立交桥的建成，巴林的公路总长将大大增加。截至2011年初，巴林全国有43.1万辆车。

巴林与沙特之间的法赫德国王大桥是连接巴林与沙特阿拉伯的一座跨海大桥，也是目前巴林唯一的一条最为便捷的国际陆路交通线。1982年11月11日，大桥正式动工。工程历时4年，于1986年11月26日正式竣工，耗资5.5亿美元。在竣工典礼上，由巴林时任埃米尔伊萨宣布命名为“法赫德国王大桥”。

贯通巴林与沙特的法赫德国王大桥

巴林和卡塔尔大桥是另外一条国际跨海大桥。目前正在设计和规划施工当中。大桥计划总长为40公里，为公路和铁路两用桥，工程耗资近60亿美元，将成为世界上最长的跨海大桥。桥体东起卡塔尔的阿西里吉角，西至巴林中北部的阿斯卡尔，并通过巴林境内公路连接通往沙特的法赫德大桥。大桥建成后，不仅大大缩短卡塔尔与巴林两国之间往来的距离和时间，同时将有助于两国电网和油气管道的贯通，推动海湾合作委员会成员国之间的经贸、文化等交往。

第二节　现代宏大的哈利法新港

巴林王国是波斯湾中的一个岛国，757.5平方公里的面积中有36个岛屿。这样一个地理位置的国家，发展国际集装箱码头和建设现代化港口是国家发展和与世界交往的必然途径。

历史上巴林就是本地区海洋运输的重要枢纽，但那时巴林还没有海港和码头，只是依靠巴林渔民的自造船只进行贸易交往和运输货物。麦纳麦港是巴林的第一个港口，窄小而简陋。之后巴林修建了萨勒曼港（Mina Salman），面积86.7万平方米，曾是巴林最大的港口。早在1967年11月中旬，萨勒曼港就建设并开放了6个泊位，巴林港口从此初具规模。进入21世纪，萨勒曼港的深水港已经可以提供14个泊位，包括两个集装箱码头，以及滚装船停泊处，并拥有了海湾第一家保税仓库。该港可以停泊6.5万净吨量的轮船，每年吞吐量为800艘船只。但作为一个外贸中转大码头的巴林王国，仅拥有这样一个吞吐能力的海港是远远不够的，因此，巴林政府从80年代起就策划着修建一座从海港面积到吞吐能力均翻一番的超级海港。2000年之后，随着巴林经济实力不断增强，多元化经济的战略思想不断推进，该构想有了一个完整的计划，政府决定在穆哈拉克岛的哈德港南部海域相对宽阔的地方，通过填海拓地修建一个现代化的海港。2005年开始填海工程，2009年海港一期工程完工，开始进行试运营阶段。2009年12月，在巴林王国庆祝国庆38周年和哈马德国王登基10周年之际，哈马德国王正式开启了该港口的使用仪式。谢赫哈利法首相和谢赫萨勒曼王储出席了庆典活动，并将新港命名为哈利法·本·萨勒曼港。

2010年12月5日，我们应邀参访了新建成的哈利法·本·萨勒曼港。该海港为政府向巴林银行贷款投资项目，从2005年起开始在穆哈拉克岛哈德港南部进行填海拓地工程，计划工程分为两期。2006年成立了海港总署，谢赫代吉·本·萨勒曼·本·代吉·阿勒哈利法为总署署长和董事会主席，另有4名董事会成员。哈利法港总署董事会领导的海港公司总经理哈桑·阿里·阿勒马吉德和董事会成员贾瓦德·尤素福·阿勒哈瓦吉接待并陪同我们参访了哈利法新港。巴林海港总署为半官方机构，负责巴林王国的所有海洋事务，目前已逐渐成为海湾地区海洋工业领域的领军企业。该署董事会下设公司总经理办公室，由4名总经理助理协助工作，分别负责海洋事务、港口事务、合作业务和保税区事务。这4个部门下面设有10个办公室分别负责海洋卫生、船舶登记、商务事务、港口安全和技术事务、计算机控制系统、财政统计事务、行政事务、保税区商务发展、业务处理、市场与联络等。该署以战略发展的眼光，启用最为先进的技术，并根据国际标准建设和管理哈利法海港，目标是将巴林打造成一个重要的地区转运中心。活跃的巴林转口贸易和不断创新的投资环境，要求巴林海洋总署为巴林的现在和2030年经济发展远景规划作出更重大的贡献。

在哈利法新海港的沙盘模型前，马吉德如数家珍似的向我们作了详尽的介绍。该港的一期工程已全部完成，面积为110公顷，其中包括海港、泊位码头、防浪堤等，总共注资136.4

万第纳尔。港口泊位长1800米，其中货柜船舶泊位长900米、滚装船泊位长600米，客轮泊位长300米。港口包括一个90万平方米的集装箱码头、50个出入口的集装箱装卸中心、1个露天仓库、1个室内仓库、1个设备维修楼、1个控制塔、2个拖船码头、1个客运码头等。海港目前拥有20个泊位，船舶停靠码头水深15米，油船码头水深13.1米。港口平均起吊能力为每小时28.6个集装箱，年集装箱吞吐量可达110万个。

为了更直观和全面地观看海港，我们应邀登上了海港的控制塔。站在控制塔上，港口全貌一览无遗。哈利法港西面的直线距离萨勒曼老港6海里。海港岸边4台蓝色巨型起重设备和集装箱码头上的12台龙门起重机极为醒目，这是2008年5月底，中国上海振华港机集团公司制造的65吨的岸边集装箱起重机和轮胎式龙门集装箱起重机装备，这些重要设备使哈利法新港的年吞吐量将由25万个20英尺标准集装箱提升至250万个标准集装箱。90万平方米可堆放空标准集装箱1.08万个，其中包括一些白色的配备冷藏设备的集装箱。集装箱的摆放整齐有序，5个集装箱罗列为一组，高度一致，颜色各异，非常壮观。

港口内的集装箱装卸中心是个非常繁忙的机构，该中心造型为一个面积2.4万平方米的长方形建筑。该中心的50个进出口依次排开，长度为300米，可同时装卸50个集装箱，平均每天装卸200个集装箱，为本地区最大的集装箱装卸中心。该中心的任务是，将集装箱整体存放在室内，或把部分集装箱拆开，将货物分放在库房内；部分集装箱或货物可直接装车，运往不同的地方，甚至将货物直接投放市场。港口的露天仓库停放着很多进口或转口车辆，有待直接进入巴林市场或转口其

他国家。1.8万平方米的室内仓储主要存放一些敏感物品，如怕晒、怕湿、易腐烂物品等。我们看到更多的是摆放着一些巴林出口的铝锭等。海港上有一座很高的设备维修楼，可以维修大型机械设备。该维修厂主要负责保证港内的各类设备正常运转，经常进行定期保养、维修，使其保持正常工作状态。

港口控制塔内最为重要的设备就属雷达监测仪和电脑导航设备了。主要目的是检测到附近海域需要靠近巴林海港的外国船只的情况，如相关船舶的具体位置、与海港距离、名称等。巴林海港平均每天接待三四艘船，多时可达七八艘的船舶入港。这些船主要是从包括欧洲、亚洲、海湾国家等地区来的运输货船，将货物卸在巴林港口。15米的深水港使哈利法港可接待海湾最大的货船，活跃的海港和多功能的设施，使该港口不仅适用于普通船舶停靠，同时也适用于各种游轮、军舰、巨型散装货船、粮食或水泥船和牲畜船等。哈利法海港有两个专门用来停泊3条拖船的码头。拖船主要负责将大型船舶拖进海港停靠。隔着控制室的玻璃，我们看到附近有一些船只正在巴林内海的锚地停留，正等待巴林海港控制塔引导它们进出海港。在海港的另一端，我们还参访了客运码头。这个码头虽小，但建造精细，拥有一个小免税店。据介绍，该码头每周平均接待两艘客轮，约5000人，乘坐游轮的旅游者越来越多。2010年巴林接待65艘游船，共129756名游客；2011年初接待了72艘游船，共66328名游客，一个季度的游客量相当于2010年的一半。

2008年和2009年是萨勒曼老港与哈利法新港交替使用的两年。哈利法新港虽然自2009年4月才开始试运营并进行财政计算，不到一年的启用已经获得非常好的发展势头。2008年，巴林萨勒曼港的财政收入为830万第纳尔，2009年两港交叉收入达1040万第纳尔，增长26%；2008年萨勒曼港盈利496万第纳尔，2009年两港盈利660万第纳尔，增长33%。目前经济效益和海洋业务已基本由萨勒曼港转入哈利法新海港。尽管原计划的二期工程受世界经济危机的影响，巴林政府已决定暂缓建设，但由于目前新港口的使用能力仅用了30%~35%，还有很大增加余地，在用足该新港能力的过程中，巴林的海洋工业和外贸转口业会由此发生巨大变化。海港附近的老工业区的扩建、巴林穆哈拉克国际机场的扩建、沙特与巴林之间跨海大桥的使用以及巴林与卡塔尔大桥的即将建设都将为巴林海港功能的提高增添新的活力。

该港口已成为巴林的交通运输生命线，基本承担了巴林海港的全部业务。它的成功兴建不仅使巴林本国受益，而且将有利于与世界各地的贸易发展，成为与北部海湾国家联系的纽带，成为与沙特、科威特、伊拉克和伊朗等国的海上集装箱运输的新通道。与这些国家水路贸易往来的增加，将大大促进巴林经济的发展。拥有世界最为先进的设备和技术的哈利法海港的建成是巴林海洋工业的一个具有里程碑意义的重大事件，它将在海湾地区进一步扩大市场，特别是在北部海湾诸国扩展市场，并向它们提供世界一流的港口和物流服务，成为北部海湾最大的转口中心。目前在港区内已经建造了一个1公里长的物流区，这个区域还将扩大。哈利法港口的建设象征着巴林海洋工业和巴林国家的不断发展、壮大、进步，体现着巴林王国的雄心与成就。随着巴林海港在卫生、安全、环保等方面的不断改进，巴林海洋工业将不断壮大繁荣。港口使用了令人瞩目的近代建筑史上先进的造船技术，利用计算机终端程序规划和控制系统。这一现代技术的使用，至少使哈利法·本·萨勒曼这一和平之港使用50年。海港优越的地理位置和优质的海、陆、空辅助设施均达到了世界级的物流水平。巴林港务总署的主要指导方针就是将该港口与时代并进，通过巴林得天独厚的地理位置，创建成一个高效、高利润和极具吸引力的货运中转中心。

第三节　停靠世界最宽船舶的干船坞

造船业和国际贸易在巴林的经济中发挥重大作用。海港是国际贸易进入巴林的第一口岸，然后再辐射至周边国家乃至全世界。因此，除建造世界最大船舶停靠的码头外，巴林港还拥有较大的干船坞，承担着各种船舶的修理和制造任务。目前在哈利法新港的西侧海域，原有的巴林干船坞在这里扩建。阿拉伯造船厂和维修厂（Arab shipbuilding and Repair Yard—Asry）就是巴林干船坞的前身。Asry于1968年成立，最初的设想是归巴林、沙特、阿联酋、科威特、卡塔尔、伊拉克和利比亚等国共同拥有。建设的目的是为了拥有一个设备优良和高效的船舶维修厂，为阿拉伯海湾石油集散市场的超宽体积船舶提供服务。当时巴林岛成为建设这一巨大干船坞的首选之地，因为巴林具备可方便海湾地区船只出入的优越的地理环境，理想的港湾水深和宽阔便于移动的海域。为满足海湾地区不断发展的需求，该公司于1977年9月开始进行一系列的扩建工程，建成了一个可容纳50万吨位船舶的干船坞码头和2个防浪堤。1992年，又建成了2个浮动码头，其中一个码头的承重能力为3.3万吨，长度为235米，宽44米；另一个码头的承重能力为3

万吨，长227米，宽40米。2008年10月，该公司注资2000万美元完成修建了2个新船台，在维修厂内增加了1个船舶停泊位。其中一个船台长510米，深水停泊位长255米，为中东最宽乃至世界最宽船舶停靠的船台。

巴林干船坞的船台是为近海船舶服务的最理想的船台，可供世界最宽体船舶的维修服务。船台的垂直拐弯便于新制造的船只在岸上的移动，长度为4.5米的新船，在正常潮汐条件下很容易滑动，分别安装有15吨位和80吨位的2个起重机也适用于任何海滨操作。连接着两条船台的是靠近维修厂的100米长的码头，可适合船舶的两面维修。维修船舶的标准长度为30米至80米，适用于不同长度和宽度，不同类型的船舶维修。该船坞是世界第一家获得ISO质量、管理、环境、卫生、安全系统认证书的公司。此外，该公司还获得ISPS的安全港代码认证。Asry使用的多国劳动力和机构里的国际承包商使该公司的服务质量不断提高。

2009年前9个月共维修了115条船，净赚1.1亿美元。2008年，该公司的2.075亿美元的年利润创历史新高，全年共维修133条大船和近海船舶，其中119条船是在船坞内维修的，14条船在旁边的海域里维修。这一业绩使Asry首次从债务中摆脱出来。Asry的基本客户是传统的阿拉伯船舶经营商和国际船舶市场。过去的几年，Asry在近海市场，特别是海湾市场取得很大发展，并不断创新纪录。该公司不断地提高专业维修技能，向更多地为近海船舶服务的方向转变。目前，为适应国外市场，还单独成立了专门为近海船舶服务的公司（Aos）。

Aos维修厂的目标是成为本地区最大的维修近海船舶的场地。该维修厂是专门维修岸上和近海的石油和天然气工业船

舶，同时还承担着从制造船舶平台到救生设备，索具、船帆以及维护和维修近海救援船只的任务。该公司使用着最大限度延伸的干船坞和便于维修的先进设备，其中包括50万吨的固定死船坞和两个分别为具有3.3万吨和3万吨抬举能力的浮动码头，另外还拥有在该领域和该类型的世界最宽体船台。在Asry的船坞设备中和维修厂的工场内，Aos还拥有一个3万平方米的造船场地。另外一个2万平方米的近海造船厂地正在建设之中。这一新的场地是Asry扩建设备的一部分，注资1.882亿美元；包括修建1个新的1.2平方公里的维修码头，含1个10米水深和4个25米水深的泊位。其中一个能承重45吨拖船的榄柱由Asry自建。目前，Asry公司仍继续注资2亿美元进行船坞的扩建工程。

另外，巴林还有一个船舶维修和工程公司（Bahrain Ship Repairing and Engineering Company—BASREC）。该公司也是同行业不多见的维修公司。凭借着干船坞、码头、船台以及向船舶提供充电、清洗、游船停靠等服务，巴林船舶维修和工程公司业绩斐然。该公司于1962年成立，是巴林国有控股有限公司，专为阿拉伯海湾及周边海洋船舶提供维修服务。该公司机构由以下几个部门组成：小船处、钢铁厂部、船舶木工部、管道工部、电力部、设备部、机器销售部、集装箱维修处和专业服务部等。该公司的干船坞及检修、改造和维修设备均达到国际标准化技术质量评定资质。该机构拥有的机械设备，如通风设备、排水泵等，多年来以其高品质和优良的售后服务，始终垄断着巴林市场。该公司设有一个技术工程与市场服务部，这是一个电力工程部门，专门制作、改造和维护电话交换台、中央控制发动机和控制面板等。这个专业部门的员工大部分均有25年以上的转换器和控制面板工业等工作经验。另外，该公司计划对现有维修设备和干船坞的工作能力加以提升，并拓展对小型船舶的服务范围，增加其他类型的服务项目，以对海湾各国的客户提供更多的服务和便利。

海洋和工业抽水机维修厂也是BASREC自己的子公司，位于萨勒曼港口工业区，专门维修抽水机，特别为海湾地区的客户提供专业、高质量的服务。

第四节　巴林国际机场在不断扩建之中

历史上，巴林就是东西方交往的重要门户。巴林早期是商贸之路的天然中转地，后期又成为北部海湾的战略中心。从巴林1932年发现石油开始，巴林航空业几乎在同一时期开始兴起，为国家的基础设施和国民经济的发展发挥了非常重要的作用。巴林制定并通过了“开放蓝天”的政策，航空运输业的发展使巴林很快成为本地区的金融和旅游中心。

1967年1月，巴林交通部投资550万美元，扩建穆哈拉克的航空集散站。1994年，巴林国际机场完成扩建，修建了新的客运枢纽站。新客运枢纽站改善了旅客接待厅和各项设备。每天起降飞机60多架次，每年能接纳旅客100万人次。2001年巴林又修建了飞机安全紧急跑道。2004年，该机场的旅客通过量高达520万人次，比2003年增加了20%。巴林政府进行了机场设备的现代化改造，耗资14亿美元增加了新的接客终端和旅客过道。巴林、阿曼、阿布扎比在这里拥有地区定期航线基地。21世纪以来巴林机场一直处于负债状态。2002年，其主要股东之一的卡塔尔退出。巴林航空公司开始了新一轮的重组，在扭转困境方面已经取得了初步成就。2007年4月17日，巴林与阿曼政府合资的海湾航空公司在巴林总部举行新闻发布会，宣布了进一步的改革计划。近年来，巴林国际机场的客运量同比呈上升趋势，环比多呈下降状态。以2007年至2010年1月份为例，2007年入境人数为28.38万，2008年为34.10万，增长20%，2009年为35.10万人，增长3%；2010年为35.10万人，基本持平。2010年较2009年，机场飞机起降次数年增长率在6%至7%之间，飞机周起降数达1200次。

巴林是连接东西方的空中交通枢纽，目前有5个机场，其中位于穆哈拉克岛的麦纳麦国际机场是唯一的对外国际商用机场，飞机日均起落300余架次，是中东地区繁忙的空港之一。2008年机场入境总人数为863.10万人次，其中通过法赫德大桥入境人数为669.57万人次，海陆入境8.03万人次，航空港入境人数为185.49万人次，同比增长了23%。2010年，巴林机场入境人数达900万人次，比2009年增长40万人。目前大约有27个国家的41家航空公司的客货机经停巴林国际机场，其中客运公司28家，货运公司9家，飞机租赁公司4家，每周有1048个航班，每天约合150个航班。麦纳麦机场有18000平方米的货运仓库，货物处理量为20万吨，管理到位，服务周到，每天24小时对客户提供相应服务。2007年货运和邮件量达37.72吨，同比增长了5%，2008年为38.08吨。巴林国有的海湾航空公司，曾于2008年6月至2009年12月15日开通至上海的定期航班。

随着巴林经济多元化的不断发展和对外贸易、旅游、金融等行业的繁荣，更多的巴林人走出国门，更多的外籍人士出入巴林，原先的穆哈拉克国际机场已明显不能满足目前的需求，经常是人员拥堵，旅行环境较差，出入关速度很慢。为了彻底改善这一状况，巴林政府从2007年起就开始制订了一整套巴林国际机场的30年逐渐扩建的计划，于2010年完成所有勘察和设计工作。目前这一计划已经得到实施。该计划预计注资18亿第纳尔，扩建巴林国际机场，规划将目前每年只能接待900万人次的旅客流量增加至2700万人次，预计2038年完成。近四年的扩建计划是首先建设两个新航站楼，其中A1航站楼预计在2011年开始投入使用，第二航站楼大量建设工程在2010年初启动，计划于2012年建成并开始运转。这两个新航站楼将使巴林国际机场成为世界上最为现代化和凸显前瞻性的国际机场。所有现代化设施，包括休闲区、购物中心、酒店和其他现代旅游所需的便利设施均将在这一扩建项目中体现。目前的这座旧航站楼预计于2014年被拆毁，并在几年后被一座别具一格的最先进的建筑物所取代。

扩建后的巴林国际机场将有110个飞机停靠站台，包括87个连接出入口。目前该项目已经投资3000万第纳尔用来增设机场的现代化设施，包括17个新的独立的飞机停机港、行李自动检查系统等。特别是行李自动检查系统改变了过去人工检查旅客行李的状况，在旅客高峰期是大大提高了检查速度。货运部的处理能力也从原来的35万立方米增加至150万立方米。所有机场的地面设施均与德国慕尼黑机场公司合作。

海湾航空公司是巴林的国家航空公司，总部设在首都麦纳麦。主要枢纽机场是建在穆哈拉克岛的巴林国际机场。海湾航空拥有海湾货运航空，是阿拉伯航空运输组织（AACO）成员。海湾航空公司的历史可以追溯到19世纪40年代末，英国籍飞行员法兰蒂·波斯沃夫开始来往于卡塔尔多哈与沙特阿拉伯宰赫兰之间的空中飞行服务，并于1950年登记名称为“海湾民航”（Gulf Aviation Company）私人股份公司。1951年，英国海外航空公司持有海湾民航22%的股份，成为最大的股东。1973年，巴林、卡塔尔、阿布扎比酋长国和阿曼海湾四国政府购入英国海外航空持有的海湾民航股份，四国政府平均持有25%的股份，并将公司名称改为“海湾航空公司”（Gulf Air）。1976年，海湾航空扩展了其航线网络，在世界各地50多个国家设立了办事处，拥有53条国际航线。1981年，成为国际航空运输协会的成员。1990年，海湾航空成立40周年，成为首家飞往澳洲、南非的阿拉伯航空公司。由于海湾战争的影响和经营不善，1996年公司曾一度出现严重亏损，负债20亿美元。1997年公司开始扭亏为盈。2000年，海湾航空经营情况不佳，加之燃料价格上涨和航空公司间的激烈竞争，公司净亏损达到9800万美元，截至2001年上半年银行债务约10亿美元。2002年5月29日，海湾航空公司董事会在阿联酋阿布扎比召开特别会议时，要求公司的四个经营国向公司注入8170万美元的资金，以扭转公司亏损的局面。卡塔尔当即表示不能支付这笔分摊款项，并宣布退出海湾航空公司。12月，卡塔尔政府退出持有海湾航空股份。2007年5月，随着阿布扎比酋长国和阿曼政府相继放弃持有的海湾航空股份，海湾航空公司变成由巴林政府全资拥有。截至2008年7月，海湾航空公司机队拥有空中客车A320飞机10架，空中客车飞机A321两架，空中客车A330—200飞机6架，空中巴士A340—300飞机9架，波音737—800飞机两架。2010年11月15日，巴林海湾航空公司获最佳中东航空公司大奖。

第五节　世界一流的机场地勤服务

巴林国际机场服务中心（Bahrain airport Services—BAS）为巴林在本领域的发展发挥了重大作用，为巴林航空商务货运能力的提高作出了巨大贡献。巴林货运曾获得诸多国际航空公司颁发的优质服务奖项。该中心拥有各类现代化装备和设施，获得国际地面服务的多种奖项，如创造奖、服务质量奖，还有著名的国际飞行服务协会颁发的"水星奖"和机上服务广告奖等。巴林国际机场迪尔蒙贵宾室连续4年获中东—非洲地区年度大奖和2009年"优先通道"奖。这些奖项是对该贵宾室所提供的高标准和便利的顾客服务以及乘客满意度的一个认可，因为在世界范围内只有15个机构获得过这一殊荣。为此，巴林迪尔蒙贵宾室也创造了中东地区最为舒适的贵宾室。

巴林国际机场的货运服务属世界一流。该仓储拥有能够年处理20万吨货物的最大限度使用的高层货架。这一货运航站楼面积为1.9万平方米，装备有最新式的货架和采用高效装卸手段，适合处理各种货物，如提供对易腐烂食品、价值高昂物品、高危物品、人员滞留、家畜仓储等多方面、多领域的服务。另外，占地面积为1.1万平方米的巴林国际机场飞行服务中心也成为目前海湾最为现代的服务中心，能够向30余家国际航空机构提供服务，包括大部分欧洲航空公司。该服务中心为两层楼，每日可制作2.2万份食品，相当于每月50万份食品供应。该中心有635名员工，轮流作业，每日为各航空公司的乘客准备125种不同类型的菜单。完成这些烹调操作均按照严格的国际卫生规定和标准，按照正在实施生效的《对有害物质进行严格分析和检测条款》的相关规定操作。服务中心内精良的厨房设备，高端的冷库等保存物品和食品的冷藏设备为海湾一流。一切操作过程均经严格的卫生消毒和检测，这些检测手段全部为自动化监测系统，高效而安全。

机场地面工程服务也是航空服务的重要组成部分。其中包括主体工程和一些辅助车间、涂料商店、燃料加油站、车辆服务、运输车辆服务、活动舷梯服务、物资仓储和有害物品仓储等。工程车间同时还负责维修和保养全部850辆机械车辆和地面设备，确保高标准完成航空飞行要求的精确安全保障。服务中心还负责飞机内仓的清扫工作、处理废弃物、供给和补充使用水。

巴林机场服务中心还投资100万第纳尔建设了一个最先进的飞机工程培训中心。该中心将培训和评定遍及海湾的飞机工程技术人员。这类培训中心目前属中东和亚洲第一家。该中心的目标是培养一批新型的飞机技师和工程师，他们将具备理论和实践相结合的经验，这些受训人员将会迅速改变飞机地面工程服务的根本面貌。该中心的建立宗旨是高质量的教育水平和高度重视安全的理念。5万小时的培训课时于2009年9月结束，其中包括室内培训、本地培训、海外培训和工业培训。巴林国际机场服务中心向69名来自巴林大学、巴林培训学院和政府技术学校的人员提供了受训机会，他们完成了18498小时的工业培训。巴林机场服务中心遵循巴林政府的巴林化战略，在2195名员工中85.6%为巴林籍人。

2011年4月10日，巴林宣布成立海湾飞机维修和配件中心，计划解决150人就业，这将增强巴林国际机场作为地区航运中心的接待能力，可以在未来的5年中为海湾航空公司节省

5000万美元。

第六节　巴林电信实现国际市场化

1967年初，英国通讯公司在巴林中部东面沿海的阿布贾祖尔角修建了一个卫星转播地面接收站，从此开通了中东地区第一个卫星地面接收站。1973年，巴林成为海湾国家中第一个发送彩色电视信号的国家。1981年，巴林政府从英国人经营的电信公司中取得60%的股权，并把公司改组为巴林电信公司（Batelco）。1992年，该公司实现了通讯系统数字程控化。1994年，巴林政府投资4870万美元升级网络系统。1995年，巴林电信公司开始在国内拓展网络业务，随后又成立了巴林电信公司中东公司，以追求海外利润。1996年，海湾4国共同投资铺设海底光缆项目。2001年，哈马德国王承诺结束巴林电信对市场的垄断，决定开放电信市场。同年，巴林电信公司购买了阿拉伯网络信息服务公司75%的股份，开始为阿拉伯地区提供网络服务。

21世纪以来，巴林电信实现市场化。2002年，巴林成立电信监管局（TRA），致力于与政府、开发商和用户合作，打造一个丰富巴林社会和商务活动的通讯环境，以有益于巴林电信市场和经济的发展。该机构每三年根据政府政策目标，制订并公布一个计划，该计划的实施情况将在年终报告中体现，并得到监督、检验和审查。2002年当年，巴林的电话线路达16万余条，平均每4人一条，移动电话数超过普通电话数。巴林的互联网用户及电脑普及率居海湾国家之首，在阿拉伯世界居第2位，世界排名第17位。2004年7月1日，巴林全面开放电信市场，成为海湾地区首个全面开放电信市场的国家。

2003年，巴林电信监管局授予科威特移动电信公司15年的许可证，建立了巴林第二个移动通信网络全球系统。2004年4月，英国MTC—Vodafone电讯公司获得一项为期15年的许可，在巴林经营第二套GSM移动电话系统，与巴林电信竞争。

2003年以后，巴林电信得到了迅速发展。据统计，电信领域的利润逐年增加，2003年为1.52亿第纳尔，2004年为2.28亿第纳尔，2005年为2.35亿第纳尔，2006年为2.53亿第纳尔，2007年为2.85亿第纳尔，2008年为3.03亿第纳尔。从事电信行业的人员随之增加，2003年为1808人，2004年为1740人，2005年为2216人，2006年为1942人，2007年为2380人，2008年为2470人。巴林使用手机的人数为2003年390253人，2004年649764人，2005年767103人，2006年907433人，2007年1115979人，2008年1440782人。使用宽带网人数为2004年14956人，2005年21432人，2006年38628人，2007年73563人，2008年109994人。

巴林手机市场大多数为预付款方式。2008年，预付款用户占手机用户的84%。2008年的宽带网用户较2005年增加了50%。2009年初，巴林电信监管局还通过招标方式发放了第三张移动电话经营执照，由市值最高的阿拉伯运营商——沙特电信公司以2.3亿美元获得，系统在2010年1月开始试运营。

2007年1月，Menatelecom公司成功获得了固定无线接入（FWA）执照，从而能为客户提供从固定到移动的一系列电信服务。Menatelecom公司与Motorola公司合作，采用了基于先进Wimax技术的世界级技术解决方案，将其FWA网络遍布巴林全国各地。2007年5月，巴林固网电话用户为20.36万户，移动电话用户88.60万户，互联网用户6.99万户。主要运营商为巴林电信公司和ZAIN电信公司（原MTC电信公司）。据悉，至2009年第二季度末，巴林移动电话用户达140万户，比去年同期增长约达50%，预计年末用户总数将翻一番。固网用户达23万户，增幅不大。目前，巴林拥有4个卫星地面站，与国际卫星组织及阿拉伯卫星组织的卫星相连。此外，还有巴林有线无线通讯公司等电信公司。由于公共及私人部门对IT产品和服务有大量的需求，巴林信息与通讯技术市场已在2010年达到3750亿美元。

在海湾国家中，巴林的电子政务建立最早。其战略目标是能够透过互联网提供90%以上的重要服务。商业方面的服务，包括企业与办公室注册、工作许可、银行服务、政府合同的电子投标等。电子政务的服务可以在线上提供多项政府服务，如居民可以线上支付公共设施账单、交通罚款、旅客可以线上申请旅游签证等。计划在不久的将来，政府可以通过互联网向居民和企业提供150项以上的服务。

世界领先的IT企业均选择在巴林建立总部。微软（Microsoft）、惠普（Hewlett Packard）、维布络（WIPRO）、萨蒂扬（Satyam）、Software AG、网件（Netgear）、思科（Cisco）、塔塔咨询服务公司（Tata Consultancy Services）、华为（Huawei）、Techmahindra、Zain等。

作为另一项地区首创之举，巴林在2005年就引进了智能卡。该卡同时作为身份证、驾照和人口登记卡使用，还可以用其进行投票、电子支付，或在海合会地区旅行时作为有效的旅行证件使用。

世界经济论坛和Insead在其“2007~2008全球信息技术报

告”中，确认了巴林在信息技术领域的领先地位。巴林的全球信息和通讯技术准备度指数排名第45位，领先于约旦（47位）、沙特阿拉伯（48位）和阿曼（53位）。Batelco和Zain是巴林电信市场上的主要公司。Batelcoo是中东第一家获得英国标准协会ISO9002认证的电信公司，并且与大东电报局（Cable& Wireless）拥有联盟关系。Zain自2003年进入巴林电信市场，短短两年，净收入即增长了三倍以上，从3500万美元增长到1.07亿美元，市场份额达到30%。

2010年12月，巴林历史上首次由巴林人拉希德·阿卜杜拉赫曼·阿卜杜拉担任巴林电信执行主席。目前，巴林的电信产业仍然充满了机遇，将以更快的速度，更高的标准，更先进的技术向世界一流水平挺进。

麦纳麦最大填海工程——巴林湾

自2006年4月4日，麦纳麦市政府批准了对巴林湾的（BAHRAIN BAY）填海拓地工程立项、6月10日正式递交该项目主体设计文件、7月16日正式开工至今，已有5年整。2006年12月，在巴林国王哈马德的亲切关怀下，巴林湾项目举行了隆重的启动仪式和施放焰火晚会。萨勒曼王储、阿尔卡皮塔银行首席执行官阿提夫以及巴林湾项目负责人等出席启动仪式。巴林人在麦纳麦北部海湾勾画的巴林湾项目的壮丽蓝图的构想，如今正在逐步变为现实，巨大的填海城市雏形已逐渐展现在人们面前。最近几年，由于受到国际金融危机的影响，巴林湾的整体设计虽略有调整，建设工期向后推延，但建设工地上仍然热火朝天。

2010年11月3日，我们第二次走进巴林湾。这次是应巴林湾副首席执行官阿卜杜拉先生的邀请，全面参访巴林湾的建设。其中包括已经完工并交付巴方的中国沈阳远大集团公司承建的阿尔卡皮塔银行玻璃幕墙工程。巴林湾位于麦纳麦北部海湾，西面与金融港相连，东临穆哈拉克岛，与麦纳麦至穆哈拉克岛大桥连接；北面连接陆地部分的是费萨尔国王大道和谢赫伊萨堤坝公路。巴林湾预计总面积为85万平方米，因此是麦纳麦最大的填海工程。阿卜杜拉先生在巴林湾工程管理办公室接待了我们。巴林湾项目是一个集商务、酒店、住宅、旅游、娱乐为一身的综合性项目。项目工期为10年，预计2015年完工。巴林湾整个项目预计注资50亿美元。湾内拥有独立的发电厂、制冷设备、供水系统和污水处理设施，设备均从国外进口。湾内建筑55%为居住区，45%为商务办公区。目前计划建设两个银行、4家酒店、3座清真寺，其余为民用住宅和水电基础设施。巴林湾位于北部海湾，海域宽阔，风景优美，位置优越，目标是通过填海拓地，打造一个水陆交融的充满魅力与活力的海滨城市。全部湾上建筑物均被碧绿纯净的海湾流动水环绕，注资5000万美元用来绿化、美化环境的预算将使巴林湾的生存环境成为世界一流，人性化的街心公园和供游人和居住者沿海散步的栈道更是令人向往。站在巴林湾设计模型沙盘边，倾听着阿卜杜拉先生的介绍，看着美丽的巴林湾的建设图纸，想象着5年之后随着这些沿海项目的陆续建设完成，给巴林这个袖珍岛国带来的巨大变化，我们不禁赞叹不已。该项目利用海湾独特的地理位置和壮美的风景，使巴林湾上水陆交融，设计独特的建筑物、桥梁、公路、绿地，错落有致，立体交叉。巴林如此娇小，却怀有壮志雄心。金融危机前，他们已将巴林湾65%的土地卖出，并联合了世界上众多大投资商参与建设，如美国、欧洲以及中东地区的沙特、科威特、卡塔尔、迪拜，亚洲的新加坡、印度等。巴林湾的高层管理人员，包括该项目的首席执行官均为澳大利亚籍。因此，巴林湾不仅是巴林的，而且是个国际性的项目。

整个项目分三期完成。一期工程的填海工程资金主要由阿尔卡皮塔（Arcapita）银行与Dalkia集团合资提供，因此阿尔卡皮塔银行也成为巴林湾的重要股东，其总部大楼也成为该湾首座完工的建筑物。该银行的设计风格新颖，外形像一个巨大的集装箱，长度为125米，坐落在两座拱桥上。进入银行一层大厅，墙面上的花纹均为阿拉伯数字拼写的一些祝福语。大厅内可举行各种大型聚会，2012年巴林成为阿拉伯文化之都时，预计庆祝活动在此举行。该银行内的各项设施均按照五星级酒店标准建设，就连洗手间也非常考究，内设小净池、休息室、更衣室、残疾人洗手间等，完全符合穆斯林人员的需求。办公室之间的玻璃隔断也采用了电力光感应玻璃技术，不必使用窗帘，玻璃窗会根据光线强弱和温度冷热调节玻璃的透明度。房间的外玻璃百叶窗也是根据户外和室内温度进行冷热气输送。在银行董事会所在楼层，设有专用厨房和供水间，特别令我们惊讶的是巨大的董事会会议室，可供50人在此开会，室内拥有现代化音响和多媒体设备。目前该银行已交付使用。在阿尔卡皮塔银行的右前方耸立着一座高塔和一座方形建筑物。这就是巴林湾内率先落成的现代风格的正方形清真寺和45米高的宣礼塔。我们有幸走进了这座清真寺。清真寺的外墙表面有诸多三角形的窗体，部分透亮的玻璃外墙给清真寺内带来了光线。到了晚上，寺内灯火通明时，光线会透过窗孔放射到外面，因此从外面看，清真寺为一个多孔的透明体，十分美丽。寺内一层为男士祷告部分，设有伊玛姆宣教的讲台；二层为女士祷告室，私密而安静。寺内专门为伊马姆安排了住房，将来可携家眷居住在清真寺内。清真寺一进门处安装有祈祷者置放鞋子的木制鞋柜，设有教徒用来小净的洗手间等必要设施。清真寺内墙为意大利高档石料，建筑四围地面为黑色大理石，启用时将会放入净水，构成清真寺四面环水的景观。视觉角度感到清真寺似乎飘荡在水面，有一种延伸入海的意境。

另外一个项目是新加坡公司承揽的“CAPITALAND”工程，占地面积最大，为巴林湾整体面积的18%。该项目主要是高档别墅群、公寓楼酒店、海上餐厅和部分商务用房。但由于受金融危机影响，目前暂时停工。据悉，为紧缩资金，新加坡方面正在调整设计方案，即将原来的大户型改为中等户型。巴林湾的二期工程是在一期50万平方米的场地上建设酒店、银行、写字楼、桥梁、公路等。除阿尔卡皮塔银行总部要设在巴林湾上外，还有巴拉卡银行集团（Al Balaka Banking Group）。该银行为意大利设计师设计，科威特投资，面积虽没有阿尔卡皮塔银行庞大，但外形独特，属伊斯兰风格，内部装修豪华。该银行分两部分，办公楼和出租的写字楼。目前，湾上的水路改造和湾上的“四季酒店桥”、“巴林住宅街桥”、“麦纳麦高街桥”三座桥梁的建设已完成。第二期预计建设的商用房大部分已出售完毕，剩下少部分出于战略考虑，待经济危机过后再高价卖出。位于巴林湾中央圆盘醒目位置的四季酒店（Four Seasons Hotel）正在建设之中，地基从2010年6月开始，现已完成；这是一座5星级酒店，占地5.5万平方米，拥有4层地下车库，45层酒店，231米高度。该建筑外形为塔状，中间与两侧均建有酒店房间和各种设施。其中有皇家套房、举行大型活动的宴会厅和会议厅、游泳池、保健房等，另有大片绿地和1个建有海上俱乐部的小码头。沙扎酒店（Shaza Hotel）、万豪酒店（Marriotte Hotel）和其他写字楼目前均在建设之中。

三期工程是继续向海湾拓展的约35万平方米的填海工程，主要建设大量民用住宅群。该工程的两个重要项目：达马克（Damac）地产和总部设在印度孟买的联营企业Ajmera集团建设的一座位于该湾南部的高层综合性的商用和民用写字楼，其也在进行三层地下车库的修建。另一个项目是印度麦菲尔（Mayfaire）巨大城市住宅群项目。与该项目同步的还有一座能停放600个车位的停车楼。

5年来，虽遇经济危机，但该项目进展顺利。巴林湾的填海工程巨大，一道道防护堤坝不断建成。2006年10月，湾上第一道海上防护封锁墙建成，填海工程开始。巴林的海岸水深约0.5米至5米，海底为岩石。堤坝建成后，将水抽干，然后在岩石上浇注水泥，将建筑物地基周围用巨大水泥柱密封。在填海拓地的同时，2007年完成了整体设计方案和湾上水电等基础设施的建设。岛上的建设，可以说是随填随建，齐头并进。直至2008年2月，填海工程和拦水堤坝的建设全部完工。4月，巴林工程大臣谢赫法赫米签署工程计划分包方案。巴林湾虽说是私营企业开发，但质量极高。整体和建筑设计均由国际著名设计师完成，基本建设也邀请了外国优秀企业完成，基础设施的原材料和建筑材料业均从国外知名企业进口，工程质量堪称世界一流。巴林湾上的水路建设和陆地绿化也是该项目的一个亮点。该项目利用天然海湾海水打造了一条四通八达的人工河，三座桥梁将湾上数座建筑连接起来。由于人工河与海湾海深水平一致，因此湾内水流与海水可相互流通，形成所有建筑均被干净的流动海水环绕，大大提高了巴林湾的旅游、绿化、环保和观赏价值。

第七章　传统习俗

第一节　做工精细的传统民族服饰

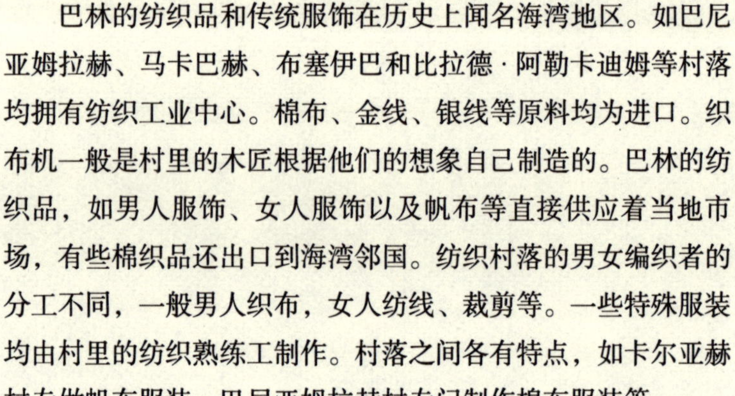

巴林的纺织品和传统服饰在历史上闻名海湾地区。如巴尼亚姆拉赫、马卡巴赫、布塞伊巴和比拉德·阿勒卡迪姆等村落均拥有纺织工业中心。棉布、金线、银线等原料均为进口。织布机一般是村里的木匠根据他们的想象自己制造的。巴林的纺织品，如男人服饰、女人服饰以及帆布等直接供应着当地市场，有些棉织品还出口到海湾邻国。纺织村落的男女编织者的分工不同，一般男人织布，女人纺线、裁剪等。一些特殊服装均由村里的纺织熟练工制作。村落之间各有特点，如卡尔亚赫村专做帆布服装，巴尼亚姆拉赫村专门制作棉布服装等。

巴林的服饰是以美丽著称的。巴林的裁缝和绣女根据巴林当地的气候和习俗设计出了非常华丽而传统的图案。服饰上的图案样子经常会吸取一些自然的景物，如花草、鱼类、水果等。妇女所缝制衣服的面料一般是从布店或市场买来，有棉布、羊毛和丝绸等面料，然后由裁缝手工制作。大部分面料的名字均是后来根据其用途、质地、生产国等命名。面料和衣服一般都在家中印染。所有衣服的制作全部是手工，一家人中往往只有一位有缝制经验的人。衣服是需要一部分一部分缝制的，且从背面到前面，从里面到外面。男装一般用机器制作。

刺绣制品是巴林服饰最为精美的一部分。这种缝制艺术一般是专业裁缝甚至用一生的精力完成。用金、银线，采用棉布或丝绸面料等制作出的非常丰富色彩图案的服饰。不同的刺绣风格使用不同的面料。

女性服饰达拉（Dara'a）是一款长而下摆宽松的女性服饰。它的袖口和领口均为不同式样的刺绣品。长裙的底边通常使用不同颜色的缎带。装饰华丽的达拉服饰仅用于特殊的庆典活动。米勒法（Milfa）是一款黑色长方布料制成的衣服，一般使用麻类或棉布制作。这种朴素的黑色一般只在家中穿着。女性外出或出现在一些特殊场合时，一般将衣服上角顶在头上，所着服饰也会绣上些金银线装饰。女士的裤子都是由她们自己制作，面料为棉布和丝绸不等。棉布料裤一般腿上部较宽，绸类一般底部较窄，且在脚踝处留一小口。在裤边等处有时会镶些金银丝边。

男性服饰夏季，男子一般穿白色长袍，布料为较薄的棉布质地，头上佩带一条棉头巾，脚下穿一双凉鞋。冬季，长袍则使用较厚的棉布，外披一条羊毛制品披风或外罩，佩带一条毛织头巾。头上佩带的头巾一般为白色或方格图案，有时也是朴素的黑色。有的男士的毛织外罩的领边绣有金色或银色的花边，显得非常有品位和档次。男士凉鞋均为手工制作，一般都是当地鞋匠制作，也有从印度、沙特或伊拉克进口的皮质凉鞋。传统式样一般是大脚拇指与其他拇指分开，讲究一点的也有镶着金银丝的。男士服饰的质量代表着他的权威和地位。外袍与女性的类似，比较宽松，但用骆驼毛线编织而成的布料制作，一般外出或有特殊场合时穿着。达格拉（Daglah）是一款

古老的伊斯兰服饰。领口至胸部是敞开的，底边两侧均有开口。用细棉布或毛织品制作，这种服饰一般只有富有的社会成员穿着。与达格拉相比，泽伯恩（Zeboon）这款服饰的前面是开衫的，缝有银色或金色的盘扣，袖口处也有开口，并有金丝镶边。此款一般用高质量的羊毛或绸料制作，在领口和袖口处都绣有金边或丝绸缎带。

第二节　儿童出生与成长的传统习俗

按照传统习俗，女人在分娩前要回到娘家等待新生儿的诞生。产妇一般在她的母亲、姐妹和接生婆的帮助下生产。分娩之后，要喝一杯水并食三个椰枣。新生儿如果是男孩，应在第二天被抱到清真寺，如果是女孩只需抱到厨房内即可。同时还要杀一只鸡庆祝。新生儿诞生后，要用盐和草擦揉身体，之后用棉布包裹，放在一个摇篮中。随后众人先对着他的右耳念诵《古兰经》，然后再对着左耳念诵《古兰经》，向其传达先知的教导。出生的第二天，新生儿将会有一个名字，如是男孩就用爷爷的名字，女孩则用奶奶的名字。7天之后，新生儿进行他的第一次沐浴，为纪念这个日子，一般要杀一只羊与周围邻居分享。40天后待母亲身体恢复，她便在其娘家女性亲属的陪同下，带着孩子回到她丈夫的家中。丈夫会向妻子和新生儿分别赠送一份礼物，以示欢迎他们回到家中。婴儿在4个月之内通常是用棉布包裹，以强壮他们的肌肉。婴儿第一个成长的里程碑就是理发。庆祝仪式时将理下的婴儿头发放在一个小天平的一端，另一端放一块硬币，作为婴儿的最初贡献。孩子生长第一颗牙齿和学会走第一步时都要庆祝，那就是准备一篓筐的小甜食、干果、硬币等往孩子的头上或前来庆祝的人们的头上撒。根据伊斯兰教的传统，男孩在3至5岁期间要割包皮，这项手术需要专家来做。割包皮最好的季节是选择春天凉爽的日子，最好是周一、周四或周五，或选择先知诞辰日等宗教节日。做完包皮手术之后，男孩要立即进行养伤。他只能身穿轻薄的长袍，与其母亲在房间里休息，身边只有健康快乐的女人或孩子陪伴。他手中握着少量硬币、海娜叶。草药治疗需要好几天，三天之后下海清洗伤口。

孩子们的玩具和游戏也主要是他们自己制作的。所使用的材料是多样化的：他们可以把死去小鸟的骨头捆在一起制成一个玩具娃娃骨架，然后给它穿上用碎布缝制的衣服；还有的用锡纸和碎布制作成帆船；用贝壳和卵石当球，用椰树的枝干制成类似球拍的玩具玩耍。孩子们玩耍时一般分性别。男孩子的游戏一般比较活泼和具有竞赛性质。他们一般在房屋前后玩耍，比如藏一只小赛艇，让大家寻找或用自己制作的帆船在海上玩耍，等等。女孩子一般愿在家里玩儿。模仿母亲过家家玩儿或是玩些自制的玩偶，或在一起唱唱歌等。巴林

漂亮的巴林女孩

的孩子们也玩儿一些类似我们小时候的游戏，如男孩子滚铁环，女孩子跳房子等。

第三节　巴林传统婚嫁习俗

按照巴林传统婚嫁习俗，婚姻一般在表兄妹之间选定。但如果在亲戚家中没有合适的人选，就要通过一位女性媒人去寻找一个合适的妻子。其间会经过频繁的交往调查双方的家庭背景等情况，以求真正的门当户对。一旦媒人确定了选择对象，就要安排双方家庭的女性代表见面交谈，但最后的决定还要等父亲审查后方能做出。如果新郎认为对方可以接受，男方家庭便开始选定结婚日期，准备财礼和衣物等。在确定的日子，新郎的母亲带着女性亲戚和邻居前往新娘家赠送彩礼。一般是与其随行的两位女性走在前面，头上各顶着一个大包裹，里面装着衣服、纺织品和一些化妆品。新郎的母亲背着一个小包裹，里面装着彩礼。

在新娘家里由专门从事婚礼装饰人员准备的一个婚房。他们从亲戚家或邻居家借来了镜子、地毯、坐垫等，将整个房间布置起来，一条硕大的针织品横挂在天花板上作为顶棚装饰。结婚的前几天，在新娘家举行“幸运之夜”。新娘坐在地毯上，脚前放一篮甜食，众女子在她身边唱着宗教歌曲。四位女子在新娘头上方拉着一条长方形的绿色纱巾，并高兴地唱着歌曲，祝贺新娘即将结婚。

在婚礼的头一天，新娘家要举行“海娜”（指甲花）聚会。专业美容师要在新娘的手上、胳膊上用海娜油画上美丽的图案。婚礼那一天，新娘的脸上也将美容一番，使其更加漂亮。新娘结婚时应身穿丝绸长袍，但不佩带首饰，而是让专业美发师在她的头发上缠上茉莉花和叶片。头发上还将抹上香料和橄榄油，使新娘看上更具少女的青春美丽，容光焕发。通常，美容美发师的费用将在婚后的第二天从新郎送给新娘家的彩礼中支出。

婚礼之夜，新郎和他们家的亲属在家中接待客人。晚些时候，新郎将前往新娘家，并在新娘家的婚房中等候新娘。新娘则身穿丝绸长袍、头顶白色盖头，来到由四位女性抬过来的一块地毯上。婚礼上请了众多乐师和鼓手，热闹非凡。家中将屠宰一些羊供第二天食用。婚礼大厅为前来祝贺的男方家的亲属和朋友准备了大量的食品，一些邻居也前来祝贺。婚礼的第二天，新郎要向新娘赠送一些首饰，如项链、手镯、戒指和一些钱财。

婚礼的第三天，新娘的客人来到婚礼大厅祝贺。新娘身着漂亮夺目的礼服，佩带光彩无比的贵重首饰接待他们。为体现新娘的美丽，一般请当地的金店在两个月前就为新娘打好各式首饰，有的也可以是从亲友家借用的。一般首饰为金、银、宝石等质地，搭配考究。届时新郎的母亲也会前来看望，由新娘的母亲接待，并准备了传统食品和甜点。婚礼庆典中一项重要的内容就是邀请乐队演奏传统民族乐曲。这些乐队经常在一些庆典活动中前来助兴，如节庆日、男孩割包皮日、收获季节等，他们会演奏一些当地人喜闻乐见的不同节奏的民乐。这种乐队一般由20至30人组成，乐手大部分为女性。主要歌唱演员为女性，乐队一般也以她的名字命名。其他成员为大鼓手、小鼓手，并有一些伴舞者。乐者用手使劲地拍打着手鼓，节奏急促而有力。人们伴随着手鼓的节奏载歌载舞。

第四节　阿拉伯宝刀的故乡

阿拉伯人的腰刀、挎刀、靴刀等闻名世界，一提起腰刀、宝刀类的饰品，人们立即就会想到阿拉伯民族佩带刀具的传统服饰。阿拉伯人携带刀具的传统与其民族的生活习惯有着千丝万缕的联系。古代的阿拉伯人多为游牧民族，携带宝刀是他们生活的需要。他们外出做买卖，为保护自己的商队和自身的安全，用宝刀与沿途的强盗作斗争。到了深夜，他们架起篝火，在深山老林里过夜，拥有宝刀可以与突然而来的野兽进行搏斗。他们一路所食用的肉类都是用刀具切割后进食的。之后，随着阿拉伯文明的进化与发展，阿拉伯腰刀的制作也越来越讲究，样式也越来越多样。宝刀、刀鞘和腰带逐渐成为一整套“腰饰”，式样和品质也逐渐趋于艺术化。阿拉伯人结束了游牧生活后，在现代化大城市内已不需要使用刀具对付野兽或切割肉类食用，但佩带刀具仍然是阿拉伯人的一个传统习惯。特别是在重大节日和庆典的时候，佩带“腰刀”是不可或缺的。腰刀象征着阿拉伯男子的威武、勇气和力量。除了腰前佩带的小型刀具外，阿拉伯人还经常在家里佩挂长形的弯刀、宝剑，甚至是用各类珠宝镶嵌的价值极其昂贵的宝刀。

腰刀的制作在也门、阿曼、巴林等海湾国家已有2000年以上的历史。现在不少城市仍有制造腰刀的作坊，有机械制作的，也有手工的，做工考究、精细。腰刀多为双刃，呈弯钩形，刀鞘外镶有银环，与宽皮带或绣有精美图案的丝带连接，便于佩带。

腰刀柄的制作也很讲究，有牛角、羊角和木质的，最名贵的是用犀牛角制成的，上面用金银镶上各种图案，光彩夺目，价值连城。有的还镶有主人姓氏和制作年月，以便代代相传。

名为腰刀，并非挎在人们的腰部，有人将腰刀别在金银彩线绣成的腰带上，而多数人是将腰刀插在胸前特制的宽皮带上。每当他们高歌起舞时，常以腰刀伴舞。腰刀几乎不能离身，如果从一个人身上夺下腰刀，那是对他最严厉的惩罚和最大的侮辱。佩带腰刀的人打架斗殴，警察和部落酋长有权扣押他的腰刀，罚他在若干天内只能带空刀鞘外出，晓谕人们他正在受过。所以，无论何时，都不可随便摘掉别人身上的腰刀。

像其他阿拉伯国家一样，巴林对腰刀也是情有独钟。巴林国王哈马德在重大活动或接见外国领导人时，佩带的腰刀成为其华贵服饰的一个重要部分。国王的宝刀都是价值连城，刀鞘一般用金、银等贵重金属制作，上面且镶有非常贵重的宝石。腰间的金丝腰带的制作也是非常考究，不仅品质高贵，而且做工也非常的精湛。身着黄色阿拉伯大袍，佩带金色腰刀，凸显皇室的权力和威风。然而，过去我们只知道巴林人民酷爱刀具，除王室重要领导人在重要场合佩刀腰刀外，民间也流传着各类刀具以及具有阿拉伯特色的“刀舞”。殊不知，阿拉伯世界最贵重的宝刀是在巴林麦纳麦的一个小城内打造，巴林拥有海湾地区唯一制作阿拉伯宝刀的古老作坊，是阿拉伯宝刀的真正故乡。

2010年6月12日上午，我们慕名在淳朴的巴林小伙，通晓中文的雅西尔先生的陪同下，造访了海湾地区的闻名遐迩宝刀作坊。驱车离开市中心，我们逐渐走到了一片老城中间。这里的房屋都拥有几百年的历史，道路也非常的狭窄，都是些传统小作坊和简陋的民居。直至道路狭窄到车辆不可能行驶了，我们不得不下了车。顶着40摄氏度的夏日高温，步行走进了一条古老的小巷。宝刀作坊的门脸很不起眼，无任何标志，难怪很多巴林人根本不知晓这家拥有400多年历史的宝刀制作作坊。事实上，雅西尔引领我们走进的是一间刀具展示厅，或叫接收刀具生意的店铺柜台。真正制造宝刀的作坊就在对面，但门脸紧闭，不允许外人入内，只有这家的宝刀制作师傅方可进出。

这家宝刀作坊由萨耶赫家族传承，目前主掌该家族产业的是第五代传人沙克尔·阿勒萨耶赫。只有他通晓宝刀的制作过程和方法。为提高刀具制作的质量和效率，他专门从国外进口了一套制作刀具的机器，沙克尔还在那里学习了几年，因此练就了一身集传统与现代制作工艺为一体的高超宝刀制作工艺。像也门、阿曼等国也有这样的刀具制作厂家，但从制作工艺等方面来讲，巴林阿勒萨耶赫家族为海湾地区之首。

阿勒萨耶赫家族最早是制作宝石首饰的，目前仍健在的沙克尔的父亲和叔叔还在拥有400年历史的老作坊里制作首饰。沙克尔的弟弟主要负责刀具的维护与销售。正如沙克尔在该刀具店精美的介绍画册中写的那样：刀具制造艺术是我的祖辈注入几百年激情的结晶，今天这门艺术将在我和我兄弟手中传承，并将继续传给我们的子孙。的确，一个家族几百年传承一门手艺，并迄今仍在海湾地区独占鳌头，工艺质量不减当年，仍为海湾各国王室、富豪所信赖，实在令我们赞叹不已。

我们首先参观的是刀具厂的店铺。这个新店铺有20年的历史，主要是为客户维护老刀和销售该厂制造的新刀。展柜里的各类刀具琳琅满目。据介绍，海湾地区的刀具一般用金属制造，有的是古代用来打仗用，还有的纯属摆设。根据刀具的不同质地，特别是刀鞘质量的不同，价格也相差甚大。这里保存着拥有1000多年、800年、600年历史不等的女士小刀，刀刃上可涂上毒药，女士们将其插在靴子侧面，用来防身；还有上千年或几百年的军刀，等等。有一把刀令我们大开眼界。这是沙特国王的拥有750年历史的宝刀，价值70万第纳尔。这把刀的刃非常锋利，据说已涂上毒药，为的是国王佩带时以防不测。这家店铺为这把宝刀制作了一个新刀鞘，刀鞘上镶有金、银、红宝石、绿宝石、蓝宝石、黑钻、绿松石等各类上等宝石，做工极为精美。每一颗宝石都来自不同的地区和国家，都有详细准确的证书和记录。此外，我们还见识了该厂家为卡塔尔某王室成员制作的白金腰刀等。总之，海湾国家的国王及王室成员的个人宝刀，高档礼品腰刀和长刀大都在这家店里制造的。

展柜里还有各种颜色、质地的普通男用长刀。过去阿拉伯男人外出或在某种礼仪中喜欢佩带这种长刀。女士刀具一般为短把的，刀鞘镶金或银，中间部分有缎面装饰，刀柄为犀牛角。主人热情地将传统皮腰带、阿拉伯白头巾和头箍为我装扮上，然后再给我佩上一把镶嵌着金银和宝石的长刀，俨然一位古代酋长或王爷的形象。使馆的同事们也纷纷争相身着黑色长袍，佩带长刀与我一起合影留念。女士们也不甘寂寞，手持女士手刀，英姿飒爽地站在镜头前。我等一行人着实在刀店里“折腾”了一大阵，过了一把“刀”瘾。

沙克尔的弟弟告诉我们，一把新刀制造好，第一次维护是在99天之后，第二次维护就要在40年之后了。阿拉伯国家，特别是海湾国家有相互献刀的习俗。献刀时，一般用左手。因为左手代表胜利，右手代表投降。接刀时用双手。但有时也有

细微的区别。比如沙特国王访问巴林时，哈马德国王向阿卜杜拉国王献宝刀时，因为沙特国土面积大，巴林国土面积小，哈马德国王用双手献刀，表示尊重，但仍是左手偏靠前。巴林前埃米尔伊萨让该厂为其制造宝刀时，自己亲自来接刀。一般给国王等造刀，不在刀柄上刻写诸如"陛下""殿下"等称谓，只刻写名字。

随后，我们又来到了拥有400多年历史的老店铺。沙克尔的父亲和叔叔在这个店铺内等候。店铺面积小的令人吃惊，里外间只有10平方米左右。简陋的制作工具旁边却摆放着非常精美的宝石首饰。墙壁上挂着十几幅照片，都是阿勒萨耶赫家族的祖父辈人的留影，记录着这个家族几百年首饰制作业的漫长历史。地面上还摆放着一个陈旧的木箱子，据沙克尔的父亲介绍，这曾是其曾祖母结婚时的嫁妆，已经有近200年的历史。过去是置放衣物的，后来摆放贵重首饰、刀具，现在有了铁皮保险柜后也不太使用这个老式木箱了。首饰工艺主要是萨耶赫的叔叔在传承，他每天坐在这里仔细认真地敲打、磨制作着每一块宝石，制作出一款一款的宝石首饰。据说，当年埃米尔伊萨就曾请沙克尔的叔叔打造过一枚戒指。埃米尔伊萨就坐在现在仍保持原样的地垫上，与沙克尔叔叔商量戒指的款式。前法国总统德斯坦访问巴林时也曾光顾这家小店。因此，阿勒萨耶赫家族的首饰店400年前在巴林就享有盛誉，扩展为刀具店之后就更是名传巴林和海湾地区。

第五节　多彩斑斓的传统手工艺品

制陶业是巴林古老的手工业之一，具有千百年历史。制陶用的黏土取自里法附近的小山，棕色和红色的黏土做粗陶，白色黏土做细陶。每个陶工都有一个工棚，陶器大都是锅、碗、罐等日常用具，造型实用，古朴典雅。尽管巴林国内进口了许多现代器皿，但人们对传统制品始终情有独钟。现在陶工已逐渐用天然气和石油取代木头作燃料烧制，这为陶瓷上釉等技术升级提供了有利条件。

巴林著名的制陶作坊主要在首都麦纳麦的阿里地区的村落里。里法镇和卡拉里村主要以生产黏土香炉著称。陶器除供应当地居民外，还向周边海湾邻国出口。黏土陶器的品种繁多，诸如花盆、灯具、香炉、储蓄罐、各类盘子、餐具、色彩斑斓的各种小摆设，甚至还有造型栩栩如生的兔子等儿童玩具。2010年6月，我们慕名来到阿里地区的制陶作坊。这里实际并不产黏土，制陶的原料是从里法运到这里来的。据介绍，这座制陶作坊已有400多年的历史，这里的工人已经更换了几代人。在这项民族传统工业即将失传时，巴林政府给予了高度重视，强调要保护该地区的制陶工业，弘扬和挽救传统手工艺文化遗产。事实上，在巴林普通人家里，除了现代器皿外，仍然使用着这些传统手工艺品。如庭院内的花盆、餐桌上的食盘、客厅里的陶瓷摆设、熏香用的香炉，等等。

陶器的制作工艺仍然是手工制作，只有和黏土这道工序使用机器。就像餐馆里的和面机一样，将黏土加水和成黏土团，以便技工将其制作成各种陶器。高温烧窑也改变了过去使用柴火等燃料，如今是通过一条胶皮管使用天然气烧窑，既干净又环保，且达到高温烧窑的目的。在制陶师傅的指导下，我们也饶有兴趣地动手制作了几个小陶器用品，技术虽然不佳，造型走样，但亲自尝试一下制陶工艺的技术也颇感有趣和快乐。参

烧陶窑

观之后，我们还在陶器店里购买了两个漂亮别致的花盆。

在麦纳麦的杰斯拉地区，我们参访了一家传统手工艺品制作中心。这个中心是一片庭院式的博物馆，每个房间内都以实物和艺人亲自操作展示着巴林传统手工艺的作品。其中也有一间制陶作坊。一位男子在那里演示着陶罐制作的过程，唯一不同的是这里的陶土质量高，是从英国进口的。如愿意的话，来宾们还可以亲自动手制作自己想象中的陶器作品。

在这个手工艺中心内还有巴林的编织工艺展示。巴林卡尔巴巴德村的传统编织闻名遐迩，当地人就地取材，把棕榈树的枝叶晒干、着色后，编成颜色不同、形状各异的篮、筐、篓、垫、地席等家庭用品和各式鸟笼。这种传统手工艺至今仍在发扬光大，不少村落的家庭仍在用这种方法编织各种家庭常用的物品，因此，巴林很多民众在日常生活中仍在使用这些工艺品。

巴林的手工仿制各种船只模型的小手工业也日益兴隆，那些能工巧匠制作的小巧玲珑的船只模型与真船十分相似。我们亲眼看到工匠将一些细木棍、木片等用白色乳胶一片一片地粘起来，制作成帆船。他们制作的船甚至分为采珠船、渔船等，就连船舱内部都与真船一模一样，船上的帆、舵、桨等细节的制作一点也不含糊，刷上清漆之后摆在那里，美观而逼真。

在手工艺品中心，我们还看到了纺线车、织布机、制作凉席的传统机械。艺人们在那里为客人演示，如同回到了过去的生活一般。事实上，巴林的某些农村的家庭中仍然在使用着这样的传统设备，仍然在自己织布、编织凉席等生活用品，以保护传统手工艺不会失传。

2010年6月12日，我们参访了位于麦纳麦伊萨城的巴林家庭手工艺品展销中心。该中心于2007年在赛碧凯王后的关怀下，在巴林社会发展部的直接领导下正式对外开放。展览中心的负责人谢哈·阿勒哈利法女士和另一位展品金奖获得者扎基女士热情地接待了我们。宽敞的展厅大堂四周的墙壁上挂满了照片，谢哈女士指着照片一一向我们介绍。照片中，我们看到最多的是巴林王后赛碧凯出席该中心举办的各种重大活动的场景。其中包括2007年，赛碧凯王后为该中心开业剪彩。此外，有众多外国领导人参访该中心，鼓励和扶持巴林家庭手工业的项目。

为了保护巴林传统手工艺，巴林妇女最高委员会、巴林社会发展部、巴林妇女和儿童发展中心等部门付出了很多努力，鼓励和发展巴林家庭手工作坊和传统手工艺，以家庭为单位，传承传统手工艺，并将其发扬光大、不断创新。这不仅有效地保护了巴林传统文化艺术，还为巴林家庭和个人创造了展示才华和经济创收的机会。该中心每年还评选出最佳展品、最佳手工艺家庭、最佳赞助者等奖项，鼓励人民踊跃参加到这一活动中来。中心的展品不仅展示而且销售，都有明码标价。每天有不少中外来宾前来参访和购物。

展销中心的展品全部都是巴林家庭手工制品，有用棕榈树干编织的菜篮、面包箱、杂物包、草帽等；有用椰枣木制作的家具；有制作精美的现代穆斯林妇女穿的黑袍、头巾等；有用钩针编织的手包、茶杯套、钱包、桌垫等；有家庭作坊制作的陶器制品，罐、碗、花瓶、杯、壶、各种装饰物等；有用贝壳、海螺等粘制成的各种造型的器皿、饰品等；有手工制作的形状各异、不同尺寸的帆船等。还有家庭主妇酿制的各类腌制品、甜品等。

沿着楼梯上了二楼，这里是聋哑儿童的培训中心。大部分展厅展示着聋哑儿童用各类宝石精心制作的饰品，项链、手链、戒指等。这里还展示着一些传统的马鞍、牛仔帽等。还有一些房间是培训中心的工作室、电脑培训室、金银首饰工作间等。看到这些精美的饰物，可以想象到该中心对残疾儿童的关怀与照顾，帮助他们就业，提高学习技能，并取得了卓有成效的成绩。

事实上，在巴林还有很多这样的规模不等的手工艺展馆。在易卜拉欣文化遗产中心，我们也曾看到了这样的手工艺制品，特别是巴林各省、各民族服饰的展览，充分体现了巴林政府重视保护文化历史遗产，重视弘扬传统手工艺。

谢哈女士曾带着一些手工艺人员到中国进行学习交流，但遗憾的是时间太短，希望今后能再次去中国，实地与中国传统艺人进行面对面的交流与切磋。她说，中国作为传统手工艺大国，很多精美的手工艺制品被包括巴林在内的国外很多国家的传统手工艺专家、传人所仰慕，希望有机会再与中国同行们进行交流与合作。

第六节　举世闻名的巴林采珠业

巴林被称为“海湾珍珠”，不仅因为她是一个美丽的袖珍国，更因为她是一个以采集珍珠著称的岛国。巴林有着几千年的珍珠文化，晶莹明亮的珍珠在巴林历史中有着非常重要的地位。巴林的珍珠举世闻名，在1932年巴林发现石油之前的漫长年代里，采集天然的海洋珍珠制作成各种精美的首饰，一直是当地居民赖以生存的主要收入来源。早在迪尔蒙时期，珍珠就已经是一项重要的贸易品。古代，珍珠被称为“鱼眼”，神化把它们描绘成天使的眼泪，从天而落，至海洋而息。然而，世代采珠人在海上的艰苦生活却是现代人难以想象的，巴林人的祖先就在这片海湾中常年依靠采珠为生，顽强地与大自然抗争。

每年的采珠时节一般要用三到四个月，通常是六月至十月底这个阶段。这个时节驶向采珠海底的船只有时可达2500艘。最大的采珠船可载60到90人，船上人员包括船长、船长助手，歌手（喊号的人）、潜水员、划桨者、接受训练人员、划桨者和潜水员助手、厨师等。珍珠河床的深度在7至20巴（ba’a），1巴的长度为两只胳膊伸开的长度。潜水员一般不可能在海底停留超过两分钟。那时的潜水采珠无任何设备，只靠采珠人屏住呼吸或用鼻夹夹住鼻子，一块腰布包裹身体，靠一个下沉重物潜入海底采捞牡蛎。连接他和采珠船的只有一根绳索。有时如果想多采一些珍珠，或运气不好采不到珍珠时，采珠人不甘心浮出水面，勉强在海底作业，导致体力不支、脑缺氧，致残甚至死亡。采珠船遇到海上的巨大风浪，造成翻

船，全船人都会葬身于大海之中。因此，在采珠船上，团队精神十分重要。遇到强风时，要立即改变船帆方向，需要采珠团队齐心协力，搏击风浪，共渡难关。为了保持行驶节奏，船歌小调指挥着船员的一切行动，船员们的配合如同机器般协调一致。采珠人的亲人每到采珠船即将返航时，便站在海岸边焦急等待，望眼欲穿。有的家庭也许空等一场，他们的家人再也没能返回。因此，那时采珠人每逢出海，便是生死未卜，生活艰辛与悲惨可想而知。采珠季节结束后，全体船员会进行分红，标准是根据其在船上的职务和作用。潜水员分两股，划桨者只分一股，等等。

巴林的珍珠在国际上始终以其光泽、纯度和美观闻名。珍珠一般均以大小、外形、颜色和光泽分为不同档次。据说，巴林的牡蛎种类主要是射肋珠母，它们的平均大小为30至60毫米，在更深的水域里射肋珠母可长到80毫米。潮汐和洋流使巴林的牡蛎先后沉浸在巴林海底矿物甜水和阿拉伯海湾高盐的环境中，从而产出了色泽和大小更加上乘的珍珠。采珠人将这些牡蛎采捞出来后，用小刀将牡蛎壳撬开，将里面的珍珠拿出来，用不同粗细的筛子将体积不同大小的珍珠分离开来。然后用天平将每颗或每种珍珠的重量与价值精确地记录在航海日志上。

破蚌取珠

在巴林首都麦纳麦市中心，距巴

林门咫尺之遥的地方有一座潜水采珠博物馆（Museum of Pearl Diving）。1937年始为巴林法院，1984年改为民俗文化中心，后改为潜水采珠博物馆。馆内分数个展厅展现发现石油前后巴林人的日常生活的变迁。包括描述潜水采珠、城乡人民服饰、民间娱乐、婚宴喜庆等情景，另有历史照片、传统医学介绍。该馆被誉为仅次于巴林国家博物馆的第二大博物馆。

在穆哈拉克岛上，有一座以巴林著名珍珠商玛塔尔命名的“马塔尔之家”。这座建筑1905年在填海的土地上建成，当时三面环水，由巴林建筑师穆萨·本·哈马德主持兴建，一些巴林的建筑商和手工艺者提供了捐助。当时此楼为巴林著名的珍珠商之一——哈吉萨勒曼·侯赛因·马塔尔的常年会客场所，直至1944年他去世。该楼一层此后作为班德尔·卡尔医生的诊所，后又成为改革协会的总部。二层一直为萨勒曼·马塔尔家人的住所，直至2002年。该楼于2009年2月9日以新的面貌重新开放，成为一座艺术馆，被称为巴林传统建筑的例证，同时也为了纪念马塔尔家族。馆内除了展示巴林一些著名画家的作品外，二层仍然通过一些图片、珍珠实物等向参访者讲述着马塔尔家族的兴衰史。

萨勒曼·侯赛因·萨勒曼·本·马塔尔是一位很有个性，有抱负的人。1825年，萨勒曼从阿拉伯半岛的故乡——内志（今沙特）来到巴林，与其父在当时巴林的首都穆哈拉克岛定居。他随父从事珍珠生意，十九世纪时，继承了父业，成为整个阿拉伯海湾地区最大的珍珠商之一。他凭借着自己的丰富经验和鼎立推介，使几乎所有到巴经商的阿拉伯人，特别是印度人和法国人，都来巴林购买珍珠。后因人工养殖珍珠市场的扩大影响了天然珍珠市场的经营，1936年萨勒曼成为保护天然珍珠协会的创建人之一。凭借经营珍珠的名气，他开始将生意扩大至木材和椰枣行业，并拥有了许多艘采珠船和房屋、咖啡馆、泉眼、花园等产业。去世时，他在巴林拥有的花园逾百座。他生前以重视农业闻名，致力于发展农作物和花草种植，引进了不少植物和种子。萨勒曼睿智博学，赢得了人们的尊重。他借此解决了诸如遗产、房屋估价等问题，解决了家庭及其成员间的纷争。他经常资助巴林国内外的贫困者，从不分性别、国籍与肤色。他的家门经常为求助者敞开，他遵照其父遗嘱，在穆哈拉克成立了数所学校，教授古兰经和阿拉伯语，因此它也是巴林正规教育的创始人，成为巴林教育理事会成员，并为此提供了很多捐助。1920年在穆哈拉克市中心捐出了一房舍作为“文学俱乐部”驻址。

在巴林，我们除了通过参访珍珠博物馆等来了解巴林人过去的采珠历史和生活外，2010年10月9日，我们还来到了位于穆哈拉克岛南部海边的一个采珠船只制造厂参观。当我们的车队开到海边，拐进一大片堆积着很多木料和树干的场地时，才发现这里就是采珠船的制造工地。视线所及之处，我们看到至少有5艘采珠船正在这里加工制造。接待我们的是一位名叫吉达夫（采珠人的意思）的中年巴林人。脸色晒得黑黝黝的，体魄强壮健康，他就是这家造船厂的主人。据介绍，吉达夫从小就开始在造船厂打工，至今已经干了40多年了。他雇佣了12名孟加拉劳工帮助他造船，有的劳工已跟随他近20年，成为了熟练工人。吉达夫指着我们身边的那条巨大采珠船告诉我们，这是哈马德国王定做的采珠船，造价15万第纳尔。如今的采珠船与过去巴林人采珠用的船已有了根本的变化和不同。过去用船桨人工划船，现在用的是发动机。我们看到的正在安装在这条船上的巨型发动机是从日本进口的，价值4.5万第纳尔。造船的木料主要从印度运来，巴林的一种很坚硬的木料用于制造船中央的横杠。采珠船要比一般渔船大很多，船长60英尺，重量为80吨。制造这样巨型采珠船一般需要近两年的时间。每次出海需要上百人在船上作业，大部分人得潜到海下10~14米的珊瑚区采珍珠。现在，一般老百姓是不能随便采珠的，巴林的采珠业由王室控制，只有得到许可方能下海采珠。况且采珠一般需要到50海里以外的海域进行，如果没有正规的采珠船、潜水衣等现代化设备，出海采珠不仅非常危险，而且很辛苦，一般老百姓已经不再进行这项工作了。只有拥有现代设备的采珠船的王室成员才能在规定的海域内进行采珠活动。因此，巴林商店里的海洋珍珠的数量已经不是很多，而且价格昂贵，一般老百姓是买不起的。只有那些贵族或有钱的游客才能享有巴林高品质的天然珍珠。

展柜中的巴林天然珍珠

第七节　骏马驰骋的国度

巴林收集驯养阿拉伯纯种马已经有200余年的历史，这主要归功于统治巴林的哈利法家族，尤其是近十年来，哈马德国王为在巴林振兴马术这一阿拉伯传统体育项目作出了巨大贡献。哈马德国王本人就是一名成功的骑手，他热爱阿拉伯马，热爱马术运动，致力于在巴林振兴这一运动。哈马德国王经常出席世界马术锦标赛，为选手们鼓舞士气，领导他们向新的高度攀登，为巴林争得更多荣耀。在哈马德国王有力的支持和鼓励下，巴林马术运动近年始终保持着相当高的水平，在国际上赢得很多的荣誉。

巴林传统马术运动的真正振兴应该从成立“巴林皇家马术与耐力协会”开始。2003年3月19日，巴林最高青年体育委员会批准了一份部级命令，宣布成立“巴林皇家马术与耐力协会”，哈马德国王的四儿子谢赫哈立德·本·哈马德·阿勒哈利法王子出任主席。而代表巴林王国的充满活力的皇家马术耐力队则由哈马德国王的第三个儿子，巴林最高青年体育委员会主席、巴林奥林匹克委员会主席谢赫纳赛尔·本·哈马德·阿勒哈利法王子担任队长。为训练巴林的这支年轻的跑马耐力队伍，谢赫纳赛尔付出了巨大努力。谢赫纳赛尔和谢赫哈立德是这支队伍的主力骑手。该协会主要负责组织马术活动、比赛和训练，目的是提高赛马的耐力和跳跃能力，组织有关阿拉伯种马的竞技、选美等相关活动。赛马需要强健的肌肉，骑手需要很强的控制力，协会会帮助他们掌握技巧，帮助他们的日常训练，比赛时会自始至终地陪伴他们，为他们提供良好的设备和技术服务。目前，巴林皇家马术与耐力协会已成为1985年在瑞士成立的国际马术联合会的成员，成为1989年在日本成立的亚洲马术协会成员，成为1990年在卡塔尔成立的泛阿拉伯马术协会成员。

巴林王国将马术运动引进巴林国土并小有名气是从2000年4月7日开始。哈马德国王指示与阿拉伯联合酋长国组织国际马术耐力锦标赛，当时只有两种类型的赛马参加120公里的耐力赛。目的是向选手们传授一些简单的比赛常识，并帮助他们发现错误，提高他们的竞技能力。当时阿联酋迪拜著名的国际骑手谢赫穆罕默德王储参加了比赛。通过成功举办首届国际锦标赛，巴林的组织者和选手增长了才干，提高了技艺。之后巴林开始不断在每年的10月至次年的5月赛季时举办各种类型的国际比赛。巴林马术运动的鼎盛时期应该在2004年10月7日。与第一次举办耐力赛不同的是，这次比赛设两种耐力项目，80公里的成人和青年人比赛以及60公里的耐力赛。在2004年12月9日，世界青年骑手锦标赛这一重大赛事中，巴林首次参加120公里耐力赛，再次向巴林人民展示了这一运动的风采，但这仅仅是开始。2005年12月17日，巴林作为东道国举办世界青年骑手锦标赛，创造了新的纪录，有33个国家和地区的选手参赛，数千巴林马术爱好者观看比赛。其间，巴林选手们已经参加了数次国际比赛，如法国、意大利、荷兰、澳大利亚、阿联酋、科威特、黎巴嫩、叙利亚以及其他海湾国家举办的国际性比赛。10年来，巴林马术运动取得了骄人的成绩，成为世界锦标赛等重大赛事中一支具有竞争力的队伍，特别是近三年来已经成为本地区的冠军队。2010年11月，在摩洛哥举办的巴林—摩洛哥首届国际骏马耐力赛中，谢赫纳赛尔王子获得冠军。

2010年4月20日，我们在巴林企业家贾瓦德的陪同下参访了位于麦纳麦阿里区的一个阿拉伯纯种马的养马场。养马场建立于2006年。经过饲养员的精心饲养和驯马师的科学驯养，这个养马场每年以诞生18至20匹马驹的速度发展，目前，已有年龄不等的65匹阿拉伯纯种马。在马厩里，我们看到了有9岁的强壮马，也看到仅有1~3岁的年轻马。在孕马厩内，我们还看到有刚刚出生两个小时的，还未能站立起来的小马驹，还有几天到几个月不等的年幼马驹。

这个养马场规模不大，但设备齐全。有非常规范的一马一室的马厩，有专为怀上马驹的母马设计的孕马马厩，还有为不同年年龄马匹提供强制性运动的沙地运动场、沐浴池。另外还有一大片绿色草坪，周围用护栏围住，这是供马匹锻炼奔跑能力的场地。这个养马场主要是饲养能够参加巴林和世界选美比赛的阿拉伯纯种马。因此这些马匹各个英姿飒爽、身体健康、活力四射。它们不仅体型美观、皮毛光亮，而且头形、腿形、尾形等细节也质高一筹。比如纯种阿拉伯马的鼻梁是高的，不是塌陷的，下巴宽且为月牙形，脊梁和尾部呈流线型，等等。

这些纯种成年马都是养马场在世界优种马拍卖会上买来的。每匹马都有它们的户口，祖籍记录。我们看到这里有曾经是世界冠军的后代，有卡塔尔埃米尔和阿联酋沙迦酋长爱马的后代，有的年轻马驹的父母目前仍然生活在美国、奥地利或其他海湾国家。由于他们的马种优秀，他们的父辈曾经是世界比赛中的优胜者，养马场中的后代马也在各类比赛中屡屡名列前茅。

在沙地运动场上，我们看到有十几匹马在进行强制性运动。这个设备是一个类似旋转木马的圆形设施，上面有顶棚，中间有一个支柱，中轴周围是被隔成若干部分的独立空间，一些年龄在8、9岁的马匹被分别放在每个独立空间内，中轴在转动，拉动每个隔离网，使关在里面的马被迫随着隔离网的前

潇洒骑手

进而向前跑动。过一段时间，这个转动的设施还会向反方向转动，因此强迫运动马向反方向跑动。每匹马每天要在这个设施里运动两小时。运动结束后，这些马会被饲养员一匹一匹地拉出来，带到洗浴区内，冲净身上的汗水，然后在院子里休息一会儿，再回到马厩里。院内，我们还看到了用于马锻炼的跑步机等设施。

在孕马厩内，我们看到一些怀上马驹的母马，有的已即将临产。还有一匹刚刚出生两个小时的小马驹。这是我们看到的最小的一匹马了，他刚从母体内出来，非常柔软，还不能站立起来，静静地卧在铺满木屑的马厩里。还有刚刚出生几天和十几天的马驹，仍然和母马生活在孕马房内，得到特殊的照顾。等母马体力恢复，小马驹稍许硬朗一些时，母子就会转移到普通马厩中去。母马生产时一般都会顺产，接生员只需稍加协助。越来越多的小马驹在这里诞生，更多的纯种马在这里成长并获得非凡的业绩。

除了品种优良和必要的运动之外，这些纯种马还需要非常好的饮食。他们吃的饲料是玉米面加蜂蜜等原料制作成的上等饲料，都是从美国进口的。这里还有一个医疗诊所，柜子里摆放着一些药品和医疗器械。我们看到一个驯马师在为一匹马修整马掌，那匹马非常舒服地享受着马掌保健服务。

参访结束时，主人乌萨马非常热情地让一些优秀马匹为我们进行肢体展示表演。他们将这些马依次带到草坪上，让他们尽情地奔跑，不同颜色，不同年龄的阿拉伯纯种马，在夕阳的照耀下，显得格外健美。它们威武的跑姿，美观的体型，健康的体魄，充沛的活力，令我们从内心赞叹这个不愧为骏马驰骋的国度。

第八节　回归游牧民生活的帐篷季

巴林人与其他很多海湾人一样，在过去的数千年中过着游牧民的生活。如今生活在城市里的人们，享受着现代化的居住条件和生活设备，住房环境与交通拥挤使人们生活节奏紧张，特别是在海湾炎热的夏季，人们很容易情绪焦躁不安。因此，为了在现代生活中仍然能够享受一下游牧民生活的宽松自在，巴林每年冬季12月份至次年3月份都要在南部省的萨其尔地区允许人们设立棚户区，被巴林称之为“帐篷季”。

愿意在该地区搭建帐篷的人们可到南部省的注册中心去登记，政府也要投资约4000第纳尔保证参加者的安全和沙漠的环保。每年大约有2000~3000个家庭在这里安营扎寨，一些家庭的帐篷在12月初就已搭建完毕，年轻人开始迫不及待地搬了进去。棚户区被分为数个区域：家庭区、企业区、单身男子区等。根据各个家庭的不同需求，申请到不同面积的场地。一般家庭要搭建几个帐篷，然后留出一大块地作为院子。为了确保棚户区的安全与环保，2010年冬季巴林政府出台和补充了一些新的规定，如不允许携带任何动物进入棚户区；驻扎家庭需出示相关证件方可进出；区内只能悬挂巴林国旗；帐篷建设应距油井150米，距输油管50米，距高压线和电缆50米，等等，同时，政府还提醒驻扎人员要保持帐篷内的良好空气，用炭取暖时要注意防止煤气中毒；家中要备一些常用药品；注意食品卫生，防止食物中毒；注意孩子玩耍安全等。在棚户区附近，政府专门为驻扎者建设了32平方公里的跑马场和轻便摩托滑沙场地。有些愿意长期在帐篷中生活的人们，为此添置了不少设备，如床、沙发、冰箱、电视、空调等。有的家庭还建有洗手间、洗澡设备、厨房等。大多数人们白天上班，周末在这里过夜，因为冬季在帐篷中过夜还是比较冷的，有些年纪大的人由于身体原因一般不愿在沙漠中搭建的帐篷中过夜。但年轻人则喜欢在沙漠帐篷中聊天、聚会，举行篝火晚会等，在松软的沙漠和柔和的海风中欣赏夜景，品尝阿拉伯烤羊肉和各类甜点、咖啡等，体验游牧民族逐水草而生，沿海水而居，茫茫沙漠为床，繁星蓝天为被的自由自在的生活。

鉴于帐篷季活动是个群众性的传统活动，每天都有大量的家庭、企业和个人的车辆往返于城市与棚户区之间，巴林政府特别强调安全、环保、有序，特别规定不许乱扔垃圾，避免造成沙漠和海洋的污染。

第九节　伊斯兰传统节日

测定时间也是巴林和其他阿拉伯国家传统习俗的一部分。伊斯兰回历年是从1月至12月，每个月有29至30天。最短的一年为354天，其中有11天白昼最短。回历年为31年一个轮回。日历从公元前622年先知穆罕默德飞往麦地那开始计算。

每年斋月的第14和15天，孩子们会拿着棉布包或小篮子去敲邻居的门，以获得一些甜品、干无花果、坚果等。年轻人会组成团队在房子周围跳舞，回到家中时会得到一小包钱币、坚果等礼物。斋月期间的黎明前，斋月鼓手会走街串巷，背着一个包裹，请人们在日出前给他一些食品食用。至斋月中期，他会在斋民中收集到一些坚果、椰枣等。开斋节的第一天，人们会给他钱、米或谷物。开斋节的活动会从开斋第一天开始庆祝一个星期。家家户户都会很好地布置和打扫一下。下午，庆祝活动开始。专业乐师团会表演舞蹈，家庭主妇也会跳起传统舞蹈。不同年龄的妇女会在开斋节当天的下午自发地聚集起来，身着漂亮的服装，佩带首饰，她们手拉着手，站成两排，唱着歌，一排向前走，一排向后退，不使用任何乐器，站在那里的女孩用脚跺地，拍着手打出明快的节奏。

当麦加的朝圣者在阿拉法特山朝拜第9天的时候，巴林的孩子们也要举行Hiya-biya庆祝活动。他们手提小篮筐走向海滨，兴高采烈地边走边唱着歌曲。筐里装满绿色的嫩芽和谷物，他们将篮中的粮食撒入大海里，以示庆祝。

每年元月1日新年、“五一”国际劳动节、8月14日巴林独立日和12月16日巴林国庆节为国家假日。穆斯林宗教节日每年日期不同，放假时间不同。主要节日有穆罕默德诞辰日（放假1天）、阿拉法特山日（放假1天）、开斋节（放假3天）、斋月开始、宰牲节（放假3天）、阿舒拉节（放假1天）、伊斯兰回历新年（放假1天）等。政府工作人员和公司职员每年可享有1个月带薪休假。

庆祝节日的民众

第八章　家族地位

第一节　哈利法家族创建并统治巴林

阿勒哈利法家族属阿图卜（Utoob）部落的一个原始阿拉伯家族。阿图卜部落是几个阿拉伯半岛部落的结盟，阿勒哈利法家族、阿勒萨巴赫家族、贾拉哈马家族和法迪尔家族属于其中的安扎部落。迁徙之前，哈利法家族生活在沙特内志（Nejd）的哈达尔地区，与其他家族类似，在浩瀚沙漠中生活，逐食而行，见草而居。阿勒哈利法家族生活的地区有几条小河流，沙漠风景美丽，牧草丰足，并有一些野生树木，基本处于游牧民的生活。这个家族的人们以捕鱼、饲养骆驼和牲畜为生，同时还训练青年战斗。

17世纪末，这一地区出现了严重的干旱，危及部落生存。于是阿图卜部落中的一部分开始从内志地区迁移至可以捕鱼、采捞珍珠和进行海上贸易的阿拉伯海湾沿岸地区。这一庞大的队伍长途跋涉先后抵达卡塔尔、伊拉克和科威特。之后，他们适应了新环境，学会了驾舟和潜水采珍珠，与海湾人一起进行海上运输。他们在卡塔尔稳定居住了22年。后遭人嫉妒，发生了纷争和战斗。1701年被迫迁移至伊拉克巴士拉。当时男女达万人，分乘150艘船，每船大约40人，并携带枪炮。

在巴士拉短暂停留后便驶向科威特。阿勒哈利法家族以其伟大的祖先谢赫哈利法·本·穆罕默德（H.M.Shaikh Khalifa Bin Mohammed）为首，并在科威特修建了著名的阿勒哈利法清真寺。至今这一清真寺成为了在科威特国属于阿勒哈利法家族的重要遗址。

1708年，谢赫哈利法去世，葬于科威特，其子谢赫穆罕默德·本·哈利法（H.M.Shaikh Mohammed Bin Khalifa）继位。由于年幼，其叔父谢赫萨巴赫·本·贾比尔予以扶持，并将其女嫁给了他。谢赫穆罕默德先居住在科威特，1763年迁至卡塔尔祖巴拉城（Zubara）。他在这里修建了城堡，取名萨巴赫，于1768年完工。谢赫穆罕默德创建了祖巴拉商业城，鼓励发展贸易、航海、采珠、捕鱼，使祖巴拉成为了卡塔尔半岛的都会。他通过婚姻成为数个部落的首领，并有了5个儿子：哈利法、艾哈迈德、穆克兰、易卜拉欣和阿里。1772年，谢赫穆罕默德在祖巴拉去世，留下了名垂青史的祖巴拉城和萨巴赫古堡。

谢赫穆罕默德之子谢赫哈利法继承父业，发挥了他能文能武的特点。他是一位诗人、文学家，其执政期间，祖巴拉城国家进步，文化发展。一个重要标志是其制定了进口商品免税的优惠政策，大大吸引了外商，使祖巴拉成为一个富有且重要的贸易中心。由于众多学者的涌入，祖巴拉文化得到飞速发展。1776年，谢赫哈利法酋长与当时的布什尔总督以及波斯驻海湾司令就占据巴林进行谈判，要求得到巴林总督的职位。1780年，谢赫哈利法派其兄艾哈迈德率军登陆巴林岛。1783年，哈利法家族占领了全部巴林岛，波斯人被驱逐。谢赫哈利法朝觐后去世，葬于麦加。其兄谢赫艾哈迈德继位。谢赫艾哈迈德在与纳塞尔军队的作战中表现智勇双全，被称为战略军事家。进入巴林后，成为巴林和祖巴拉的酋长。

哈利法家族统治巴林后，面临诸多困境。当地居民将艾哈迈德看做征服者，并不认同他的统治。阿图卜部落的阿拉伯人是逊尼派，而巴林岛上的居民以什叶派为主，宗教分歧成为一大障碍。之后，艾哈迈德酋长退守祖巴拉，并向波斯求援，帮助他恢复地位，但结果渺茫。他耗尽毕生精力后，于1795年去世，埋葬在麦纳麦。他儿子萨勒曼继位，1821年去世；另一子阿卜杜拉统治至1842年。期间，他们两兄弟均曾向阿曼求援，致使阿曼海军开到巴林岛，宣布巴林为阿曼苏丹国的一部分。1800年，沙特家族首领阿卜杜勒·阿齐兹·伊本·沙特征服了阿拉伯半岛，包括巴林。这时英国入侵海湾，试图利用阿曼攻打瓦哈比军队，占领巴林。1805年，阿曼在印度英殖民当局的支持下，打败瓦哈比军队，巴林两酋长也曾向英国求援。当时，阿曼、沙特家族、奥地利以及波斯等国力量在巴林岛上交织一起，使巴林局势极为复杂。1808年，阿曼海军开往巴林，瓦哈比派总督撤出。巴林哈利法家族与来自卡提夫的联合武装击败了英国占领军，将他们赶出巴林岛。1810年，巴林居民和波斯军民发动起义，赶走瓦哈比总督的军事、行政和宗教机构人员，宣布巴林酋长国独立。哈利法（Khalifa）和阿卜杜拉（Abdullah）两酋长先后统治时期，被迫与英国签约，巴林逐渐向英国保护国地位转变，而阿卜杜拉酋长在什叶派中的威信急剧下降。1843年，在英国的操纵下，阿卜杜拉酋长被废，政教统治落入他的近亲穆罕默德（Mohammed）之手。1847年，巴林被迫签订条约，扩大了英国在海湾的特权，使英国在巴林对外贸易方面享受一系列优厚待遇，可以垄断经营巴林的珍珠业。之后，英国军舰控制巴林海湾，1861年，穆罕默德酋长与英国签约，增加了诸多义务。英国的做法引起海湾国家的愤怒，穆罕默德酋长到卡提夫避难，在巴林本土一部分人起来反对英国扶植的傀儡阿里（Ali）。1869年，巴林爆发起义，阿里酋长及其亲信被击毙。穆罕默德酋长又夺回对麦纳麦和穆哈拉克的统治权。在之后的起义和战斗中，穆罕默德酋长等被俘，巴林的实际统治权落入英国驻海湾政治驻节公使手中，阿里酋长之子伊萨（Isa）成为巴林的统治者。1871年，英国与巴林谈判，伊萨酋长满足了英国的所有要求，英国正式宣布巴林成为英国保护国。伊萨酋长统治巴林期间，英国等其他欧洲国家在巴林争夺势力范围，频繁参与巴林的经济活动，贸易市场虽趋繁荣势头，但英国商品倾销造成巴林商人、手工业者的破产，致使人民生活窘迫，民族、宗教和部落之间隔阂加剧，民众对经济和政治状况不满情绪增加，巴林岛局势动荡。第一次世界大战爆发后，巴林国内爆发了长达一年的什叶派与逊尼派的冲突。十月革命后，巴林掀起了民族主义运动。随着哈利法家族在巴林社会地位的下降，掌控家族地产的酋长开始向居多数的什叶派劳工征收税款，引起教派冲突。尽管如此，谢赫伊萨·本·阿里·阿勒哈利法（H.M.Shaikh Isa Bin Ali Al Khalifa）酋长仍然是巴林历史上非常重要的领袖。1869年12月，他21岁时便成为哈利法家族的第7位酋长，1932年去世。沙特国王阿卜杜拉·阿齐兹曾这样评价他："他不仅是海湾之父，而且是阿拉伯世界之父。"他建立了新的行政管理和平等制度，并接受了现代教育。1878年至1898年之间，巴林的内外贸易得到了很大发展，水上码头在麦纳麦建成，重量砝码标准化，首家银行开业，1884年开始有了邮局，

1916年开始有了电报局，等等。

谢赫哈马德·本·伊萨·阿勒哈利法（H.M.Shaikh Hamad Bin Isa al Khalifa）酋长生于1874年，是伊萨酋长的次子。1896年被指定为继承人，从那时起开始介入政府事务。1923年5月26日成为副酋长，1932年12月其父去世后成为酋长。谢赫哈马德1942年2月20日在他的鲁麦塔住所去世。执政期间，巴林近代史发生了重要事件，那就是1932年巴林发现石油，并使巴林获得发展。1941年，穆哈拉克的填海堤和旋桥建成，1932年首架商用飞机在麦纳麦着陆，但因穆哈拉克岛更适合作为机场，也因此巴林机场设在穆哈拉克岛并使用到现在。1924年至1928年，随着麦纳麦海滨大道的修建，更多的土地被开发。在哈马德酋长的领导下，现代设施开始发展：1932年第一步电话开始使用、1938年第一座影院落成、1939年第一家报纸创办、1940年第一家电台运行、首家政府酒店于1939年至1942年间开业、1941年进行了首次人口普查，等等。

谢赫萨勒曼·本·哈马德·阿勒哈利法（H.M.Shaikh Salman Bin Hamad al Khalifa）生于1895年，是谢赫哈马德的长子，1940年被指定为继承人，1942年2月20日其父去世后成为巴林第12任酋长。谢赫萨勒曼执政前长期在巴林法院作担任律师工作。统治近20年，于1961年11月2日去世。谢赫萨勒曼执政期间为巴林的独立奠定了基础，发行具有巴林特色的邮票就是一个重要标志。政治方面，1955年4月，巴林成立劳工立法顾问委员会，成员由埃米尔直接任命。1956年3月，巴林成立了行政委员会，根据1957年修改的劳工立法和1959年法律，该委员会有批准建立劳工组织的权力。建设方面，

1949年，自来水管道铺进了麦纳麦市；新政府办公大楼在巴林湾建成；1952年，新的发电站在马霍兹建成；1957年又修建了萨勒马尼亚医院；当时还计划修建穆哈拉克新机场和修建深水港等。1952年，巴林政府与巴林石油公司达成新协议，并从中获益。

谢赫伊萨·本·萨勒曼·阿勒哈利法（H.M. Shaikh Isa Bin Salman al Khalifa）于1933年6月4日出生在麦纳麦，是谢赫萨勒曼的长子。1956年担任麦纳麦市长，1957年7月被立为王储。1961年11月2日其父去世之后成为巴林的第13任酋长。19世纪初，巴林沦为英国的保护国。20世纪60年代，英国在中东的势力逐渐衰退，当时的特鲁西尔7国试图邀请巴林、卡塔尔共同成立一个联邦国家。伊萨酋长对联邦宪法中的某些条款持不同意见，最终决定成立独立巴林国家。1971年8月15日巴林宣布独立，谢赫伊萨将巴林首脑的称谓由酋长改为埃米尔，成为巴林的开国君主。同年12月16日，伊萨埃米尔登基，这一天被定为巴林国庆日。1971年巴林加入联合国，1981年成为阿拉伯海湾合作委员会成员国。20世纪60年代开始，巴林政府对国内事务的控制范围日益扩大。1963年11月16日，巴林政府启动了第一次政府计划投资的社区发展项目；1964年7月，行政委员会颁布了"个人法"；1965年4月22日，埃米尔颁布了3个法令，形成公共安全法案，以维持国家紧急状态，之后又对此法案进行了补充。1975年7月，巴林通过全国劳工法，禁止劳工在国内罢工和集会。随后，埃米尔伊萨成立了人力资源委员会，为卫生、商业、教育、发展和工业部提供"中央社会项目"。1970年1月，巴林组成咨询性质的12人的国务委员会替代原有的行政委员会。1972年成立由30人组成的制宪议会，其中22人经选举产生。1973年成立国民议会，1975年被解散。国内的主要建设成就有：1977年麦纳麦至锡特拉之间的填海堤公路建成；1986年巴林与沙特间的填海桥通车；1985年建成哈马德城，等等，巴林的地形也随着填海拓地工程的增加而不断改变，使巴林的36个岛屿连接成一个有机整体。金融方面，巴林货币第纳尔于1965年开始使用，1973年成立巴林货币局，巴林银行业逐渐成熟。石油资源为巴林的经济发展带来了前所未有的机遇，但伊萨埃米尔在发展油气产业的同时，提倡和鼓励工业多元化，发展教育、打造金融中心等。伊萨埃米尔有5子6女。作为开国元勋，伊萨在民众中的认同度较高，目前在巴林的正式场所均挂有伊萨埃米尔的画像。

巴林现任国王谢赫哈马德·本·伊萨·阿勒哈利法陛下（H.M. Shaikh Hamad Bin Isa Al-Khalifa）系埃米尔伊萨之长子。1950年1月28日生于巴林北部里法城，1999年3月6日其父逝世后继位，成为巴林国第14代统治者，也是巴林独立后的第二任国家元首。1999年3月6日就任埃米尔后稳步推进政治和经济改革，制定《国家行动宪章》并于2001年2月举行公投。2002年2月14日，巴林颁布新宪法，更改国名为巴林王国，首脑称谓由埃米尔改为国王。同年10月举行议会选举，实行两院议会制度，放宽新闻自由，释放政治犯，允许反对派回国，重视就业本土化以解决失业问题。

哈利法家族世袭统治一览表

巴林酋长（1783~1971）

- 艾哈迈德·本·穆罕默德·本·阿勒哈利法（1783~1796）
  Ahmed Bin Mohammed Bin Al Khalifa
- 萨勒曼·本·艾哈迈德·阿勒哈利法（1796~1825）
  Salman Bin Ahmed Al Khalifa
- 阿卜杜拉·本·艾哈迈德·阿勒哈利法（1796~1843）
  Abdullah Bin Ahmed Al Khalifa
- 哈利法·本·萨勒曼·阿勒哈利法（1834~1842）
  Khalifa Bin Salman Al Khalifa
- 穆罕默德·本·哈利法·阿勒哈利法（1843~1868）
  Mohammed Bin Khalifa Al Khalifa
- 阿里·本·哈利法·阿勒哈利法（1868~1869）
  Ali Bin Khalifa Al Khalifa
- 穆罕默德·本·哈利法·阿勒哈利法（1869~1869）
  Mohammed Bin Khalifa Al Khalifa
- 穆罕默德·本·阿卜杜拉·阿勒哈利法（1869~1869）
  Mohammed Bin Abdullah Al Khalifa
- 伊萨·本·阿里·阿勒哈利法（1869~1932）
  Isa Bin Ali Al Khalifa
- 哈马德·本·伊萨·阿勒哈利法（1932~1942）
  Hamad Bin Isa Al Khalifa
- 萨勒曼·本·哈马德·阿勒哈利法（1942~1961）
  Salman Bin Hamad Al Khalifa

续 表

• 伊萨·本·萨勒曼·阿勒哈利法（1961~1971） Isa Bin Salman Al Khalifa
巴林埃米尔（1971~2002）
• 伊萨·本·萨勒曼·阿勒哈利法（1971~1999） Isa Bin Salman Al Khalifa • 哈马德·本·伊萨·阿勒哈利法（1999~2002） Hamad Bin Isa Al Khalifa
巴林国王（2002年至今）
• 哈马德·本·伊萨·阿勒哈利法（2002年至今） Hamad Bin Isa Al Khalifa

第二节　卡努家族为巴林第一大家族集团

卡努集团是海湾地区和巴林最大而又独立的家族式经营集团公司。公司由哈吉·尤素福·艾哈迈德·卡努于1890年在巴林创建。早期该家族的贸易和船运业务发展迅速，在巴林和本地区市场均占有举足轻重的地位。目前在本地区已发展成为多国家、多领域的知名集团公司。

卡努集团在阿拉伯历史上有着巨大影响，它在本地区的第一家阿拉伯船舶代理公司于1911年成立，现已发展成中东地区最大的区域船务代理公司。成立于1937年的卡努旅行社也是本地区的第一家旅游公司。1948年，它是本地区第一家在国际航空运输协会的列表中注册的公司。1950年，卡努集团是“海湾民航公司”（Gulf Aviation Company）的联合创始公司之一，1974年更名为海湾航空公司（Gulf Air）。1965年，卡努集团成为第一家私人机构率先在商务领域使用计算机系统，他们首台计算机的型号是NCR390。

卡努家族企业拥有100多年的历史，是巴林著名的世代商人家族。该家族在很久以前就与阿拉伯世界和南亚有着贸易往来。在开始汽车业贸易之前，卡努的名字就已经冠以“信誉”、“服务”、“可靠”等美名。卡努家族汽车行业的创始人易卜拉欣·哈利勒·卡努生于1920年。当时巴林岛上只有1辆汽车，由酋长家族使用。10年后，随着石油的开发和需求，尽管当时国际市场出现了巨大的萧条，但巴林的汽车数量还是增长了70倍。之后，第二次世界大战爆发，易卜拉欣·卡努本人成为了汽车进口商的领先者。1952年，易卜拉欣·卡努成立了自己的家族汽车公司，成为巴林汽车行业的先驱。该公司除提供丰田汽车和雷克萨斯汽车外，还提供Ziebart、Lluman、丰田机油等。1966年，卡努成为巴林丰田汽车、工业用车和相关配件的批发商。1970年至1980年，巴林以其石油、建筑和贸易业的迅速发展，进入了中东金融领域的中心地位。1974年，卡努公司顺应这一趋势，易卜拉欣的两个儿子，穆罕默德和福阿德继承父业，在该行业加大拓展业务力度，在巴林和本地区均获得巨大成功。他们自始至终向汽车客户提供从最基本的零件到购买一辆车的全部人性化的服务和维修。他们遵循其父亲易卜拉欣的从业准则，对公司业务进行高质量的管理，高标准的售后服务，投资培训人力，使客户满意。今天，卡努汽车公司已走过了50多年的辉煌历程，仍然是巴林汽车行业的先锋。在汽车贸易方面，它不断发展创新，年青一代的卡努人踏着父辈的足迹仍在努力奋斗。无论世界发生什么变化，卡努汽车公司对客户和员工的友善与尊重一如既往，使该集团在国内外享有崇高信誉，从容面对各种挑战。

卡努家族自上世纪60年代以来就广泛地在阿联酋和阿曼开展业务，以其良好的信誉和远见赢得广泛尊重，它在阿联酋设有11个办事处。卡努集团连续10年荣获质量大奖的殊荣，这也是本地区唯一一个获此奖项的家族企业。卡努集团目前已发展成为一个涵盖航运、旅游、机械制造、石油天然气、物流、电力和工业项目、展览服务、快递服务、后勤保障、特殊化工、零售和其他商业活动的综合性集团公司。此外，卡努集团还和多家知名跨国公司组建了合资公司，涉及保险、零售、船运等多个行业。

卡努家族为巴林经济建设发挥了巨大作用，数位重要成员在巴林重要领域担任要职，如金融业、工商业等。该家族捐款建成的一些工业区、居住区、医院、慈善机构、古兰经之家等，为促进巴林经济发展，保护巴林文化历史遗产，改善人民生活作出了贡献。卡努家族集团现任总裁是阿卜杜拉·卡努。

第三节　阿勒穆埃伊德家族企业成立70周年

2010年是巴林重要家族企业“尤素福·哈利勒·阿勒穆埃伊德父子公司”（Y.K.Almoayyed & Sans）成立70周年，为此该企业总裁法鲁克·尤素福·阿勒穆埃伊德出版了《70周年成就》一书，讲述了该家族企业从成立到现在的发展历程。

正如公司总裁法鲁克·阿勒穆埃伊德所说，该公司从1940年以简陋的“一人店”在麦纳麦起家，如今已经发展成为拥有5000多员工，成为300余家海外先进品牌和重要领域以及市场经贸活动的代理商，涉及车辆、建筑设备、房地产、证券交易、国内贸易、电子设备、家用电器、化妆品、医疗设备、建筑材料、家具、高档奢侈品等。该企业集团在巴林国内和国际上均享有崇高信誉，该公司的领导层在不断拓展公司业务的同时，也为丰富巴林多元经济作出了巨大贡献。

开创这一家族企业并使其在巴林树立地位的人就是现任总裁法鲁克·尤素福·阿勒穆埃伊德的父亲尤素福·哈利勒·阿勒穆埃伊德。尤素福1918年出生在一个大家庭中，兄弟姐妹中他排行第六。他在年仅6岁时便显露其经商的天分。他在从学校回家的路上，拿一些甜点和干果，以微薄的利润卖给一些朋友和家庭。他13岁便开始作起了英语家庭教师。年轻时代他开始同其父一起经商。其父亲是一个珍珠商人，从巴林到印度，他学习了经商技巧，与商人打交道，并开始做主出售贵重的珍珠。随着人工养殖珍珠业的发展，尤素福经营天然珍珠的产业遭到了冲击。因此他逐渐介入了其他商贸活动。1940年第二次世界大战开始，他用其父亲送给他作为礼物的约合200第纳尔的外币作为本钱，冒着风险成立了贸易公司，并用首次从印度收到寄购的货物：油漆、工具、电线、电缆、灯泡、咖啡、茶、檀香木等，开了一个小店，开始销售商品。

1946年，尤素福开始与活跃在巴林的商人和朋友的企业集团进行交往与经贸活动，被巴林企业家和国际同行公认为是在销售商品和售后服务等方面均享有盛誉的企业。当时有包括艾哈迈德、易卜拉欣·卡努、萨勒曼·尤希等人与尤素福一起乘坐皇家海军飞机前往伦敦。在这一旅行中，尤素福获得其第一批代理行资格，其中包括电力公司，随后他还将第一批电冰箱引进巴林。之后，尤素福开始了其赴沙特的销售旅程。从此，他的商贸业务蓬勃发展，繁荣稳定，并将其在巴林的货物向外出口。1952年，他将其商店搬进一座3层楼的新址，这时他已经成为41家著名企业的代理批发商。

但经营生涯并不总是一帆风顺的，1962年，他的全部库存商品在一次仓库大火中被烧毁。他承受着巨大的经济损失和精神上的折磨，决定重新再来，逐渐将他的企业恢复到了了原来的规模。之后，尤素福和他的兄弟阿卜杜拉·赫曼决定将他们家的旧居开发成麦纳麦的海岸线，这个区域就是现在的政府大道。一座9层楼的建筑作为办公大楼，成为当时巴林的最高建筑。1966年，这座新的“摩天大楼”被派上了用场。公司从巴林湾迁到这里，尤素福的办公室至今仍设在这里。尤素福的长子法鲁克是现在公司的总裁。当时只有22岁的法鲁克，从1966年开始就与父亲共同主持公司业务。法鲁克在大学里学习的是机械工程学，之后在巴林湾的店铺里作推销员，掌握了一些公司经营的程序与技巧，负责销售仓库里的商品，如工具、电气，后来又经销汽车等。在此期间，法鲁克与公司的所有员工一起接受了推销这些产品的培训与实践。尤素福虽然给予了法鲁克一定的独立自主权，但仍始终关注着公司财务、交易与发展，正如法鲁克所说，其父亲始终是公司商贸活动的脊梁和力量所在。

1996年，尤素福走完了他的人生历程，然而他的名字却永远地记录在许多慈善和公益活动中。“穆罕默德·尤素福·阿勒穆埃伊德吸毒和酗酒管教中心”就是由尤素福创建，他为吸毒者的戒毒康复作出了巨大贡献。该中心成立后始终履行着崇高的人道主义精神，尤素福和他的孩子们喜欢经商，但同时出于作为民族之子的使命感，经常会出现在慈善事业的前沿，为巴林社会的健康发展做出了杰出的贡献。在该公司成立70周年之际，法鲁克总裁向巴林卫生部捐赠了100万第纳尔，以扩建其父亲尤素福生前投资创建的萨勒曼尼亚医疗城的肾移植中心。法鲁克说："这家私营医疗城会为提高巴林的医疗水平发挥重要作用，这也是我父亲尤素福的愿望。我们作为他的子孙，要踏着他的足迹，使公司发展壮大，继续为巴林社会作贡献。"法鲁克·阿勒穆埃伊德本人长期在巴林金融业就职，2010年10月，当卡努家族的时任中央银行行长阿卜杜拉·阿里·卡努去世后，哈马德国王任命长期担任副行长的法鲁克·阿勒穆埃伊德为巴林国家中央银行行长。

阿勒穆埃伊德家族的另外一位知名人物是巴中友协会会长哈立德·阿勒穆埃伊德，他同时也是巴林企业家协会的会长、巴林美食家协会会长和协商会议的议员。从生意上来讲，哈立德·阿勒穆埃伊德已经与年长其两岁的法鲁克·阿勒穆埃伊德分道扬镳，但仍住在一起。据悉，穆埃伊德家族至今有500多人。根据巴林传统习俗，一个家族的人员一般都住在一起，就像我国农村一个姓氏的人员大都住在一个村里一样。哈立德主要与其兄弟姐妹们住在一个大院里。院内七栋房屋唯独有一栋房屋是哈立德父亲的，父亲去世后，这个房子就成为了一个周围亲友聚会的场所。阿拉伯人叫"麦基里斯"，也就是在一个固定的时间里，自由进入这个场合，大家在一起聊天谈事。穆埃伊德家族的"聊天日"是每星期二的晚上6:30。

哈立德家院内的每栋房子周围种满了花草树木，树木的种类很多，高大的榕树已经生长了数十年，甚至百年以上。院内的花草有专门的园丁打理，一年四季都会有鲜花盛开，绿树成荫。庭院内除了种植花草外，还安放了一些具有阿拉伯特色的

雕塑景观。窗下的平台上还摆放了休闲桌椅，供家人休息、饮茶、聊天享用。院内和门外宽敞的空地上，孩子们在追跑玩耍，大一点的孩子可以在院内骑自行车或玩单轮滑车等。哈立德夫妇有三个孩子，两个男孩，一个女孩。其中一个儿子和一个女儿已经结婚，他们分别有了三个子女，另外一个儿子也已订婚。在全家热情的邀请下，我们多次走进了哈立德的家。2010年4月23日，中央电视台在拍摄《走进巴林》节目时，还专门选择了哈立德的家庭进行拍摄。那天，哈立德只穿了一身阿拉伯传统白袍，头上没有带头巾和头箍。这是我们第一次看到他不戴头箍的装素。当记者询问他为何不戴头箍时，他先是风趣地说，我是让你们知道我有头发。然后告诉我们，因为这是一个家庭聚会，一般在家里他不戴头巾和头箍。哈立德的子孙们只有在周末时才来到哈立德家聚会，平时他们有各自的住房。当我们问到哈立德是否愿意让子女们经常来到家中团聚时，他幽默地回答，他们来的时候我高兴，他们走的时候我更高兴。哈立德的母亲与其夫人的母亲是亲姊妹，因此哈立德与其夫人是表兄妹的关系。在家族中，过去都是这样近亲联姻的。

哈立德夫人除了继承其父亲的产业，并担任董事长外，还肩负着管理家务的任务。家里虽然雇了佣人、厨师，但一家子里里外外的杂事还是需要夫人操心的。

哈立德家有两个公司。一个是哈立德和他的兄弟姐妹们这辈人继承了其父亲和祖父母留下来的公司产业，还有一个是哈立德与他的两个儿子经营的公司。他父亲留下的公司已经有120年的历史，几乎经营所有的项目：房地产、建材、钢材、电脑、摩托车、健身器材、旅行社等，他们在美国、欧洲、海湾国家都有自己的分公司或分店。他们或是为一些世界品牌作代理，或是开店销售。他们家的生意做得红火、顺利，两个儿子是他的左膀右臂。据哈立德介绍，在巴林有很多像他们这样的家族式公司和企业。

哈立德的别墅是一座两层小楼，一层基本上都是厅。原本两个大厅之间的天井花园也被他们改造成了室内休息厅。看得出，主人非常好客，家里经常有大型聚会。我们在哈立德家就结识了不少商业界和巴林议会人士。哈立德家的文化氛围十分浓厚。墙上挂满了各类欧式油画、阿拉伯特色作品、现代派绘画作品等。走廊、大厅的角落和沙发周围都摆放了各式花草。特别引人注目的是，哈立德家到处是中国瓷器。比如，墙上挂着的是青花瓷的半片葫芦状的中国瓷装饰，绿植的套盆是中国瓷的套盆，茶几上、供台上、墙角边摆放的几乎都是中国的景泰蓝花瓶、古画瓷花瓶、青花瓷瓶等。哈立德夫人还拿出一套他们在中国购买的青瓷茶具，做工也非常精美。此外，他们家还有中国玉雕、黄杨木雕等收藏。

为了使中央电视台拍摄的内容更加生活化和具有动感，哈立德的6个孙子、孙女聚集在一起，热情地为我们跳舞唱歌，表现了孩子们的纯真和热情。哈立德夫人还主动拿出他们家的两件巴林传统民族服装向我们展示并请我夫人试穿。阿拉伯传统服装宽大，质地轻薄，从头套上去，胳膊很随意地从宽大的袖口里伸了出来。值得一提的是，巴林传统服饰都镶有金边，做工精细，针脚细密，特别是在领子部分，金线缝制的边缘上，还有非常小的类似中国盘扣似的小圆纽扣。与服饰搭配的，还有金片制成的项链和耳坠，戴上去有点分量，可见货真价实。

哈立德家还有一个不大不小的健身房。里面有各种健身器械，还有一个壁球室。哈立德喜欢打壁球，他的健身方式除了跑步以外就是打壁球。就算是没有专门的运动，仅在穆埃伊德家族的院内，在花木丛中散步，就已经是非常好的锻炼了。哈立德酷爱驾车，他经常到法国旅游度假或做生意。他在法国尼斯有一幢别墅，每年夏季他都要和夫人到那里住上一段时间。

哈立德家庭是巴林家族家庭的一个缩影，透过这个家庭，我们多层面地了解了这个阶层的巴林人的生活和社会基本状况。

第九章　社会状况

第一节　巴林社会的基本状况

据巴林2010年的人口普查，目前全国人口为1234571人，其中巴林人口568399人，外籍人口666172人，较2008年的1106509常住人口增加了13万人。2008年比2007年的1039297人增加了7万多人；2007年又比2006年的960425人增加了近8万人，2006年又比2005年的888824人增加了近8万人。数字显示，巴林人口以每年7万人左右的速度增长。2001年巴林的总人口为650604人，较2010年人口相比增长了89.8%。

巴林社会有两大特点，一是统治国家的逊尼派仅占35%，什叶派占大多数；二是外籍人口占总人口的一半以上。巴林籍的人口结构又主要分为三个阶层：第一阶层是以哈利法家族为主的统治阶级和大家族的商业寡头；第二阶层是与哈利法家族结盟的普通阿拉伯部落与家族，政府官员、企业家、高管人员等；第三阶层主要为城乡普通职员、工人、工匠、技工、商人、农民等，第三阶层以什叶派居民为主，占据了大多数。外籍人口的少部分进入了巴林国家部门或企业的高管层，或在巴林积累了几十年的资产，有一定的社会地位；更多的外籍人士为本地人打工，或仅谋取了较低的职位。他们主要来自印度、巴基斯坦、孟加拉、伊朗、菲律宾和阿曼。

巴林本国人口为56.8万人，其中什叶派穆斯林约占65%以上，其余为逊尼派，是阿拉伯国家什叶派人口比例最高的国家，也是为数甚少的以少数逊尼派为统治者的国家之一。巴林的什叶派主要分为两类：一是本土的巴林人，约占50%；另一类是伊朗什叶派后裔，约占20%。本土什叶派穆斯林在巴林岛上生活可追溯至公元9世纪，而伊朗什叶派在20世纪前陆续进入巴林。以哈利法家族为首的逊尼派穆斯林自1782年开始统治巴林岛。之后，又有其他逊尼派穆斯林先后进入巴林，但什叶派穆斯林始终占多数。尽管如此，什叶派在巴林的政治地位和生活水平始终处于边缘和低下水平。虽然巴林在政治和民主改革方面进行了一些尝试，但国家的土地和石油等资源与财富始终集中在统治者手中，改革也是在确保哈利法家族统治者和逊尼派家族产业的绝对权威和利益的前提下进行。独立后，什叶派官员开始进入内阁、协商会议和众议院，但与其人口数量比例相差甚远，且只能在一些缺乏实权的部门任职。诸如外交、内政、石油、金融、国家安全与情报等国家的要害部门，均由哈利法家族等逊尼派官员掌管。什叶派居民在就业、任职、医疗、住房等经济生活方面都处于社会底层，因此较为贫困，形成巴林社会贫富差距较大的状况。政治权利和社会财富分配的严重不公问题成为巴林社会最大的不稳定因素。

巴林的贫困家庭是政府救助的重点。2002年7月，哈马德国王下令减免贫困家庭拖欠的水电费。政府拿出100万第纳尔用于社会救助，其中包括1999年底以来累计的拖欠款。此救助项目使8855个家庭受益。2005年，巴林的家庭救助资金预计为420万第纳尔，但实际需求是这一金额的两倍，为此，救助资金增至840万第纳尔。2007年，巴林政府出台了一项关于失业和就业补贴的决定草案。巴林政府决定为本国失业者在其谋职期间提供不同程度的月工资。按照计划政府每月提供给每位失业者原工资的60%。对于初次谋职的人员，如是大学毕业生，可以领取每月150第纳尔（约合398.9美元）的择业补贴，如属非大学毕业生，每月领取120第纳尔（约合319.1美元）的补贴。巴林的人均国民收入2005年为14735.12美元，2006年为16166.26美元，2007年为17555.17美元，2008年为19259.24美元。巴林虽然实施了国民免费医疗和学生免费接受教育的惠民政策，但由于巴林资源匮乏，资金相对短缺，需救助的贫困人口和家庭数量较大，导致建国之后30多年，与民生息息相关的就业、医疗和住房问题始终没有根本解决，很多什叶派贫困家庭仍然住在简陋拥挤的低矮民房中，各省的国立医院也是杯水车薪，致使众多患者就医难。目前，巴林政府开始意识到这个问题，除大力兴建一些基础设施外，主要投资建设“安居工程”和各省大型公立医院。同时调动私营医院和私营企业的资源，为政府解决住房、医疗和就业难的问题。

巴林的外籍人口占一半以上。20世纪80和90年代，巴林人口迅速增加，主要原因是来自南亚地区的外籍工人的大量涌入。1986年，人口增长率高达7.3%。1971年，来自南亚地区的移民占移民总数的三分之一，占雇佣人口的四分之一。1977年，印度、巴基斯坦和南亚其他国家的移民已占巴林移民人口的三分之二。此外，阿曼、伊朗、伊拉克和海外其他国家的移民也占较大份额。1981年，越来越多的泰国和菲律宾的劳工来到巴林，之后，英国人和美国人也进入巴林。1991年至2003年，巴林政府实行巴林化的经济发展战略，人口增长率降到3.1%。

巴林的外籍人口1965年占总人口的21%，1976年占24%，1981年占32%，主要原因是巴林就业容易，需要大量劳动力。2003年，巴林人口为68.9万人，62.1%是巴林籍，其余的大都是外籍人，占经济活动人口的57%。2004年底，巴林总人口为70.7万人，其中43.8万人为巴林籍，占总人口的62%；外籍人26.9万，占38%。2007年巴林总人口104.7万人，其中巴林籍52.9万人，外籍人51.7万，占36.3%。

外籍人从事的职业多样化，主要在巴林私有部门工作，从事制造业、建筑业和服务业工作，也有部分外籍人在巴林国有企业从事管理和技术性的工作。1971年，国有部门共雇佣3900名非巴林籍人，占工人总数的27%，10年后，增加至13100人，占38%。20世纪80年代初，这一数字开始下降。90年代初，海湾国家提出“劳动就业本地化”的口号。2007年，巴林和沙特还提出将外籍劳工的居住期限制在6年之内，但这一建议未能实施。主要原因是海湾国家对外籍劳工的依赖性太高，尤其是私营企业和家政服务，很难摆脱低工资的外籍劳工。直至今日，大量的外籍劳工从事着本地人不屑一顾的最累、最脏、最危险的工作。在巴林的各个行业，特别是建筑业、酒店服务业、家政等几乎都是外籍人的身影。那些本地人的有钱人家的厨师、园丁、保姆、清洁工、司机都是外籍人，据统计，仅私人雇用的外国女佣就达8.3万。

鉴于巴林社会贫富悬殊的状况，巴林很多家族的慈善机构，通过举办募捐活动帮助政府对贫困家庭进行救助。最大的慈善机构当属皇家慈善机构，这是在哈马德国王的关怀和帮助下于2001年7月14日成立的救助孤儿的专门机构，同年11月

4日，哈马德国王又颁令该机构增加救助弃儿项目。2007年11月27日，哈马德国王又颁令由其三子谢赫纳赛尔担任该机构的董事会主席。该机构的主要任务是资助被遗弃儿童和孤儿；关怀老年人和有特殊需要的群体；实施健康和教育的社会资助；帮助那些经济负担沉重的家庭。生活方面：每月向弃儿和孤儿提供生活费；节庆日向需要帮助的家庭提供资助；减免困难家庭相关费用。教育方面：提供校服和必要费用；提供高等学校的奖学金；向残疾学生提供助学金；增加个别辅导课程；私人机构奖学金等。社会关怀：夏令营、春季野营、选择理想母亲等。人文关怀：社会救助、结婚、医疗、疗养等。至此，该机构已经资助50名学生完成了他们在巴林大学的学业。250名孤儿得到资助后继续了学习。另外还帮助部分家庭进行旧房

可爱的巴林女孩

维修和改造，帮助弱势群体就业或培训等。除此之外，该机构还对其他国家的类似群体进行捐助，如巴勒斯坦、巴基斯坦等国的儿童和难民。另外，像卡努家族、阿勒穆埃伊德家族、卡西姆家族、吉瓦德家族等都对巴林的社会服务中心或慈善中心进行定期的资助。

第二节　劳务市场的改革与现状

2005年9月，巴林曾在萨勒曼王储的亲自主持下，召开了巴林劳务市场改革研讨会，提出了“建设更好而非廉价的巴林劳务市场”的号召，提出了改革劳务市场，迫使企业提薪升级，全面提升巴林劳务市场水平，促进巴林经济发展的方案。

巴林劳务市场改革方案建议，征收外籍人劳务费，实行外籍劳务人数配额制，限制整个经济运营中的外籍劳务人数。方案设置了两种限制外来劳务人数的机制：（一）成本机制。外籍人劳务费由两个部分组成。第一，雇主每领取一个两年期的劳务许可证，都要交纳1594美元的入境费或许可更新费。第二，雇主除负担外籍员工住宿、上下班交通、往返国际机票、工作许可和居住许可证件办理费、保险金、培训费等之外，每月必须付给一个外籍人199美元。入境和许可更新费将依照当年的国内生产总值增幅多少、失业率高低和工资水平进行相应的增减和调整。按原来的实际成本核算，使用一个低档技术水平的外籍人，雇主每月要付出292美元；按改革方案核算，使用同样一位外籍人，雇主将要付出611美元；雇佣同样水平巴林人的总体平均费用是584美元。（二）使用外籍人的配额上限机制。该机制用来限定一定时间段内允许在巴林就业的外籍人的总人数。这将有助于巴林控制对外籍劳务的依赖度，有利于巴林通过雇佣激励机制和工作准备政策为巴林人保留就业机会。

方案建议通过一系列的就业辅助办法，帮助巴林人在私人企业就业。（一）补贴雇主在巴林保险公司（GOSI）为低工资巴林人交付的捐助金。目前该补贴相当于低工资巴林人工资的10%。（二）给首次求职者或长期失业者工资补贴。（三）提供就业培训，保证巴林人的职业道德、工作态度和基本技能胜任私人企业主的要求。（四）设立职业中介机构，协助私人企业找到适合需要的巴林劳务，帮助巴林劳务找到适合自己的私人企业。（五）激励巴林劳务与私人企业主建立长期的劳资关系。

方案增加了外籍劳务选择或调换工作的机动性，将允许持有合法工作许可的外籍劳务改换雇主，更换工作。原来的规定不允许外籍劳务随便更换工作，使得外籍劳务比巴林劳务更容易与其雇主套在一起。相对外籍人，巴林劳务的工作选择比较自由，没有必要与雇主建立长期牢固的雇佣关系。如果外籍劳务有了同样的选择工作和雇主的权力，他们就失去了忠于雇主的相对优势。这不仅能提高巴林劳务的竞争力，同时也能改善外籍劳务受剥削的程度。

巴林将依照“国际劳动组织”（ILO）标准制订提高包括外籍人和巴林人在内的所有就业者的就业标准。不允许雇主以低廉的和巴林劳务不能接受和容忍的工作条件雇佣外籍劳务，进而减少外籍劳务对雇主的吸引力，保证巴林人在技能含量低的工作领域的权力。

在私人雇主方面，方案取消了企业用工巴林化指标，撤除了非巴林雇员的人数限制。允许私人雇主根据工作需要和雇员的能力在劳务市场上择优用人，不受国籍限制。他们可以根据工作需要择优选取最合适的员工。同时鼓励巴林劳务提高工作能力，积极竞争私人企业的工作。

取消巴林化用工指标，还有助于解决巴林劳务市场的黑工问题，即虚拟工人（雇主为了达到巴林化指标开列一个巴林籍雇员名单，实际上并不让他们上班）、虚拟公司（仅仅为了向用工巴林化指标高的行业引进外籍劳务和提供输入通道而成立的公司）等问题。

方案为所有雇员设立了一个清晰且可预见的工作程序。目的在于实现一种转变，即从按规定不管工作能力和表现优劣，顾主必须雇佣一定比例的巴林劳务，转向雇主有权依据自己的意愿和需要，雇佣或解雇其所用巴林籍和外籍劳务。

方案规定，从雇主那里收缴来的雇佣外籍人劳务费将用来建立劳务基金。待到方案全部实施的时候，估计基金的年收入能达到5.3亿美元。基金将独立于政府预算之外，不与政府预算混淆。基金将专用于巴林人的就业培训，为其交付保险金和工资补贴，资助失业巴林人的受雇补贴或在职培训，选择前景最好的战略性行业进行投资等。另有一小部分用于缓冲补贴，解除外籍劳工遭遇解职的担忧，鼓励他们主动拒绝黑市招工。

方案的实施时间安排2005~2007年为准备阶段，2007~2009年将分阶段试行。自2006年底起，巴林劳工部先后出台了一系列改革文件和规定，如政府机构雇佣外籍人员必须获得劳务监管局颁发的许可证；关于对非法劳工的大赦问题；关于受雇外籍劳工的健康体检问题；关于劳务监管局对外籍人员进行电子信息注册登记的规定；公布劳务监管局执法人员名单；关于对违反劳务市场规定或犯罪的惩罚措施；关于外籍人员放弃工作，违反工作签证规定的规定；关于雇佣外籍人员的有关规定；规定外籍人员有调动工作和更换雇主的权利的决定；有关外籍人员工作签证费用、月租费及退款等规定。

巴林与其他海湾国家一样，是一个外籍劳务人员较多的国家。尤其在巴林的私营企业，约四分之三的职位为外籍人所占，巴林每年国内生产总值的17.3%流向了对其出口劳务的国家。2005年以前，巴林的劳务市场的确较为混乱，私营企业以盈利为目的，大量雇佣游离在社会上的廉价外籍劳工，致使劳务黑市顽疾屡治不愈，非法劳工大量存在，严重影响巴林劳动力市场的管理和就业。

巴林目前有123万人口，外籍人占66万以上。据统计，劳务人员来自133个国家，亚洲国家占97%。其中印度籍占47%，约35万人之多，巴林籍占18%。大部分外籍人是在巴林繁衍生息多代的印度人、巴基斯坦人、孟加拉人和菲律宾人。另外还有一些从东南亚等国家来的临时打工人员。这些劳动者勤快、吃苦耐劳、服顺、廉价，并会讲一口很好的英语，与本地劳工形成很强的竞争优势。相对巴林籍的劳务人员，他们不愿在私营部门拿着低工资，干着苦力活，宁愿在家吃政府的失业补贴。因此形成了长期巴林籍劳务就业困难，高失业率和公民求职难的状况。据调查预测，如不实施改革措施，巴林的失业率将会更高，特别是年轻人群占的比例会增加。在外籍劳务低价竞争的背景下，巴林成为了一个工资逐年下降的国家。巴林人的月均工资由1990年的1116美元下降到2002年的935美元。在国家机关等行业，1992年到2002年的就业机会年增率是2%，达到36000人，其中巴林人已经占到90%，是巴林籍全部劳动人口的50%。再用替代外籍人的办法在公共部门

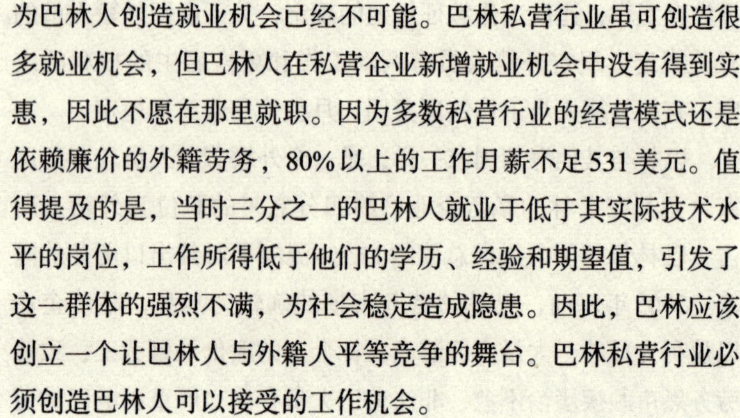

为巴林人创造就业机会已经不可能。巴林私营行业虽可创造很多就业机会，但巴林人在私营企业新增就业机会中没有得到实惠，因此不愿在那里就职。因为多数私营行业的经营模式还是依赖廉价的外籍劳务，80%以上的工作月薪不足531美元。值得提及的是，当时三分之一的巴林人就业于低于其实际技术水平的岗位，工作所得低于他们的学历、经验和期望值，引发了这一群体的强烈不满，为社会稳定造成隐患。因此，巴林应该创立一个让巴林人与外籍人平等竞争的舞台。巴林私营行业必须创造巴林人可以接受的工作机会。

鉴于这些年巴林政府不断出台了各项改革措施，上述情况正在出现微弱的改变。据巴林劳务市场监管局统计，截至2010年，巴林劳工总数为599349人，其中巴林籍人140640人，外籍人458709人。过去5年的统计数字是：2005年劳工总数为418172人，其中巴林籍122333人，外籍人295839人；2006年劳工总数为460265人，其中巴林籍129210人，外籍人331055人；2007年劳工总数为503784人，其中巴林籍130129人，外籍人373655人；2008年劳工总数为575798人，其中巴林籍140096人，外籍人435702人；2009年劳工总数为598491人，其中巴林籍136532人，外籍人461959人。就业增长比例，2010年底，巴林籍为3%，外籍人为-1%。2009年巴林籍为-3%，外籍人为6%；2008年底巴林籍为8%，外籍人为17%；2007年底巴林籍为1%，外籍人为13%。

2010年第四季度巴林为外籍劳务颁发了30929个新签证，其中25266属常规签证，141人为投资者签证，632为临时工作人员签证，4890人为家属签证。相比2009年第四季度的31681个签证有所减少。2010年第四季度更新签证有32090人，其中

24565人为常规劳工签证，166人为投资者签证，378人为临时劳工签证，6981为家属签证。比上年下降22.7%。2010年第四季度逾期签证18563个，其中16436人为常规劳工签证，13人为投资者，377人为临时劳工签证，1737为家属签证。经济部门常规劳工签证最多的是建筑行业，占35.6%，其次是批发和零售贸易，占19%，随后是制造业，占14.9%。

2009年第三季度在巴林的外籍劳务为370636人，其中在私营部门工作的365720人，政府部门工作的4916人；大部分外籍劳务在私营部门从事建筑、家佣等行业或企业的低级职员，少数为企业中、高级管理人员。2010年第四季度，外籍劳工调换工作的有3835人，这些人主要是结束了以前的工作或工作合同到期，占65.3%，比上年同期的70%有所减少。这些人主要来自建筑业、批发和零售业等。

2010年第四季度，巴林劳工的平均工资为每月440巴林第纳尔，比上年同期的438第纳尔有所增加。其中国营企业为578第纳尔，私营企业为322第纳尔。私营企业的年度工资增长率比国营企业略高，分别为1.6%和1.4%。

第三节　巴林医疗体制与现状

巴林独立前的医疗卫生事业十分落后，特别是在游牧民居住区和海边的渔民聚集区，居住和卫生条件很差，各种疾病蔓延，生存环境十分恶劣。老百姓缺医少药，城乡内外也没有正规的医疗诊所，民间只是利用类似中医疗法，如刮痧、草药等进行简单的治疗。独立后，巴林首届政府很快就把国民健康提到非常重要的发展计划之中，因此，卫生部提出“凡在巴林居住的居民均享有良好的综合性的医疗保障”的目标。该目标是通过建立一期、二期和三期的医疗机构网络，向全民提供完整的预防系统和强大的医疗服务。卫生部负责这一计划的实施，并与其他部委、私营机构和社会团体合作解决有关技术与财政方面的问题，使巴林居民实现就近保健的服务。1997年，这项服务的覆盖率已达到100%。

巴林国民同其他海湾国家一样，享有各种医疗、健康保健免费服务。政府对公民实行免费医疗制度，实施医疗补贴政策，病患只需花少量的钱建立一张医疗卡，缴纳挂号费，便可在政府的公立医院免费就医。私立医院医疗水平较高，就医环境较好，但价格昂贵。

建国初期，巴林的一期医疗网络系统的建立，使城镇居民的医疗水平进入一个新阶段。在妇幼保健医院建成后，一系列的医疗服务已经不仅包括产前与产后的保健，还包括计划生育、妇女产前定期检查、预产期咨询、胎儿与婴儿的检查与免疫、家庭走访、卫生教育与培训等。另外，巴林还建立了一些牙医诊所，包括治疗与牙齿保健等。各个卫生部门还增加了儿科、牙科、护理科、药房、化验室、透视室以及后来进入医院的心理咨询科，等等。1990年初，卫生医疗机构不断提高了对居民医疗服务质量与数量，根据常见病的发生，先后增加了糖尿病专科医院、老年病医院、精神病医院、妇产医院等，使巴林的全民保健标准在中东国家中处于领先地位。1997年，巴林儿童免疫率超过97%，消灭了霍乱、百日咳、破伤风、小儿麻痹症等疾病。卫生部通过给新生儿接种疫苗，消灭了乙型肝炎。妇幼保健计划的实施使婴儿的死亡率从1970~1975年间的55%降至1995年的19%。人均寿命从1975年的63.5岁上升至1995年的71.9岁。

巴林首都省麦纳麦市的萨勒马尼亚综合医疗中心是巴林建立最早的医院之一。最初建设于1957年，1959年第二阶段工程建成。20世纪70年代，该中心重建，于1978年正式使用。1984年，该中心成为海湾阿拉伯大学医学院的教学中心。1997年，该中心进一步扩建，病床增至1000张。中心设置门诊和住院部，有内科、外科、骨科、耳科、鼻科、喉科、眼科、口腔科、妇产科，另外还有专门治疗心血管疾病的诊所，有可以实施肾脏移植、骨髓移植等器官移植手术的医生与设备。为了提高该中心的治疗水平与质量，适应不断增长的患者需求，萨勒马尼亚医疗中心不断实施扩建工程。除增加病床外，其现代化的医疗设备有了突破性的改进，如透视设备、核磁共振设备、核医学设备以及世界上最为先进的辐射治疗仪器，为癌症患者与肿瘤患者提供有效服务。急诊与事故部的急救病床增加，使其成为海湾地区拥有较大急诊部的医院。2011年1月17日，巴林政府在萨勒马尼亚医疗中心注资250万巴林第纳尔，修建了一座4层楼，面积为3240平方米的血液中心，预计2012年完工，届时将可为14000余名患者医治血液遗传等各类疾病，所有贫血病和其他血液病患者均可在这里得到治疗，从而改变目前这些患者在医院急诊室长期等待治疗的状况。该中心就像一座小型医院，有急诊室，并设有男科、女科、儿童病房等，拥有90个床位。

巴林人虽然享有免费医疗制度，但各省公立医院和医疗中心规模相对较小，私立医院的费用是普通老百姓不能接受的。因此，随着巴林人口的增加以及外籍人口的不断进入，巴林最大的公立医院——萨勒马尼亚综合医疗中心目前已人满为患，基础设施和医疗设备的数量及规模也不能满足巴林人就医的需求，床位明显不足，一些患者因等待床位失去治疗机会。目前，只有首都省和穆哈拉克省拥有稍大型公立医院。为此，巴林政府计划在今后两年内分别在南部省、中部省和北部省建设三座大型公立医院，以满足各省病患的需求和减轻首都省萨勒马尼亚医疗中心的负担。在此基础上，还要建设一些专科医院，如癌症治疗中心、糖尿病和血液病治疗中心等。

据巴林卫生部2010年6月统计，巴林全国的医院共有23所，其中政府办的公立医院10所，私立医院13所。这些医疗机构遍布巴林5个省份：首都省的6个区内拥有11所医院，其中公立医院3所，私立医院8所；穆哈拉克省的4个区内拥有3所医院，其中公立医院2所，私立医院1所；北部省的5个区内拥有4所医院，其中公立医院2所，私立医院2所；中部省的5个区内拥有2所医院，公立和私立医院各1所；南部省的3个区内拥有3所医院，其中公立医院2所，私立医院1所。2009年，巴林医院共有医生2481名，其中公立医院1475名，私立医院1006名；牙医共352名，其中公立医院141名，私立医院211名；共有护士4918名，其中公立医院3708名，私立医院1210名；共有药剂师与技师672名，其中公立医院241名，私立医院431名；与医护相关人员共2360名，其中公立医院1436名，私立医院924名。2009年共接收住院病人104681人，其中在公立医院人数为75767人，私立医院为28914人；共接受门诊病人5607697人，其中公立医院诊治4642282人，私立医院965415人；公立和私立医院共拥有床位2086个，其中公立医院1702个，私立医院384个。2009年的预算费用，公立医院为22350万第纳尔，私立医院为9190万第纳尔。

目前巴林的主要公立医院有：萨勒马尼亚综合医疗中心、老年病医院、穆哈拉克妇产医院、精神病医院、巴林国防医院（皇家医疗服务中心）、军事医院、吉达夫妇产医院、西部地区妇产医院、锡特拉妇产医院、里法妇产医院等。私立医院主要有：巴林国家医院、美国医院、阿瓦利医院、伊本·阿勒纳菲医院、巴林专科医院、海湾牙科专科医院、诺尔专科医院、阿勒阿马勒医院、阿勒海拉勒医院、阿勒坎蒂专科医院、海湾糖尿病医院等。巴林目前有一系列的建设规划，除计划在南部省、北部省和中部省建设三座大型公立医院外，还正在和计划建设一些医疗度假村或疗养院，为更多患者的康复服务。

为了改善巴林的医疗状况，提高患者治疗的质量，使更多的医疗机构和资源能够很好地为患者服务，巴林卫生部充分发挥家族医院与私营医院的服务潜力，使其为社会服务。卡努家族是巴林最大的一个家族，其家族成员遍及海湾地区，产业也已经国际化。该家族为巴林的经济建设和社会发展与稳定发挥了巨大作用。在医疗方面，易卜拉欣·哈里勒·卡努医疗中心，应巴林卫生部的邀请，专门接受卫生部公立医院提供的需要进行治疗的患者。中心向患者提供高质量的医疗关怀，提供包括药物治疗、护理、康复和社会关怀等综合治疗，帮助政府完成一部分患者的后续治疗与康复服务。具体任务是：（一）为从公立医院转来的患者提供床位和关怀；（二）向患者提供综合性的治疗、护理和康复服务；（三）帮助患者家属和社会尽可能地在其离开医院后，在家中安全照顾患者；（四）安排好患者出院后的治疗计划；（五）协助做好公立医院和其他医疗机构以及家庭的后续关怀；（六）尽可能地利用院内一切资源，照顾好患者。该中心接受患者的条件是：（一）年满18岁以上的成年人;(二)接收从公立医院因床位缺乏转来的患者;(三)所接收患者的住院时间不得超过2个月;(四)因手术后或因医疗条件有限，不能继续在公立医院住院，但仍需特护的患者;(五)需要长期使用抗生素治疗的患者，但住院不能超过2个月;(六)仍需护理而公立医院无床位的患者，住院不得超过2个月，随后可交给社区;(七)手术后需要康复的患者，但需家属陪床;(八)可随时转院或有条件接受公立医院治疗的患者;(九)有社会保险或出院后很容易转入家中治疗的患者等。但对那些患有精神病、有暴力行为的患者，或有酗酒史、需要特殊医疗条件护理的患者，有自我伤害或有伤害他人危险的患者，该中心不能接收。类似卡努家族这样的很多私立医院目前都在帮助政府接收转院病人的后续治疗工作，医药费用由政府支付。

海湾人虽有良好的医疗条件和保障，但饮食习惯导致他们食用甜点较多，晚饭时间较晚，进食过剩，不爱运动等，使很多海湾人，包括巴林人体质虚胖，类似高血压、糖尿病等“富贵病”十分常见。据统计，巴林30%的人患有高血压，其中30%不知自己患病。35.9%为肥胖症。巴林的糖尿病患者比例占世界第四位，目前有五分之一以上的人口患有糖尿病。巴林婴儿在出生时患I型糖尿病人数较15年前翻了一番，现在的比例是10万分之20，1995年的比例是10万分之9。巴林政府目前已发出严重警示，建设专门糖尿病医院，医治糖尿病，改变人们生活习惯，降低糖尿病发病率。

2010年12月1日，在巴林国家艾滋病预防委员会的倡议和巴林卫生部以及红十字会的合作下，一座艾滋病治疗中心在南部省萨吉尔地区成立。仪式上通过图片和文字介绍了艾滋病的相关知识以及巴林艾滋病传播的现状与治疗情况等。在巴林，约1万人中就有1人感染艾滋病。据官方统计，2010年1月至9月期间，有48例新感染的病例。从1986年至今，有380人被感染，160人死亡。该诊所建立的目的是在巴林有效地进行艾滋病的预防、治疗和提高对艾滋病患者的关注。

2009年，巴林卫生部在谈到巴林医疗保健制度和经费的时候透露，巴林目前的医疗费用逐年急剧攀升，政府已经无力支付巴林国民以及常驻外籍人的免费医疗费用。卫生部一年的医疗保健费用预算仅1.7亿第纳尔，但实际费用已大大超出预算。每年的医疗费用已达5.53亿第纳尔，增加了3倍之多。这一惊人的高昂费用使巴林卫生部不可能继续向所有人提供免费的医疗保障，需要尽快找到一个解决问题的办法，以缓解政府医疗卫生费用方面的压力。为此，巴林卫生部提出了实施强制医疗保险制度的改革方案，患者缴纳医疗保险金，可抵消部分费用。这一方案已提交议会讨论并批准。该方案计划分两步走：首先要求外籍人强制实施医疗保险制度，随后再将巴林本地人也纳入这一改革进程之中。巴林预计今后每年的医疗费用由政府提供71%，私人投资24%，私人保险占5%。强调政府发挥主要作用，然后通过市场经济政策逐渐转移到私立机构增加投资份额。这一政策鼓励了私营企业对医疗的投资，使更多的私营合作者和某些行业的外籍人参与投资。国际医疗制度的经验证明，巴林必须要进行医疗改革以避风险，同时也有利于提高全民的医疗水平和保障。政府目前要求私立医院交出一个可提供哪些医疗服务和便利的明细单，其中包括价目表，供政府在考虑与私立医院合作时参考。

第四节 妇女社会地位在逐渐提升

传统的巴林妇女与其他海湾国家的妇女一样，大多数很少抛头露面，大部分时间是在家中管理家务，生儿育女，履行其做妻子和母亲的职责。即使外出，也是黑袍缠身，黑纱蒙面，外人很少能够看到她们的“庐山真面目”。走进巴林之后，我们在各种场合，惊讶地发现，越来越多的巴林妇女已经走出家门，包括王室和大家族的妇女，她们不仅思想开放，在官方机构或私营企业任职，甚至在着装上也发生着很大的变化。有些大家闺秀从年轻时代就走上了社会，很早就脱掉了黑袍，以现代时装出入社交场合。她们谈吐落落大方，气质非凡，一口流利的英语与外国人自如交流，令外国人很难相信这些居然是海湾国家的女子。

哈马德国王的夫人赛碧凯王后是巴林最高妇女委员会的主席，她虽然作为皇室第一夫人，却始终是巴林妇女和社会工作的先驱和领导者。身为王后，我们经常在报纸和电视、在妇女节大会上、在慈善机构、在社会中心、在新公园奠基或竣工典礼仪式上、在妇女和儿童活动中心、在女警察毕业式上、在妇联举办的手工艺展览会等场合看到她的身影。在她的倡议下，自2008年起，巴林妇女将每年的12月1日定为“巴林妇女节”，巴林妇女开始有了属于自己的节日。2010年12月1日，巴林最高妇女委员会召开会议，纪念巴林妇女节，并受到了哈马德国王的接见。值此妇女节之际，赛碧凯王后向长期在妇女工作中发挥重大作用的志愿者们授奖，以表彰她们对妇女工作以及为促进巴林经济和社会进步与发展做出的努力和贡献。

巴林的妇女组织起源于巴林青年妇女协会，这是巴林首家妇女协会，成立于1955年，至今已有55年的历史。赛碧凯王后在仪式上说："庆祝妇女节是为了纪念这个重大的事件，特别表彰55年来工作在妇女战线的志愿者。国家的繁荣就是妇女工作的目标，老一代妇女工作者为之奋斗了半个世纪，她们应将这一工作传承给她们的女儿，鼓励新一代妇女工作者要继承老一代人的事业，继续为巴林王国的发展作贡献。"赛碧凯王后强调，第一位妇女工作者就是老埃米尔伊萨的夫人埃萨，她是妇女工作志愿者的先锋，今日的年轻志愿者要追随她的足迹，为全国的妇女服务，为所有的家庭服务，为全社会服务，为国家的发展与进步服务。赛碧凯王后还为已经战斗在妇女工作一线的15岁至35岁的年轻志愿者颁奖。在此之际，全国妇女最高委员会还与Ebdaa银行合作，向妇女发展计划提供100万第纳尔的救助资金，用于扶持妇女小型企业的发展与壮大。该计划将使400名巴林中小型女企业家获得200至5000第纳尔的资金，用于建立新的公司或扩建现有企业。银行不仅向她们提供资金，还负责指导她们如何合理有效地使用，并为其他企业树立样板。

自巴林独立以来，妇女的社会地位逐步提升。她们积极参与国家的政治改革、社会进步、文化发展、慈善事业、经济建设等方面的活动。她们当中在政府内阁中任职的有文化大臣谢赫梅、社会发展大臣法蒂玛；在协商会议中，40名议员中有10名为女性议员，在众议院中也有不少女性议员的身影。她们参政议政，积极为国家发展献计献策，从女性、家庭和社会的角度提出自己的看法。女企业家协会是巴林女性商人的组织，在国家的扶持下，她们的企业发展迅速，成为国家经济建设不可或缺的力量。在一些特殊机构，如医院、幼儿园、学校、手工艺中心、慈善机构等，女性职员更是占有很高的比例。一些受过高等教育或在西方留学回国任职的女性，在巴林甚至进入了高级管理人员的行列。我们在金融机构、国家重要企业里都会看到她们的存在和作用。

活跃在政界的巴林女性

巴林的社会中心是巴林妇女委员会下属的组织，是巴林妇女的基层机构。巴林目前有9家社会服务中心，伊本·卡勒顿社会发展中心是巴林首家社会中心，距今已有33年的历史。该中心位于穆哈拉克省的阿拉德区，巴林的社会发展部为此做出了巨大努力和支持。赛碧凯王后号召全社会支持社会中心的工作，33年的实践证明，该中心的建设为巴林社会作出巨大贡献，具有重大历史意义。通过各省的社会中心，社会可以持续不断地帮助困难家庭解决生活问题和就业问题，不断地为弱势和困难群体提供各类服务。今后巴林还计划建立更多的社会中心，吸纳更多的人员加入到中心工作。2010年下半年，一家新的社会中心在巴林南部省建立，赛碧凯王后出席了成立仪式。

巴林社会发展部下属的一个机构叫“安全之家”，专门维护妇女权益，保护和救助遭受家庭和社会暴力的妇女。该机构的任务是向巴林城乡妇女在遭受暴力和虐待时提供社会救济，调解家庭纠纷，使其重新回到家庭。该机构与各类官方、国家或私人机构联手共同通过公平公正和法律手段，保护受害妇女，同时向这类妇女提供生存、福利、医疗、心理以及娱乐等条件与服务。“安全之家”所提供的社会救济包括：长期救助，主要是那些不可能返回家庭，生存面临危险，需长期在“安全之家”内生活的妇女，机构要帮助她们逐渐创造独立生活的条件和能力；临时救助，是指一些妇女短期住在“安全之家”内，直至解决问题后返回其家庭；间断救助，是指一些妇女往返于“安全之家”与其家庭之间，问题解决了，一段时间后又有反复的情况；家庭救助，是指那些返回家庭，但需要救助的群体。该机构救助的范围有：社会救济、医疗救治、心理辅导、教育资助、生活和个人卫生救助等。

巴林有一种非常特殊的出租车队，这就是专门为女性服务的出租车。这种车与其他出租车辆的外形有所不同，相当于小型吉普车，被称之为“特别伦敦出租车”。车身高，车内空间大，方便身着黑袍的女士上车。更重要的是车内乘客与司机之间有一道防护栏，让乘车的女士有一种安全感。车辆的颜色是白色的，但车顶与车门却是黑白相间的格子图案，在大街上行驶，非常醒目。该汽车公司的名字是“阿拉比亚”出租汽车公司，目前在巴林有200辆出租车，有望今后增加至300至700辆。该公司已经为社会提供了170个就业机会，特别是为女司机提供了就业机会。此种出租车24小时服务，司机的月薪为

400~700巴林第纳尔，有的还可达1000第纳尔。

巴林的妇女和儿童救助中心也是一个非常活跃的民间慈善机构，由哈利法首相夫人亲自关怀和主办。该机构终年通过组织慈善活动，救助那些需要帮助的妇女和家庭。该机构每年都要组织一次由各国驻巴使节夫人参加的义卖活动，将所获资金用于赞助那些需要帮助的妇女和儿童以及他们的家庭。

第五节　居民住房条件正在加速改善

根据2010年4月27日巴林第九次全国人口普查结果统计，巴林目前有123万人口，现有各种建筑192464座，比2001年人口普查时的105603座增加了82.3%。私人别墅91469座，出租别墅10824座，花园别墅7365座，传统民居8058座，商店45940座，其他建筑1626座。中部省和北部省占建筑总数的52.6%，居其他3省之上。除王室成员和大家族外，改善大部分居民的住房条件仍是迫在眉睫和任重而道远的问题。巴林政府为解决大部分居民的住房问题，在国家独立后，特别是进入21世纪之后，已经和正在兴建着大批民用住房，已经和正在解决着相当一部分居民的住房困难问题。在等待政府提供的住房期间，巴林人享有政府的住房补贴，这对于资金短缺且又正在飞速发展的巴林王国来说，是一个不小的负担。

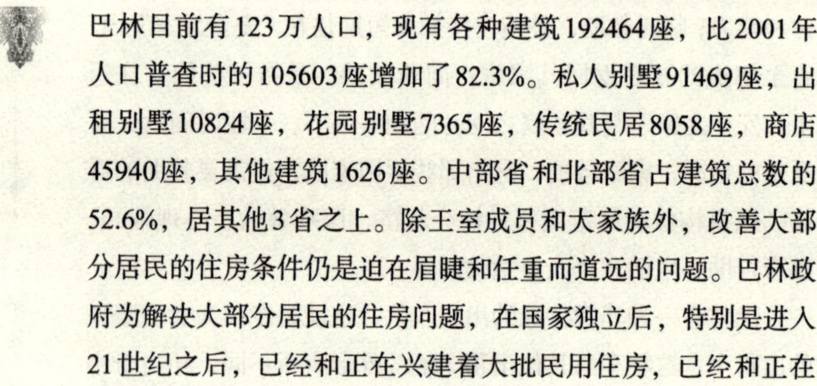

2002年2月，巴林政府获得具有深远意义的投资1.7亿第纳尔的政府住房项目的特许权。该项目共有30174拆迁户受益。其中6104户巴林家庭获得第一批政府住房的房产证，其中3847户立即获得。政府还增加12155309第纳尔的资金用于该项目的建设。另外2257户除去免除贷款金额外，还免除所支付的总共6246775第纳尔的其余款。另外9903户的政府住房的一半费用总共42397620第纳尔也被免除。14167户贷款的一半金额总共110543491第纳尔也被减去。60%以上的巴林人被列入享有政府住房计划系统，其中包括22000套单元住房，20000套分配的建筑用地和超过3亿第纳尔的贷款拨款。

2004年2月，穆哈拉克省启动建设1000套住房的项目，这是哈马德国王两年前访问穆哈拉克省时宣布的，注资3000万第纳尔。2005年，巴林政府计划兴建6个住宅区，现大部分已经建成。2006年，在穆哈拉克省的哈德地区由私营企业投资3亿第纳尔建设一个住宅城，城内包括政府机构、私人住宅和一个五星级酒店。

2006年，经哈利法首相批准，等待分配政府住房的巴林人每月可以享有100第纳尔的住房补贴。居民在其递交了住房申请后均有资格享有5年的住房补贴。当时在住房部的注册名单中就已经有4万人在等待名单中。为此，政府又将原计划增加了一倍的补贴预算。这在巴林历史上是前所未有的一笔最大且最重要的住房投资。

2010年10月，扎耶德城一期工程完工，哈利法首相和萨勒曼王储出席竣工仪式。该城由阿联酋阿布扎比发展基金会赞助，由阿联酋总统谢赫扎耶德捐助，该项目总共注资800万第纳尔，273套住房。另有一个公园和一个儿童游乐场。阿联酋海港总署署长谢赫赛义德和扎耶德城委员会主席谢赫萨勒曼也出席了庆典仪式。该项目根据巴林传统住房需求，均为3~4室的2层小楼。小区别墅区内种满花草，一般15~20个别墅为一个小区。小区中央修建了一座18米高的方尖碑，就像一座巨大的日晷。

2010年，巴林为落实安居工程，在全国5个省份投资约2.38亿美元，开工兴建了2430套普通别墅。巴林住房部将如上工程分17次招标先后授予了巴林公司。同期，巴林还投资1.13亿美元建设24座居民楼，分两次招标授予当地公司。

2011年2月9日，哈马德国王颁令在锡特拉东部和哈德东部分别建设两个住宅区。这2个项目将包括11600套单元房及服务设施，可以解决2万个家庭的住房问题。近期将有5618栋单元楼完工，正待分配。同时计划在2013年前再完成8414栋单元楼的建设。同时，国王颁令加快改善居民住房，立即在众多城市启动建设居民住宅楼，计划在5年内解决所有居民的住房问题。此外，巴林政府还向公民提供住房优惠贷款和向贫困家庭提供廉价房，普通家庭的住房面积在200平方米左右，巴林住房部负责政策性住房的规划和建设。为加速推进巴林安居工程并适当节省开支，巴方正积极探讨与中国等国家合作兴建环保节能住房的可能性。

近年来，巴林政府为疏散麦纳麦城市人口过于聚集，导致生活设施、交通、电气供给、生活用水以及污水和垃圾的处理均构成重大问题的现状，正在和已经在其他人口较少地区或通过填海拓地工程建设新型城市的办法，逐渐在今后的十几年内将巴林人口合理疏散到各个省市，同时在建设首都麦纳麦的同时，加快对其他省市的基础设施建设，人为地创造更多的方便居民生存的环境。

在巴林岛最南端的杜哈地区（Durrat Al Bahrain）海滨的被称为“巴林海上圣地”的一项填海工程就是突出的一例。该项目面积达20平方公里，内含13个人工岛屿，以一个新月形的岛屿为中心，5个鱼形岛屿在周围依序环绕，最外层还有

6个马蹄形珊瑚岛。鱼形岛屿拥有52~90幢带私人停车位的别墅，环形珊瑚岛由172幢别墅和1.5公里长的海滩组成。该住宅区的中心部分的新月形岛屿以公共设施为主，有学校、清真寺、市政机构、购物商店、餐厅、咖啡馆等休闲设施。该区内有2000座独栋别墅、3000余座公寓，可供月3万居民在此生活。还有一座旅游中心酒店，内有300~600个五星级客房及配套设施，每日可接待2000名观光客。在这一群岛的北面计划建设一个占地5000平方米以上的18洞高尔夫球场，周围建设258套度假别墅。最北面还有一个能停靠400艘游艇的游艇俱乐部码头。“杜哈”房地产项目供注资12亿美元，于2009年完工。花瓣型岛屿和弧形岛屿都是独栋海景别墅，在此每一户均享有私人沙滩或停泊船只的小码头。

比杜哈住宅区更为庞大的是另外一个建设在穆哈拉克省南端的命名为“蒂亚尔·阿勒穆哈拉克城”（Diyar Al Muharraq）的房地产项目。这个项目也是一大片填海工程，是一个建有3万座房屋的建筑群，可供12万人在那里生活，成为本地区最大的新型现代化城市。该城有充足日照的白色沙滩海岸和一条40多公里长的海滨，是一个集生活和娱乐为一体的城市。该区域有一定数量的学校、医疗中心、体育设施、商务服务机构，如商城、展览中心、银行、星级酒店等。这是巴林最大的一个私人投资项目，无论在生活设施和周边环境均更加人性化和适合人类生存，该城将很好地解决自给自足的生活所需，包括饮用水、电气、购物、交通系统等，无需到其他城市远途采购，体现了城市建设的新理念。此外，这一项目虽然占据了当地渔民捕鱼的海滨，但却建设有为当地渔民服务的现代捕鱼设施，如提供190条中等渔船和60条大型渔船，以及汽油、柴油加油站、供水车等。这一创意是2009年第二届海滨城市会议时推介并认可的。

第六节　绿地与环保给人带来健康享受

巴林虽然是个岛国，四面环海，但陆地部分与其他海湾国家一样，被茫茫的沙漠覆盖。巴林发现石油并以其发展经济，改善人民生活，但在很长一段时间，仍然只能利用有限的资源和资金进行基础设施和人民居家的建设。巴林给人们的印象是一片黄色，在没有建筑物的地方，随处可见的是荒沙黄土，绿色植物少得可怜，很多主要道路的两旁没有花坛，没有草坪，炎热的夏天使人感到更加干燥，缺乏生机与活力。

巴林的环境绿化和城市美化也就是最近十年的事情。巴林政府投资修建花园，要求国家企业和私营企业在建设办公楼的同时，美化周围环境；号召民众在春季或雨季植树种花种草，美化庭院。现在，我们很容易看到政府或企业建设的酒店、写字楼、公寓群、住宅区等周围均有大面积的绿地，在新开发的填海拓地工程内，更是有较大比例的绿地和花草。巴林政府利用市政或企业投资建设了一个又一个花园，种植了大量树木，铺设了大片草坪。在巴林居民家庭的院内，也会看到茂盛的树木与花草在不断美化着居民住宅和周围环境。据巴方2010年统计，全国共有绿地面积6121.63公顷。

2007年，在投资200万第纳尔重新修建后，阿勒安达鲁斯公园再次向公众开放，赛碧凯王后为公园剪彩。新公园占地2.7公顷，园内除大片绿地花草外，还有三座两层楼的建筑。一座用于儿童娱乐中心，另有一个健身房、一个咖啡厅和一个餐厅。另一座为休闲区，坐在楼内客厅的窗前，可观赏园内绿地风景。2009年，在巴林最高青年体育委员会的推动下，谢赫哈利法体育城在伊萨城建成，耗资920万第纳尔，成为巴林本年度最为杰出的一项工程。

在麦纳麦锡特拉区的巴林石油天然气公司的区域内，我们游览了一个企业投资的公园。鉴于这个公园的建设始终在巴林王国赛碧凯王后的关怀和支持下完成，因此命名为“赛碧凯公园”。公园于2010年6月16日正式开放，赛碧凯王后为其揭幕。这个公园完全是人造公园，占地面积4.6万平方米。园内种植了品种繁多的树木和花草，除用彩砖铺设的人行道路外，其余大部分土地全部被茂盛葱绿的植物和草坪所覆盖。园内还搭建了一座浮桥，桥下是涓涓流水，清澈透底的蓝色海水给人以非常清凉的感觉，池水的两岸和水中还摆放了一些鹅卵石，显得干净明亮。白色的浮桥，蓝色的河水，淡红色的鹅卵石，还有岸两边绿色的植物和五颜六色的鲜花，使长期生活在干燥的沙漠和炎热的夏季之中的人们身心得到了放松和享受。花园内搭建了一个硕大的敞开式帐篷，这是能容纳500人的半露天剧场，在这里可以举办一些小型音乐会，文化表演等。园内还有两个儿童游乐场，一个是供2~5岁儿童娱乐的场所，另一个是适合6~12岁孩子玩耍的游戏设施。园内还有为成年人设置的健身器械，可供人们晨练或周末健身之用。此外，这里还建有咖啡厅、图书馆等休闲设施。散步之余，我们还看到一个很别致的鸽子窝，它就像一个路灯形状，几个分叉上安装的不是巨大灯泡，而是一个一个的鸽子窝。这一特别的设备吸引了上百只鸽子在这里安居。这一微型企业公园虽然不大，但的确为到处都是石油天然气厂房、炼油厂和钻井架的锡特拉地区增添了不少绿色与生机，它就像一个氧吧，净化了周围的空气，降低了周围的温度，给附近的人们创造了一个休闲轻松的环境。

在穆哈克岛的阿拉德地区，也就是在阿拉德古堡和国际机场旁边，我们也看到了一个非常适合人们休闲锻炼的公园。这个公园是一个开放式公园，与穆哈拉克岛中的海湾水域相连，风景十分优美。公园内建有各类供游人休息的凉亭、餐馆、咖啡厅、儿童游乐场等。这个公园的特色是围绕海湾修建的3.2公里长的栈道，专门供锻炼的人群散步而建。因此，每天清晨和傍晚都有众多健身爱好者围绕海湾散步锻炼。这个公园已经不仅属于穆哈拉克岛的居民，很多麦纳麦首都省，甚至其他省份的人们也经常驱车而来，围绕海湾栈道健身。

哈马德国王及王后宫寝所所在地的里法区是巴林建设最早的一个花园城市。王室投入巨资使这里森林茂密，每条街道、每个交通环岛都被品种繁多的花草覆盖。特别是我们曾进入过的王宫、王室成员的海边庄园、别墅等，更是如同野生植物园一般，幅员广阔，树木成行，海滩洁净，景色美丽，空气新鲜。一排排的防浪堤将海域划分成一个个私人港湾，风平浪静的海湾，碧净透底的海水，数艘豪华私人游艇整齐地停靠在岸边，优越的生活环境使人心旷神怡。在麦纳麦市区内，也有一些大户人家，特别是一些大家族的宅院内，房前屋后都种满了树木和花草，有些树木已有几十年，甚至上百年的树龄，家庭的绿化小环境已经达到了相当好的水平。

生存环境最好的省份当属穆哈拉克省了。由于巴林国际机场的建设，使穆哈拉克省很早就与国际接轨，很早就开始进行城市建设和绿化美化环境。因此，这里很容易看到路边的草坪和树木，看到海边和街心的公园，看到交通环岛中央的植物或泉水雕塑。特别是建设得非常完美的海湾水域的岸边都被绿色植物装点，到处可见人们休闲娱乐的场所。迪尔蒙尼亚健康旅游项目位于穆哈拉克岛东北部海滨，是一片填海拓地工程，占地约125公顷。该项目的主要规划是要在这一人工岛上建设一个迪尔蒙尼亚医疗城。该医疗城设有诊断中心、营养和糖尿病中心、美容中心、妇女和儿童医院、运动医学治疗和康复中心等。该城建筑面积占整个项目的20%，是一个集医疗、住宅、休闲和商务为一体的综合城。它与其他人工岛项目不同的是要创造一个医疗保健、轻松便利的健康旅游氛围。该岛屿的中心是一条大水渠，生活区域便修建在这里。游客可以在这里购买食品、饮料及零售商品。这条水路的两侧还建有三座五星级酒店、一座四星级酒店和一个拥有不同档次的住宅公寓的商务楼。水渠直通岛屿北面的海滨边缘，那里有一大片住宅区，其中包括34栋私人别墅，这是迪尔蒙尼亚人工岛项目的精髓所在。酒店和别墅周围均拥有大片绿地公园，向游客和前来求医、疗养的人们提供了一个舒适、安静、美丽的海滨环境。目前，该项目的填海工程和防护石堰工程已经于2009年完成。项目基础设施于2011年初开始建设，试图利用巴林海滨自然魅力的风景和地理位置，将医疗保健与旅游观光结合在一起，旨在促进和提高巴林和世界各地人民的健康水平，为游客创造一个宽松、有益于健康的旅游环境。

巴林政府非常重视绿化的标志之一还表现在举办一年一度的“园艺节”。赛碧凯王后热爱园林，热爱花草，重视植树绿化，重视改善巴林的环境，为此作出了很多努力。除修建公园外，巴林每年举办的“园艺节”吸引了国内外园艺专家和商家来巴林进行这方面的交流与合作。各国的园艺师都带着植物、花草、种子等参展，有的国家不仅布置了展台，而且还在展厅中装扮了花园实景，推介本国的园艺。通过办展，巴林政府和民间均受益匪浅。很多老百姓在展会上采购植物花草，种在自己的院内，政府、企业在展会上成交的合同也逐渐增加，大大促进了巴林绿化工程的发展，改善了巴林城市的环境和居住条件。园艺节中，巴林还举办居民庭院园艺比赛评奖活动，鼓励家庭种植更多的树木与花草，改善小环境，使绿化形成大气候。为加快绿化进程和花树多元化，2010年巴林派农业专家前往中国福建省，采购了72种近千棵树，种植在巴林最高妇女委员会总部门口的花园内，作为巴林本国和海湾国家推广绿化的前期准备。

为了使更多的居民享受绿地和大自然的风光，为巴林人民

园艺博览会一角

和外国居民创造更多的休闲和娱乐场所，麦纳麦市政府2011年4月宣布，计划在今后的6个月至2年的时间内，注资300万第纳尔在首都麦纳麦的十个区域分别兴建10座规模不等的公园和1条步行大道，整体面积达到42749.7平方米。此外，还要应各省居民的要求，在一些老居民区和印巴人聚集区，如哈马德城、伊萨城等建设一些绿地和公园，改善居民的生存环境。随着一些海滨改造工程的建设和完工，特别是一些新型填海项目的建成，绿地面积比例将成为项目的制定标准，巴林居民的生活环境将会逐渐得到改善，休闲娱乐和度假旅游场所将会遍布巴林各省。

第十章 教育和体育

第一节 巴林的教育体制与改革

20世纪初，巴林人接受教育的唯一方式就是吟诵《古兰经》，学校被称为"穆阿里姆"，也就是老师的意思。吟诵目的是让学生们了解阿拉伯伊斯兰文化，学习和朗诵伊斯兰教的神圣经书《古兰经》，从而虔诚地信奉伊斯兰教。因此，一些年长者，包括哈马德国王在内都曾经历过这样的教育，他们热爱阿拉伯文化，喜爱吟诵诗歌。至今，每逢重要节日或庆典，都要安排一些孩子们在王宫、舞台、街头朗诵富有表情并且带着动作的赞美诗，哈马德国王总是津津乐道地认真聆听和观看孩子们的表演。1919年，在穆哈拉克岛上建立了巴林第一所男子正规学校"河达稚男生学校"。1928年，麦纳麦又建立了第二所男子学校和第一所女子学校，巴林也成为了海湾地区第一个拥有女子学校的国家。

二战后，作为英国的保护国，巴林受到西方文艺复兴的影响，国家政治和社会均发生了深刻变化，出现了教育制度改革的需求，改变原来的课程和教育目标及朗诵古兰经的传统教学成为了当务之急。巴林统治者意识到教育是一个国家和民族崛起的重要标志之一，认为每个公民都有受教育的权利，也是实现国家发展与进步的必要条件。巴林建国以后便开始大量修建学校，追求教育内容的拓展、教育体制的改革和基础教育的普及。1986年，巴林大学建立，使众多巴林学生有机会进入高等学府。许多王室成员和富裕家族还将子女送到美国、英国等发达国家接受高等教育。

巴林实施的是12年一贯制的中等教育制度，虽然不是义务教育，但适龄学生大都到公立学校或私立学校登记，残疾人可入特殊学校。巴林的教育学制是6、3、3的固定模式，即6年初级教育，3年中级教育，3年高级教育。初级教育之前，学龄前儿童可进入幼儿园，托儿所的孩子为0~3岁，幼儿园的孩子为3~6岁。巴林重视小学教育的发展，力争实现教育的全面发展。6年初级教育相当于小学教育，1~3年级实行班主任制度，4~6年级实行辅导员教师制度。前三年的小学教育应用“课堂教师”方法，同一个教室讲授除英语、设计与技术、体育和音乐以外的全部课程。后三年为“科目教师”，每个科目都由专门教师来教。巴林实行男女分校，包括学校的教师、管理员、员工和学生都是同一性别。中级教育相当于初中，是个承上启下的教育阶段，十分重要。学生年龄为12~14岁，学习年限为三年。参加本阶段教育的学生必须通过小学阶段的学习或者获得相当的证书。巴林教育部出版的《综合课程文件》中，为初中制定的必修科目是：伊斯兰教育、阿拉伯语、英语、数学、科学与技术、社会科学和体育。技术方面的课程为选修课程，包括美术、歌曲和音乐、土木技术、电脑技术、农业技术。初中学生要通过两个阶段的考试，期中考试和期末考试，50分为及格分，满分为100分。如果学生没有通过期末考试，按照教育部的相关规定，该学生可再考一次。暑期中很多学校会安排课时为这些学生补课。3年的高级教育相当于高中，学生必须拿到初中阶段的证书或达到同等水平。高中教育实行学分制，学生有多种可选修的科目与课程，可按照毕业后的发展方向来制定自己的学习计划。选修的课程有：理科、文学、商业、技术、印刷广告、纺织与服装等。理科、文学、商业、纺织与服装科目各需156学分，技术科目需210学分。学分总数分为4个课程组：核心课程，以多样性和综合性为特征，确保学生获得最低限度的知识；专业课程，指学生必须学习的专业课程，理科、文科、商业、纺织、技术等。选修专业课程为不同科目方向的学生自选的相关专业课程。另外还有选修课程，主要是为丰富学生的知识、兴趣和爱好，也占总学分的一定比例。毕业后，学生可拿到“普通高中毕业证书”。

学年是在九月的最后一个星期开始的，下一年的六月结束。一学年由36个星期组成。分两个学期，每个学期15个星

巴林小学生上课

期加上2个星期为考试期。每年大约有两个星期的时间为学年的中假期，相当于寒假。公立学校的教学日为5天，早上7:30开始，下午1:30结束。高中的日常课程为6个课时组成，每节课50分钟。

巴林的教育体制为全民免费教育体制，包括学费、交通费、书本费、校服以及一日三餐均由政府负担。但由于城乡差别较大，农村教学设施相对简陋，在发展公立学校的同时，巴林政府也鼓励与私营企业合作，共同投资办学。一些外国学校，如美国学校、英国学校、印度学校等也为在巴林常驻、谋职或打工的外籍人的子女提供了上学的机会。

按照巴林教育部相关规定，宗教教育在专门学校进行，其培养教育对象主体是具有适当伊斯兰教背景的男子。学年和入学条件等与普通学校相仿。学生毕业后，可拿到普通高中毕业证书（宗教学科）。为了促进宗教教育发展，巴林教育部2002~2003学年成立了伊斯兰教什叶派学科学院。

随着巴林融入全球经济体系的步伐加快，巴林国内需要更多的职业技术人才。从80年代起，巴林开始实施中等教育多样化，扩大中等技术教育规模，革新职业中学教育的文化结构。中等技术学校增加了新专业，包括工业教育、商业和医护教育，宾馆、旅游、纺织、服装、农业、动物饲养、印刷等，一些初中毕业生被安排到劳动与社会事务部职业培训中心接受培训。中等职业教育毕业生有的可直接进入高等学府继续学习，有的进入劳动力市场参加工作。

进入21世纪，巴林的中等教育入学人数翻了一番。但当地的劳动力市场仍然需要技术学校为其提供多样化的技能人才，特别是缺乏印刷技术、电脑技术和植物培养等方面的人才。2005年，联合国教科文组织总部技术和职业教育分部与巴林教育部技术教育司共同在巴林首都麦纳麦举行了一个为期两周的课程发展研讨会。联合国的4个国际顾问与巴林的12位专家对多个课程结构的建议进行了审核并撰写了详细的课程内容。最后形成了3年包括6个学期的课程，每个学期包括15周。课程以能力为主，同时包括理论和实践部分的课程以及评估指南。课程的时间内容约占60%。

截至2010年，巴林国立学校的初级教育共有学生62666人，其中男生31231人，女生31435人；初中共32177人，其中男生16179人，女生15998人；高中共30760人，其中男生14797人，女生15963人。此外，巴林还设有非正式教育。学生主要为文盲或愿继续读书的人。课程分为读写能力教育阶段、跟随阶段和巩固阶段，每部分各2年，连续6年。毕业者的证书与正规学校的证书一样。2011年，根据联合国教科文报告，巴林的文盲率已减至2.46%。

巴林教育部重视师资人才的优化，不惜重金吸引高素质人才加入教育行列。在首都麦纳麦和穆哈拉克省均有教师培训中心。巴林独立后，高度重视高等教育的发展，以建立高水平、多学科、成体系的高等教育系统为目标。1966年，巴林成立了高等师范学院。1967年，又成立了高等女子师范学院。之后这两所学校的学生转入1978年成立的文理教育学院，毕业生可拿到学士或硕士学位。1978年，巴林海湾技术学院开学，其工程、商务、管理等专业的技术教育水平在海湾地区遥遥领先。1982年，海湾合作委员会在巴林建立了阿拉伯海湾大学，其中包括医学院、应用科学学院和教育学院。1986年，巴林埃米尔宣布成立巴林大学，这是巴林高等教育发展的标志性成果。巴林大学自成立以来，不断改进教学大纲，加强管理机构和完善教学设施。学历层次有专科、学士和硕士。除教育部外，其他部委也有自己所属的学院，如卫生部的保健科学学院、劳动与社会事务部的巴林培训学院、内阁事务部的供给和宾馆事务培训中心等。

巴林的教育制度已经历了长时间的改革，目的是与国际标准接轨，使学校教育内容与其毕业后的生活所需更紧密地结合。教育不仅是书本上的知识，而且要使个人拥有的丰富的学识和自己解决问题的能力。国家为此制定了国家教育与培训发展规划草案。巴林教师培训学院在这一规划下于2008年11月开学，目的是提高国家公立学校、学院和大学的教学质量。巴林理工学院2008年11月也正式落成并开课。为实施这一国家教学方案，同时成立了教育和培训质量保障管理局。首先进行改革的就是对公立学校进行全国统一考试。133所政府所办学校的21000名学生参加了2009年5月由该管理局组织的国家首次全国性统一考试，目的是规范整个国家的学生和学校能力标准。第一批参加考试的学生是3年级（7~9岁）和6年级（10~11岁）的学生。9年级（13~14岁）的学生随后参加了2010年5月的考试；12年级（16~17岁）的学生晚些时候再考。这是首次巴林公立学校学生统一进行全国性的考试。

管理局的全国统一考试试图与英国剑桥国际考试并轨。目前CIE这一考试标准已被20多个国家的教育部所接受，并在150多个国家内实施。巴林已将其列入国家教育大纲。

第二节　著名高等学府——巴林大学

巴林大学成立于1986年5月24日，前身由成立于20世纪60年代的巴林高等教育学院与海湾技术学院合并组成。1978年，根据时任巴林埃米尔第11号御令，教育学院并入艺术、科学与教育大学。原来的海湾技术学院则根据1981年埃米尔第2号御令更名为海湾综合大学。这两所大学分开后，分别设有艺术、科学、教育、工程和工商管理等学科。1986年，根据埃米尔第12号御令，又将这两所大学合并成为巴林大学。1999年，埃米尔第18号御令又将1986年御令作了补充。

巴林大学是所独立的教育和科研机构，校长由国王任命。大学领导机构是大学理事会，由校长、副校长和院系主任组成。现任校长易卜拉欣·本·穆罕默德·艾哈迈德·贾纳希博士于2007年4月被哈马德国王任命为巴林大学第六任校长。担任校长之前，贾纳希曾任荷兰阿姆斯特丹机场航空工程师、巴林石油公司分析和程序控制工程师、巴林大学工程学院化工系主任、教育部技术教育次大臣助理、教育部教育和履历事务次大臣。他曾获荷兰阿姆斯特丹航空学院航空工程学士学位、获程序设计和应用工程硕士学位和曼彻斯特科技大学物理学博士学位。之后，又于1998年至2000年之间，先后在国外完成了执行经理程序设计、工商管理执行经理程序设计和美国高等教育高级官员程序设计的研究。

巴林大学理事会有18名成员，5位副校长分别负责信息技术；行政与财务；教学计划和教学；社团服务和校友事务；规划与发展和科研事务。该校有9个学院，分别为：艺术学院、工商管理学院、信息技术学院、法学院、科学院、巴林教师学院、应用研究学院、工程学院。学校分两个小区，除工程学院外，其余8个学院均设在伊萨城的小区内。信息技术学院设有计算机系；工商管理学院有会计学系、经济与财务系、管理与市场系；工程学院有化学工程系、土木工程与建筑系、电子与电力工程系、机械工程系；科学院有数学系、化学系、生物系、物理系；另外还有技术信息专业、商务行政管理专业、法律专业、艺术专业、应用研究专业等。工程学院在2009年至2015年之间，根据美国工程技术鉴定委员会认可的6个教学大纲进行教学。化学系根据2009年加拿大化学协会认可的教学大纲进行教学。此外，校内还设有英语教学中心、ZAIN网络教学中心、售书中心、发展委员会办公室、出版中心、历史研究中心等。

2011年5月29日，我们终于在巴林外交部礼宾司的安排下参访了这所巴林高等学府。果然名不虚传，一进校园我们就感受到了著名学府的气息。穿过绿树成荫的校园大道，我们来到了校长办公室所在的行政办公大楼。乘电梯进入设在3层的校长办公室。贾纳希校长热情迎接了我们。虽然是初次见面，但好像一见如故。一开口，贾纳希校长就谈起他两次访问中国的情景。最难以忘怀的是中国的美味佳肴，还有中国的名胜古迹和现代化城市建设。我们这次参访巴林大学，一是要亲眼目睹一下这所著名高等学府的英姿，另有一项任务就是要向贾纳希校长发出邀请，出席中国教育部与深圳市人民政府于2011年8月12~14日在深圳市举办的主题为“21世纪大学的新使命与人才培养”的世界大学校长论坛，同时出席在深圳举行的第二十六届世界大学生运动会开幕式。话题当然首先谈及此事，贾纳希校长愉快地表示他将出席这次论坛，并期待着参访中国的其他城市，与兄弟院校接触，以扩大中巴两国在教育领域的交流与合作。随后，贾纳希校长热情地向我们介绍了该校的有关情况，然后委托副校长瓦希卜教授陪同我们参访了电子教学中心、媒体中心、图书馆、学校剧院等。

巴林大学的校园内可以说是建筑设计师施展才华的天堂。这里的每栋教学楼都形状各异，错落有序，可以说每个学院的教学楼都是一尊建筑艺术品。连接教学楼的是一道带有顶棚的长廊，起到了遮阳的作用，这对于炎热的海湾国家来说，美观而实用。校园内的清真寺也别具一格，它是一座圆筒形建筑，酷似一个储油罐，这种形状的清真寺我们还是第一次见到，可见建筑设计师的大胆创意。旁边的宣礼塔还采用了太阳能供电技术。电子教学中心和媒体中心内的教学设备非常先进，学生们可以通过网络与教师互动，还可与世界其他名校通过网络取得联系，接受远程教育。媒体中心的教学环境与传媒人的实际工作紧密结合，学生们在学校教室内完全可以体验和实践到新闻工作者的工作场景和内容。学校图书馆也具备了世界一流学校的设备，一切均由计算机与电子设备控制。我们向校方赠送的中国书籍受到了热烈的欢迎，将成为图书馆内的一个中国图书角。

副校长瓦希卜向我们介绍说，巴林大学首先是所综合性的本科大学，但不排除在条件允许的情况下设研究生院。该大学的建校目标是建设一所国际公认的，在大学教育、科研创新、队伍建设等方面均达到优秀的国家高等学府标准，为活跃巴林和本地区经济，改善人民生活水平作出积极贡献。目前在校学生有14000人，教学人员680人，行政人员1200人。校内有数个研究中心，与巴林经济发展局、澳大利亚质量保障协会、巴林教育培训质量管理局、美国工程技术鉴定委员会、加拿大化学协会等众多研究院、政府机构、商务机构、社会团体建立了合作伙伴关系。根据巴林2030年前经济发展战略规划，为适应不断发展和变化的劳务市场、国家经济和政府机构人力资源的需求，巴林大学在不断地改革创新，为促进公立院校的体制改革，发展私营和公立学校的合作等方面做出了不懈努力。

巴林大学与北京外国语大学曾签有校际合作协议，包括拟在巴林大学建立“中国问题研究中心”的设想。我们希望在不久的将来，能够应巴方的要求，在该校建立孔子学院，进一步加强中巴高等学府之间的各方面的交流与合作。

第三节　走进神秘的皇家女子学院

应皇家女子学院校长朱马赫博士的邀请，2010年10月25日我们走进了这所与众不同的学校。该校位于麦纳麦锡特拉地区，与巴林石油公司比邻。校舍全部是清一色的皇家代表色——米黄色，建筑风格也是阿拉伯传统两层楼校舍，二层并建有风塔，学校的大门很不醒目，可以说，我们根本就没有看到写有该校校名（ROYAL UNIVERSITY FOR WOMEN）的牌匾，而是进入了巴林石油公司的一个机构的大门，然后才是该校所在地。该校礼宾人员在教学大楼的门厅外迎接了我们。

校长马成·朱马赫博士在其办公室热情地接待了我们，同时向我们介绍了他的同仁：该校创始人、投资商和各个系的负责人等。皇家女子学院为一所私立学校，由公司和个人投资建成。2000年立项，2005年建成并开始招生。该校与英国一所大学联合教学，因此教学大纲完全采用英国模式，学期末的考试完全由英国大学教师监考、阅卷。该校只设大学本科四年教育，第一年为普通课程预备班。学生在这一年中除学习一些大学基础课程外，主要是进行英语课程补习。因为进入专科学习之后，所有课程均为英语教学。该校有四个专科院系：普通教学系、艺术与设计系、技术与信息系、商务与财政系。预计新增的法律系正在准备之中。据介绍，这是巴林唯一一所综合女子大学。

2005年第一年开始招生时，只有50名学生，现有学生625人。学生不仅来自巴林本国，还有海湾和亚洲其他国家的学生。巴林学生占60%，其中巴林王室女子占10%；外籍学生占40%，其中沙特学生占约35%。校长原籍为伊拉克籍，现已为巴林籍。副校长谢赫依莎为王室成员，各个系主任除巴林人外，还有印度等外籍负责人。该校共有教师32人，来自17个国家。教授课程除英语，还有法语等其他外国语。校方还提出了希望开设中文教育的强烈意愿。2009年第一届毕业生结业，50人中有45人通过了严格的英国大学的考试，获得学士学位。该校为半寄宿学校，主要为外籍学生提供寄宿服务。目前学生宿舍已不足，一栋新宿舍楼正在建成，以满足越来越多学生的需要。

在校长和艺术设计系主任穆纳教授的陪同下，我们参观了该系毕业生的作品展示厅。这里有学生们设计并制作的各种服装，除现代时尚服装外，还有为一些公司和机构设计的工作服、医生服装、警察服装等。一些展会、公司的广告张贴画、公司商标、广告衫以及一些家用炊具、餐具上的图案设计等。墙壁上挂满了同学们的服装设计图，展示出他们良好的教学成果。该系每月都组织两次服装表演，将学生们设计并制作的服装在全校展示，并邀请同行和其他客人观看。校内拥有诸多电脑室、休闲室，供学生们完成作业、讨论问题之用。

巴林皇家女子大学艺术系学生服饰展作品展示

在学生中心大楼内，我们看到了设施齐全的后勤服务。如学生餐厅、咖啡厅、小超市、美容美发厅、医务室、休闲客厅等，不少女学生在那里聊天休息。校园内，有一个很大的操场和一座小型体育场。校内的体育健身房、游泳池等都为学生提供了良好的健身环境。我们注意到，这里的女生大部分来自海湾国家，特别是沙特等伊斯兰保守国家，因此很多女生身着黑色长袍，但当只有女生在一起的时候，她们会放下头纱，甚至脱去黑袍；当有外人，特别是男人出入时，她们会尽量躲避，或急忙戴上头纱。为此我们的来访有时显得好像惊动和干扰了她们。但也有一些同学却很大方、开放、不穿黑袍，甚至不拒绝与我们拍照。透过她们的外表，我们强烈地感觉到，这里的女学生对爱美之心和现代时尚的追求不是一层黑袍所能掩盖的。她们虽然身着黑袍，佩带黑色墨镜，但她们的举止、表情以及她们走路时潇洒、放松的行为，都让我们毫不犹豫地感觉到她们内心奔放、时尚，与时代同步的激情。

第四节　巴林体育在亚洲已占有一席之地

海湾国家的体育一贯比较弱，开展的体育项目也比较有限，在地区和国际赛事上争得奖牌的项目更是少之又少。这些国家独立以后，主要精力放在了经济建设和改善人民生活上，获得发展的只是些传统体育项目，如赛马、赛骆驼、沙漠摩托、足球等。相对比较忽视体育发展，忽视全民健身和保健。但近些年来，随着海湾国家的对外开放，参与国际事务的意识增强，其中包括积极参与国际体育赛事，开展全民健身运动，并且努力争办国际体育赛事等。巴林国家虽小，但也开始重视国内体育的发展，开始开展一些全民的健身运动。

从国内体育设施和娱乐设施的建设来看，巴林已经启动了不少全民开展体育和健身的项目。巴林的各个省市均建有政府或私营的健身俱乐部，在一些品牌酒店内也有健身场所，人们可以成为俱乐部或酒店的会员，随时走进这些场所进行体育锻炼或参加该机构举行的一些活动。另外，巴林的王室和大家族的家庭内部由于经济条件优厚，早已建有各类健身房，内有跑步机、乒乓球室、台球室、壁球室，院内有网球场、足球场、篮球场、沙滩排球场、私人海滩游泳场、室内外游泳池等供家庭内部健身的场所。但对于广大老百姓来说，他们的经济实力不允许他们在家中购置健身器材，居民住宅附近又没有健身场所，有的居住环境不好，连散步的条件也没有。巴林政府解决和改善这一状况是最近几年的事。目前，我们发现一些重要企业投资建设了一些企业公园，主要为该企业人员服务，少量向公众开放。如巴林石油公司、巴林铝业等均有企业公园。目的是创造企业文化，绿化环境，向企业员工提供住宅附近便利的健身和娱乐场所。同时还出现了由企业赞助举办企业员工和民众的诸如马拉松赛跑类的全民健身活动。近年，各个省市均建设了一些综合性公园，对一些老公园也经过了扩建和翻修，扩大了面积，增加了绿地，添置了一些成年人和儿童健身和娱乐的场所。巴林早期建设的一些小型体育场或比较简陋的专业球场，如足球场、橄榄球场等都发挥了开展群众体育的作用。这里经常举行一些俱乐部之间或民间的赛事，一些重要企业赞助举办的赛事也逐渐增多。特别是巴林建设了新体育场后，增加了很多双边、地区和国际赛事，除男子比赛外，还有女子比赛，如2010年举办的国际女子足球锦标赛等。

巴林虽然参与国际体育赛事的历史不长，但田径运动一直在海湾地区甚至在亚洲和国际上小有名气，涌现出了多位世界一流的田径选手。巴林著名的长跑选手拉希德·拉姆兹2005年在赫尔辛基举行的国际田径锦标赛上分别获得1500米和800米的双料金牌，哈马德国王还亲自打电话向他表示祝贺。在2008年举行的第三届亚洲田径锦标赛中，巴林女选手胡齐亚·阿勒加斯哈获得其第二枚金牌和一枚铜牌，400米还打破了锦标赛纪录。另一名女选手萨哈·巴凯特获得其第二枚3000米中长跑决赛铜牌。在2006年第十五届卡塔尔多哈亚运会上，巴林更是取得了骄人的成绩，获得了7枚金牌、10枚银牌和4

枚铜牌。在田径赛场上获得男子800米、10000米、3000米障碍和女子200米、800米、1500米共6枚金牌。在2008年北京奥运会上，巴林派出了45人组成的奥运代表团，其中运动员16名，这是巴林奥运会参赛历史上最大规模的代表团。在第十六届中国广州亚运会上，巴林又获得4金5铜的好成绩。巴林女选手玛丽亚姆·贾迈勒以4分08秒22的成绩卫冕1500米冠军。26岁的贾迈勒出生于埃塞俄比亚，2005年加入巴林国籍。她是2007年和2009年田径世锦赛1500米的冠军，并曾在2006年卡塔尔多哈亚运会上获得800米和1500米两枚金牌。2010年在第十六届中国广州亚运会上又以3金成为巴林亚运史上获金牌最多的运动员。广州亚运会上，男子3000米障碍赛再次由卫冕冠军塔里克·穆巴拉克·萨利姆·塔希尔获得。塔希尔出生于肯尼亚，2005年加入巴林国籍。马赫布卜·阿里·哈桑·马赫布卜在男子5000米决赛中，以13分47秒86的成绩获得金牌。女子选手西塔亚·埃希特·哈布特·贾布里勒在女子10000米决赛中以31分53秒27的成绩获得铜牌。男子选手贝拉勒·曼苏尔·贝拉勒·阿里在男子1500米比赛中以3分38秒39的成绩获得铜牌。

巴林最为普及的运动是足球，到处可见沙土地上非常简陋的足球场，有的连球门都没有，只有两个树立起来的障碍物为球门标志。巴林足球堪称海湾足球的另类，运动员高大魁梧，颇有欧洲运动员的风格。巴林足球队这些年成绩不俗，成为很多亚洲球队的强有力的竞争对手，被称为亚洲杯的一匹黑马。在近两届世界杯预选赛中，巴林队都杀入了最后的附加赛，与入围世界杯决赛圈仅一步之遥。

巴林的传统体育是骑马和赛马。代表巴林王国参赛的充满活力的皇家马术耐力队则由哈马德国王的第三个儿子，巴林青年体育最高委员会主席、巴林奥林匹克委员会主席谢赫纳赛尔·本·哈马德·阿勒哈利法王子担任队长。2004年12月9日，巴林首次参加世界青年骑手锦标赛的120公里耐力赛，2005年12月17日，巴林作为东道国举办世界青年骑手锦标赛，创造了来自33个国家和地区的选手参赛的纪录。在此期间，巴林选手们曾参加了数次国际比赛，如法国、意大利、荷兰、澳大利亚、阿联酋、科威特、黎巴嫩、叙利亚以及其他海湾国家举办的国际性比赛。10年来，皇家耐力队在世界锦标赛的重大赛事中成为了一支具有竞争力的队伍，特别是近三年来已经成为本地区的冠军队。在2010年11月摩洛哥举办的巴林—摩洛哥首届国际骏马耐力赛中，谢赫纳赛尔王子获得冠军。

巴林虽小，但正在力争成为海湾的体育强国。2010年，巴林政府决定在巴林举办2011年海湾田径锦标赛。

精彩一刻

第十一章 旅游和购物

第一节 巴林著名的“三个一”景点

去过或没去过巴林的人都听说，来到巴林必须要去看得“三个一”景点。这就是巴林享有盛名的“一棵树”、“一口井”和“一座桥”。

“一棵树”是指生长于巴林中部杜汉山（高137米，意即“烟之山”）东南侧的一座沙丘之上的一棵大树，后被称为“生命之树”（Tree of Life）。这棵神奇的大树已成为巴林王国的象征之一。我们曾多次来到这棵大树旁边，但每次都会为之震撼。这棵树也许已经生长了几千年，但令人费解的是，它的周围是一片茫茫沙漠，几公里内却在没有其他高大树木的出现。这棵树酷似“合欢树”，树大根深，叶子细小浓密，春秋两季开黄花，冬季落叶。树约高10~15米，枝叶覆盖面积达50平方米以上。数十根粗大的树干横向生长，有的已经深埋在沙丘下生根。为何独有这棵树根深叶茂，顽强地生长在荒漠之中？水源从何而来？至今仍是个谜。

最近，巴林的考古学家正在这棵树周围进行考古研究，并且已经挖掘出了大量古代城市居民使用的各种陶器等文物。人们推测，这里曾经是一个繁华的城市，这棵树的周围或许曾经

生命之树

是一家人的大院，沙漠地下流淌着丰富的水源，等等。等待考古研究有了结果之后，也许就会揭开这棵生命之树之所以经久不衰地生长在沙漠之中的缘由了吧。

“一口井”（First Oil Well），就是指海湾地区于1932年发现石油的第一口油井。它位于巴林王国中部杜汉山的东侧。井呈长竖坑，管道纵横。

此井出油后，海湾地区接二连三发现大量油田，故此井功不可没。井旁有一座用英、阿文刻写的纪念石碑。现第一口井虽不再产油，但仍有天然气向外输出。井旁不远，还有一座面积不大的石油博物馆向游人开放。展品主要有老式勘探设备以及岩层标本等。

“一座桥”是指连接巴林与沙特阿拉伯的一座跨海大

桥——法赫德国王大桥。过去两国往来以飞机和渡轮为主，要用两个小时，双方都企盼在海上架起一座跨海大桥。

1975年，国际银行开始对该项目进行可行性研究，之后向世界各大公司招标，最后由沙特阿拉伯投资，荷兰公司承建。1982年11月11日，大桥正式动工。工程历时4年，于1986年11月26日正式竣工，耗资5.5亿美元。在竣工典礼上，由巴林埃米尔伊萨宣布命名为“法赫德国王大桥”。

该项目工程浩大，大桥根基在地下13米的水域，由7段堤路和5座桥梁连成，最长桥5.2公里，最长堤路3.6公里。桥墩504个，填海10公里，分7次逐段完成。大桥的西端是沙特阿拉伯胡拜尔市兹亚区，向东延伸到巴林首都麦纳麦以西的贾斯拉区。大桥全长25公里，巴林和沙特各占一半，宽23.2米，为双向6车道。平时使用4车道，最外面的2条车道供应急和临时停车使用。

两国交界处的人工岛面积66万平方米。岛上有边防站、海关、海防港口、行政办公楼、海水淡化厂、饭馆和观景塔以及停车场。

大桥的建成密切了巴林和沙特阿拉伯的关系，加速了两国的经贸往来。沙特阿拉伯生产的货物从工厂用货柜车经大桥直接运到巴林，大大降低了运输成本。每逢周末、伊斯兰重要节日或巴林举行重大庆祝活动及各类展览时，大批沙特车辆进入巴林境内，有时甚至可达几万人。与此同时，在巴林有大量沙特籍或外国籍人员在沙特工作，但居住在巴林，每天往返于大桥之上。经过海关时，海湾国家人员无须签证，其他国籍人员需出示护照或两国认可的通行证方可进出。尽管每日出入两国海关人员成千上万，但海关人员仍一丝不苟地对人员证件和车辆进行安全检查。同时，大桥对海湾国家的人流和物流，对整个海湾地区的产业布局均产生巨大影响。

第二节　巴林著名古代遗址览胜

巴林是个历史悠久的国家，这块土地曾经也是诸多外来势力争夺的地方，因此历史上巴林各省都建有很多城堡，大多是当时抵御外国入侵的军事堡垒，有的古堡则是古代村落的遗址。现在这些遗产成为了后人研究巴林历史的很好教材，也成为了当代人的旅游胜地。

阿拉德古堡（Arad Fort）位于穆哈拉克岛上，呈四方形，每个角上建有圆形瞭望塔，城堡四周建有护城河。15世纪末

阿拉德城堡

由巴林人建造，用以抵御外敌入侵。1559年葡萄牙占领巴林期间，曾被作为军营。1800年阿曼占领巴林时，阿曼苏丹艾哈迈德曾委任其兄统治巴林，并将该城堡作为总督府和巴林岛的军事指挥部。目前作为古迹供游人参观。以古堡一侧为依托，建有大型露天舞台，可举办文艺演出活动。

巴林城堡（Bahrain Fort），也称卡拉特·阿勒巴林（Qal'at Al Bahrain）是巴林重要的城堡遗址之一，位于北部省的沿海。该城堡由波兰人建于公元14世纪，后又进行扩建。该城堡附近的另外6座城镇均建于公元前3000年的迪尔蒙时期。这座城市当时很可能是该岛的首都。巴林城堡博物馆于2008年2月对外开放。展出的出土文物均拥有4000年的历史，有早期迪尔蒙时期（公元前2200~前2050年）和迪尔蒙时期至伊斯兰时期（公元1250~1650年）的各类陶器、铜器制品等，代表着迪尔蒙时期的灿烂古代文明。值得一提的是，这一遗址中出土文物中有一具迪尔蒙晚期的石棺。

伊斯兰城堡（Islamic Fort）位于巴林城堡和城堡博物馆之间。这里当时是13世纪时的喀尔巴巴德（Karbabad）村落。该遗址于1955年至1956年和1977年至1978年两次挖掘，面积为52.5平方米。文物证明7世纪中叶制陶业在这里已经出现，13世纪时有基督教徒在这里生活。

巴尔巴尔神庙（Barbar Temple）位于巴林岛北岸，北部省巴尔巴尔地区，是一座公元前3000~前2000年的气势宏伟的庙宇遗址。这里有3座庙宇先后建成，是迪尔蒙时期的宗教遗址。如果说巴林城堡是迪尔蒙时期的民间首都，巴尔巴尔神庙则是当时的宗教首都。庙宇拥有巨石砌成的宽阔大门、大型祭坛、施行宗教涤罪仪式的水池等。祭坛上供奉着贤人哲士的神像和生命之水。传说这里的地下宫殿均以纯银和天青石装饰，庙宇旁还有一股清泉。

迪拉兹神庙（Diraz）被称为仁慈神庙，建于公元前3世纪。该庙宇于20世纪70年代时被英国人挖掘，位于巴尔巴尔神庙内。不同的是该庙宇的建筑风格为美索不达米亚时期的巨大圆柱体为建筑支柱。这些圆柱废墟至今仍保存有60公分高的残柱，庙宇建筑本身保存下来的废墟为不同的长方形，体现着当时各个建筑的不同功能。

萨尔（Saar）遗址也是公元前3世纪的迪尔蒙时期的遗址。总面积为22500平方米。村落已被挖掘，体现伊斯兰悠久的文化遗产。萨尔地区的考古挖掘考证了古代人类生活的状况，村落里有街道、民居、庭院和中心广场等。

古代死城（Death in ancient times）是指在巴林岛中部省阿里地区至今保存着的世界上史前最大的冢林，也曾被人们称为“万冢之岛”或“死岛”。根据巴林国家博物馆资料介绍，在巴林岛上共有85000座坟山，大部分都是距现在5000多年的墓穴。这里的坟山墓海大约有30多平方公里，约占巴林岛面积的5%。墓穴大概有4种类型，一般是根据其大小、外形、结构、质地等分类。巴林岛早期的坟场出现在迪尔蒙时期（公元前2800年~前2000年），当时约有170000座古老墓穴。历史上的巴林一直是海湾沿海地区居民埋葬亲友的坟地。由于年代久远，前人之墓被泥沙埋没，后人复葬其上，一层叠一层，终成沙丘，横排竖列，形成一种奇特的景观。

谢赫萨勒曼城堡（Shaikh Salman bin Ahmed Al Fatih Fort）建于1812年，被称为观景城堡。因为站在这座城堡上，可以观赏对面的胡玛奈亚河谷。直至1869年，这一城堡成为政府所在地和战略基地。据考证，这一城堡是建设在1698年的一个要塞城堡的废墟之上。

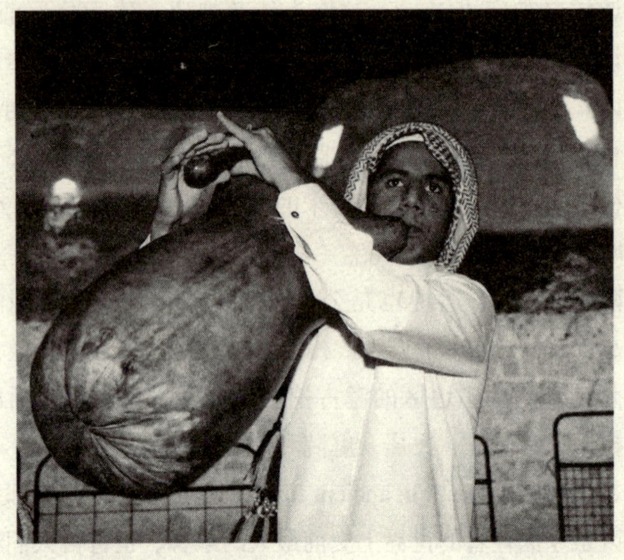

古堡前表演的吹奏者

第三节　巴林最大和最古老的清真寺

法蒂赫清真寺（al fatih Mosque）坐落在麦纳麦市法蒂赫大道东侧，建于1988年，是巴林最大、最漂亮的一座清真寺，因此也称之为“大清真寺”。该清真寺以1783年巴林开拓者谢赫艾哈迈德·法蒂赫命名，可容纳7000人同时祷告。清真寺内设有包括宗教研究所、图书馆、宗教基金管理局和古兰经之家等机构。清真寺拥有大型广场、男礼拜殿、女礼拜殿。具有古代伊斯兰建筑风格，寺内外墙上镶嵌有古兰经经文和伊斯兰不同时代的图案。

阿勒哈米斯清真寺（Al Khamis）是阿拉伯世界最古老的清真寺之一。该清真寺约建于公元717年至720年之间。之后，该清真寺被毁。公元1058年，在两位显赫人士的要求下，得以恢复原貌。这一简单的长方形石料建筑就是目前可见的清真寺遗址。12世纪时，埃米尔阿布·希南又将其扩建和粉刷。1960年，考虑到更好地保护这一历史文化遗产，巴林决定停止当时仍然被用于礼拜堂的清真寺大厅。清真寺塔尖上的古老文字也被拓下，复制并保存在古兰经博物馆内。

贾马拉清真寺（Jamala Mosque）。公元1482年建在一个高高的平台上。该清真寺有一个庭院和1间祷告室。建筑由2根圆柱支撑，有一个拱门。目前该清真寺已被摧毁。巴尔巴尔南部村庄的另一座较为古老的清真寺建于17世纪和18世纪间。看上去被重新修复过一次，1间不太规则的祷告室，墙壁曾被多次粉刷过，很可能在18世纪时被火灾烧毁。另外，在

清真寺前庆祝的人群

这部分的展厅中，有众多的古兰经手抄本，同时还陈列着一些那个时期的带有伊斯兰特色的瓷盘、地图、钱币等。

第四节 汇集伊斯兰文化的古兰经之家

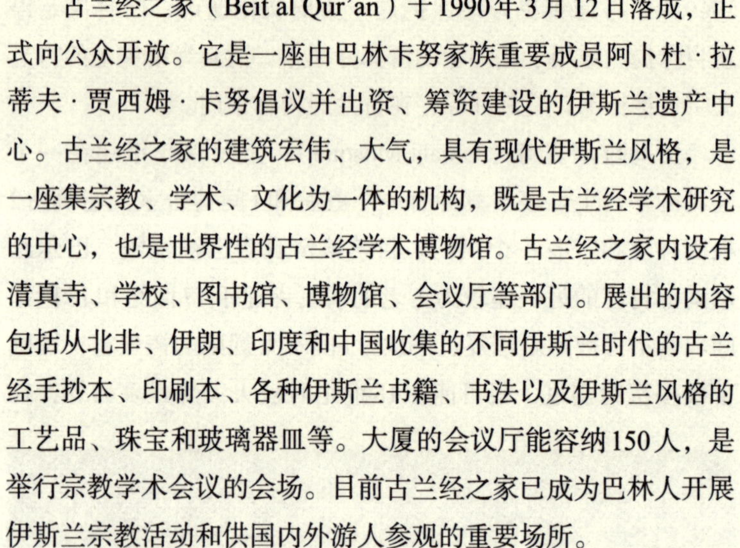

古兰经之家（Beit al Qur’an）于1990年3月12日落成，正式向公众开放。它是一座由巴林卡努家族重要成员阿卜杜·拉蒂夫·贾西姆·卡努倡议并出资、筹资建设的伊斯兰遗产中心。古兰经之家的建筑宏伟、大气，具有现代伊斯兰风格，是一座集宗教、学术、文化为一体的机构，既是古兰经学术研究的中心，也是世界性的古兰经学术博物馆。古兰经之家内设有清真寺、学校、图书馆、博物馆、会议厅等部门。展出的内容包括从北非、伊朗、印度和中国收集的不同伊斯兰时代的古兰经手抄本、印刷本、各种伊斯兰书籍、书法以及伊斯兰风格的工艺品、珠宝和玻璃器皿等。大厦的会议厅能容纳150人，是举行宗教学术会议的会场。目前古兰经之家已成为巴林人开展伊斯兰宗教活动和供国内外游人参观的重要场所。

古兰经之家落成时举行了隆重简朴的庆典仪式。谢赫伊萨·本·萨勒曼·阿勒哈利法埃米尔殿下为古兰经之家揭幕并出席了庆典活动。出席该活动的巴林领导人还有首相谢赫哈利法·本·萨勒曼·阿勒哈利法和王储哈马德·本·伊萨·阿勒哈利法等。与会者有巴林和阿拉伯各国宗教界、文化界、学术界等知名人士和学者，还有在古兰经之家筹建的十几年过程中为之做出过贡献的人士和国家代表。贾希姆·卡努在致词中说：“古兰经之家的落成对所有关心和捐助该大厦的人们来说都是一个非常重要和值得欢欣鼓舞的日子。古兰经之家的建成是伊斯兰世界的骄傲，它不仅是巴林的文化遗产和伊斯兰的宝藏，同时也是全体穆斯林宝贵的宗教文化遗产，我们在很短的时间内实现了穆斯林长时期的梦想。参观者的赞美之词证明了我们努力的成功。”的确，古兰经之家的落成不仅是卡努家族的努力，也是海内外穆斯林十几年的艰辛努力和慷慨捐助的结果。在大厅内的墙壁上悬挂着很多金色边框的大匾，上面记录着许多海湾国家和阿拉伯国家王室对古兰经之家的捐助。

20世纪70~80年代，贾希姆·卡努等卡努家族的年轻人在英国留学时，坚持不懈地收集着在海外保存的伊斯兰国家古兰经的各种古老版本。后来，他们认为与其在国外保存这些珍贵的古兰经书籍，还不如拿回国内，办个博物馆收藏起来。于是以卡努家族为主的穆斯林有志之士投入了大量资金，从民间收藏家手中高价购买，特别是在英国和美国的拍卖会上将大量稀世珍版的古兰经版本和相关书籍买下来，带回了巴林。在建设古兰经之家的过程中，他们也得到了众多阿拉伯王室、伊斯兰学者，特别是巴林谢赫哈利法家族领导人的大力支持。

写有“Beit al Qur’an”的高大的浅米色建筑大楼就是古兰经之家。站在大楼前面，仔细观赏这座建筑物，我们不禁感叹建筑设计师的独特创意。大厦正面的大门全部由玻璃制作，上面刻画着圆圆的图案，这些图案不是普通的作品，而是用阿拉伯语书写的古兰经的经文。南门和北门的巨型玻璃墙上都画有同样的图案，凸显了这座大厦里面展示的独特内容。我们从南门进入，映入眼帘的是一个宽阔、明亮的长方形大厅，前面的一面巨型玻璃门窗将大厅与里面的另一个大厅相隔开。门厅的左侧是一个非常精致的清真寺，以阿卜杜勒·阿赫曼·贾希姆·卡努的名字命名。清真寺向公众开放，普通老百姓都可以来这里做礼拜。清真寺的拱顶是从英国进口的特制彩色玻璃，制作成典型的阿拉伯特色造型。祈祷台使用的是土耳其的材料，具有浓厚的阿拉伯特色。这是整个巴林唯一的一个圆形祷告厅。

古兰经之家分五个部分，其中博物馆又分了10个展厅。一进门的清真寺是第一部分，随后我们便进入了古兰经之家的第二部分。这是一个拥有150~200个座位的礼堂，由谢赫哈利法·本·萨勒曼·阿勒哈利法首相赞助建成，同时也是为了纪念他的儿子谢赫穆罕默德，因此命名"穆罕默德·本·哈利法·阿勒哈利法厅"。这里是伊斯兰宗教界人士传授古兰经和各国穆斯林学者开会和研讨古兰经的场所。厅内拥有现代化的视听设备，同声传译间，多媒体等设备。正如接待我们的古兰经之家的馆长告诉我们的那样，古兰经之家的目标是：为更好地理解神圣的古兰经；为向不同年龄的人介绍神圣的古兰经，并鼓励他们聆听、学习和吟诵古兰经；促进和举办一些文化活动，通过研讨会传播和了解伊斯兰文化、古兰经和伊斯兰遗产；促使一些研究院等机构将古兰经学科列入教学内容；为下一代收集和保护古兰经的手抄本和书法遗产，尽可能地让他们了解古兰经文化遗产；鼓励博物馆等研究机构保护、维护、收藏古兰经手抄本和古老书籍；出版有关古兰经的各类书籍等伊斯兰文化遗产。

在另外一个内厅周围的墙面上，挂满了巴林著名画家的作品，这些绘画充满了生活气息，讲述着过去巴林人的传统生活和习俗。绘画中有巴林老式庭院、房屋、清真寺、鱼市、造船业、穆哈拉克港口、古老集市、家庭聊天室、采集珍珠、家庭妇女形象等，也有一些抽象画的作品。

二层是古兰经之家最主要的部分，也就是博物馆部分。这里有十个展厅，展出了4000余本古兰经手抄本和印刷本。另外还有一些非常珍贵的文物和伊斯兰教珍品。比如墙面上挂着的一条黑色绒底、上面用银色丝线手工绣制成的古兰经文的条幅。这不是一幅简单的手工艺品，是由在沙特阿拉伯麦加天房上挂了一年的一段黑幕制作的。每年斋月期间穆斯林信徒朝圣时，麦加天房的黑幕就要更换一次，每个穆斯林国家便能得到一条已经挂过的神圣的天房黑幕。对于穆斯林人来说，或对一个穆斯林国家、一个穆斯林机构来说，获得一块黑幕，那是极大的幸运和吉祥。博物馆内，我们还看到了波斯丝织挂毯上机织的古兰经经文，挂毯的四个边上还织锈上真主的99个美名。另外还有一些在巴基斯坦、印度、伊拉克等国古老清真寺遗址中出土的石雕、墓碑等文物，上面均雕刻着古兰经的经文，十分珍贵。

最令人惊叹不已的是，博物馆中竟然收集和保存了4000册400年至1300年前的古兰经手抄本和印刷本。在这里我们真是大饱了眼福。各种古兰经手抄本来自众多国家：埃及、印度、巴基斯坦、突尼斯、摩洛哥、伊朗、伊拉克、苏丹、利比亚、叙利亚、中国、土耳其等。最初的手抄本是书写在骆驼皮、羊皮、草纸上，很多版本已经被湿气侵蚀，但后期却在这里得到了很好的保护。更多的古兰经版本是用金水写成，如土耳其、伊朗、伊拉克等国的手抄本，这样可以延长保存时间。的确，几百年前的手抄本字体至今仍是清晰可见，多彩的花纹和图案颜色分明，栩栩如生。特别是有些古兰经版本的扉页和封面上的装潢图案更是色彩斑斓，精致无比，用阿拉伯文字的艺术体书写的古兰经文拼成的各种美丽的图案验证了

阿拉伯文字的艺术魅力和博大精深。博物馆中的许多类似绘画似的用阿拉伯文字拼写成的鱼、象、花草、清真寺内的窗户、门、船只等非常形象的动植物、生活用品或体现伊斯兰文化的作品。有些图案在粗体的笔画上还书写着细细的小体经文，字里有字，非常艺术。阿拉伯的文字也如同中国的书法一样，分很多笔体。主要有8种字体：库法体、三分体、纳斯黑体、卢格体、安达卢西亚体、波斯塔里克体、马格里布体和迪瓦尼体。阿拉伯各国的书体各有不同，取的名字也带有地方特点。比如库法体，一听便知是源于伊拉克的文字，取自伊拉克城市库法。懂行的人一看字体便能辨别出是哪个国家的文字，如突尼斯、摩洛哥、土耳其等国家的文字均有不同。陪同我们的巴林人一看就能认出哪种是巴林的字体。博物馆内有一本最为古老的古兰经手抄本，这是1300年前的手抄本。最小的古兰经版本，需要用放大镜才能观看到上面的字体，因为经文是雕刻在一粒米上，一块绿松石和一块红珊瑚上，这种微雕艺术在几百年就出现在巴基斯坦了。最大的手抄本是印度书法家书写的。还有一种版本被称为“尘土文字”，字体非常密小且无空格，整个页面上的细小的阿拉伯文字浑然一体，茫茫一片，酷似尘埃，因此得名。还有一些文字游戏类的经文版本，即将经文制作成文字格，从左到右，从上到下都可以念出同样的意思。在博物馆，我们还看到了具有中国文化元素的轴画古兰经卷，这是在波斯发现的最小的古兰经轴卷版。这也可能是当年丝绸之路，中国的轴画给波斯穆斯林带来的灵感吧。毫无疑问，这个古兰经博物馆一定是海湾国家乃至整个阿拉伯国家唯一的收藏如此之多且古老的古兰经版本的博物馆。

古兰经之家内有一个教授古兰经的学校，几个相对安静隔绝的房间便是这所学校的教室。因为身穿黑袍的穆斯林女教师正在教室内给孩子们上课，我们不便进去干扰。但从介绍中，我们得知这些孩子们利用业余时间到这里来上课，在斋月或宗教节日时还可以到这里的清真寺里学习宗教知识，到教授大厅里聆听伊斯兰学者的讲课，等等。最后，我们来到了一个复式楼层的图书馆，这里众多的藏书和安静的环境吸引着众多学生和渴望了解伊斯兰文化和古兰经遗产的人们来到这里，阅读和学习。

古兰经之家自建立以来，吸引了阿拉伯国家和世界各国的首脑及名人前来参访，在介绍的画册中，我们看到有孟加拉总理卡雷达·齐亚夫人、尼日尔总理阿马杜、阿盟领导人、巴基斯坦总理布托夫人、英国前首相撒切尔夫人等。

第五节　走进哈马德国王祖辈的故居

在巴林，我们曾参观了哈马德国王祖辈的两处故居，一处是位于北部省的杰斯拉村的杰斯拉故居（Al Jasrah House），另一处的位于穆哈拉克岛，易卜拉欣文化中心附近的谢赫伊萨·本·阿里·阿勒哈利法的故居。

杰拉斯故居是巴林第十任埃米尔、现任巴林国王哈马德的爷爷伊萨的诞生地（1933年7月3日）。该住宅是于1907年由第八任埃米尔谢赫哈马德·本·阿卜杜拉·阿勒哈利法建成。20世纪30年代，第九任埃米尔谢赫萨勒曼·本·哈马德·阿勒哈利法曾在这里居住。而位于穆哈拉克岛的谢赫伊萨·本·阿里的故居要早于杰拉斯故居，因为该宅子的主人是哈马德国王爷爷的爷爷，足足又早了两辈人。这两处住宅当时都是哈利法

家族的人居住，被称为“冬宫”和“夏宫”。穆哈拉克岛的这套宅子一般用于冬天居住，房屋比较保暖，没有窗户，只有一个小通风口，被称为“哑巴房”，但夏季室内闷热，因此家人都转到杰拉斯那个宅子居住。杰拉斯那里的房间夏季凉爽，院内还有一个用棕榈树藤条编织的很大的一块席子，下面用木桩支撑，底下通风，席上凉爽，夏季全家一般就在户外露天大席床上过夜。院内有一棵大枣树，繁茂的树杈和绿叶将院中央很大一片面积遮阳，人们可以在树下舒心乘凉。值得一提的是，院内铺满了厚厚的一层小海螺，不仔细看还以为是碎石子。这厚厚的一层小海螺除了透气、透水外，还起到了吸收热量，带来凉爽的作用。

杰拉斯故居按巴林古建筑风格兴建，与当地景观融为一体。内有男宾和女宾会客室、卧室、起居室、厨房等。室内仍然摆设着昔日家具，厨房内有传统炊具，一间用来储藏椰枣，并拥有榨取椰枣汁设备的房间，很引人注目。我们在各个房间里都惊人地发现了中国的用品：搪瓷盆、搪瓷碗、搪瓷盘、煤油灯、玻璃花瓶等。这座宅子经过多次修复，于1986年向公众开放。

谢赫伊萨·本·阿里故居面积较大，二层基本上是对外的接待客厅，房间四面窗户较多，通风条件好些，夏季接待客人较适宜。如遇谢赫伊萨夏季在这边宅子过夜时，他一般是住在楼上的两间房，这两间房通风较好，较凉爽，房间墙面的装饰也比较考究。一层的房间一般都没有窗户，较闷热，用作冬季住房。院内地面原来也铺的是小海螺，后来改为碎石子。在这套宅子的周围，原来都居住着哈利法王室的其他成员家庭或巴林贵族家庭，附近没有老百姓居住。现在我们看到的故居周围全部都是普通巴林人的住宅，人口密度较大。附近的易卜拉欣文化中心和遗产村被改造成传统和现代艺术融合的各种文化机构，村内的建筑始终保持着原来的传统建筑风格和门面装潢。

70年代巴林独立后，哈利法王室成员才离开这里，搬入里法地区的王宫内。这两套住宅目前成为了外籍人士和本地年轻人参访旅游的胜地，成为了了解哈利法家族和巴林发展史的课堂。

第六节　巴林国际赛道闻名世界

巴林国际赛道场位于南部省，距离首都麦纳麦30公里处的萨基尔沙漠地区。该项目在巴林王储、巴林赛车协会名誉主席萨勒曼的倡议和推动下，由德国著名建筑师赫尔曼·蒂尔克设计，于2002年12月奠基，占地1.7平方公里，用了16个月的时间，耗资1.5亿美元，于2004年3月17日完工，哈马德国王为竣工仪式剪彩。

巴林国际赛道由一座9层的VIP贵宾塔、技术中心、新闻中心、行政楼、主看台和正面看台等主题建筑组成。赛道分内道、外道和一条椭圆形测试赛道。整个赛车场能容纳5万观众观看比赛，其中主看台容纳1万人，正面看台容纳3万人。另有一个可容纳500人的新闻中心。场馆赛道的长度为5.412公里，赛车在这里的单圈时间可达到1分33秒，平均时速达210公里。赛道总共有15个弯道，其中7个右弯，5个左弯和3个超车点。巴林地区赛的赛事主要有：5.412公里的巴林一级方程式大奖赛、2.55公里的内跑道赛、3.664公里的外跑道赛、3.7公里的草场汽车赛、1.2公里的短程加速赛、2公里的椭圆跑道赛、4乘4沙漠障碍赛等。

2004年4月4日巴林首次举办F1比赛。迈克尔·舒马赫·法拉利以1'30.252的单圈最快速度接受了格子花旗帜，赢得了巴林汽车大奖赛的冠军，见证了一级方程式世界锦标赛首次在中东国家举办成功，也使巴林国际赛道成为全世界瞩目和具有象征性意义的地方。巴林汽车大奖赛是根据世界一级方程式锦标赛活动举办的每年一次的车赛，它是国际赛道比赛的一部分。巴林国际赛道的建设不仅标志着这一项目在中东地区落脚，同时还促进了巴林国家和民间赛车运动的发展。通过比赛，培养出了多种赛道的选手，从地区系列发展到国际系列的短程加速赛车和小型赛车。巴林国际赛道也从两种赛道发展到7种赛道，如增加了短程加速车道、4乘4沙漠障碍赛车道、小型赛车区域等。与此同时，巴林也拥有了一批训练有素的赛事服务和工作人员。巴林政府的这一重要投资已经获得了数倍的回报。

巴林国际赛车场自2004年投入使用至2010年，连续8年举办了世界一级方程式锦标赛分站赛或揭幕赛，每年为巴林的旅游、通讯、广告、交通、酒店餐饮等行业带来了10多亿美元的收入。2011

F-1赛道

年，由于国内政治局势动荡，该赛事被迫易地，使巴林遭受7亿美元的损失。相信，巴林2012年会以全新的面貌迎接下一届国际赛事。

第七节　野生动植物栖息的港湾

在黄沙浩瀚无垠的国度，如果有一片绿洲或有一片动物保护区，也是一件非常兴奋惬意的享受。在巴林王国的西南部阿勒马克赫地区就有这样一片巴林人引以为自豪的AL AREEN（阿文意为兽穴）野生动物公园和自然保护区。巴林或许在阿拉伯国家中属于原产地动物数量减少最快的国家之一，正因如此，巴林很快就采取了必要的紧急措施，使濒危动物得以生存。该野生动物园就是巴林专为保护中东动物建立的公园，希望能够通过这一区域保护住野生动物，同时促进本地区其他国家在这方面做出同样的努力。该野生动物园和保护区建立于1976~1979年间，位于杰贝勒·阿勒杜坎地区从南到西5公里处，距扎拉克地区2公里。这一园区为2乘4平方公里的区域，从超过海平线3米的平坦的盐场至高于海平线45米的东面地区。这一盐场主要是海沙河贫瘠盐，最高处为倾斜的岩石山。该野生动物保护区的发展主要是收留那些濒危物种，同时也是一个野生动物教学中心。

野生动物公园和自然保护区，顾名思义分为两部分：公园和保护区。公园为4平方公里，公众可以看到阿拉伯半岛、东非、北非和亚洲的具有代表性的动物。这里有40个物种的500多只动物，60个不同物种的鸟类约450只，还有80多种沙漠树种和灌木丛。进入公园内，首先游客可以通过一段多媒体光盘观看公园的整体介绍，了解巴林为何建立这座公园，保护动物的重要性，然后再乘坐公园内面包车观看保护区内的动物。因此，这里除了普通游客观赏动物，休闲娱乐外，更多的是学校组织学生来这里进行实地教学，学习和掌握一些关于动物的知识，特别是对孩子们进行保护动物的教育。在动物保护区内，我们看到了种类繁多的来自巴林本地以及其他阿拉伯国家、亚洲及非洲国家的羚羊、梅花鹿、长颈鹿、骆驼、马、牛、鸵鸟、野猪等动物。通过保护区饲养员的精心照料，很多濒危动物在这里得到了保护和繁殖，一些外来动物也习惯了这里的气候和生活，数量不断增加。在公园区域内有三个主题湖，火烈鸟湖、野鸭湖和天鹅湖，湖中还混养着其他一些水鸟类动物，形成一大片水鸟公园。这个水鸟公园约有7万平方米，湖内建有小桥、假山、花草和潺潺流水。湖边还建有非常人性化的供游客观赏湖景和动物的小凉亭。另外园内还有几个

动物园的火烈鸟

小公园，如仙鹤公园、孔雀公园、火鸡公园等。引人注目的硕大鸟笼饲养着数不清的各种鸟类。最近，公园内又新建了一个室内外结合的猛兽馆，里面有猎犬、狼、豹等凶猛动物。

野生动物园和自然保护区不仅保护了濒危动物，绿化了国土，而且为巴林人创造了一个人造和自然相结合绿色基地，使原来一片荒沙的贫瘠土地变成了绿洲，变成了非常有生机和情趣的公园，变成了保护动物，绿化国土，改善环境的良好的教学课堂。巴林政府充分利用了这一环保项目，每天都有大批的学生、市民以及外国人到这里学习知识，参观游览，休闲娱乐，享受绿地、动物和环保给人类带来的益处和乐趣。

巴林的哈瓦尔群岛（Hawar Islands）更是野生动植物栖息的港湾。它位于巴林岛的东南海域，距巴林岛南端25公里，距卡塔尔海岸两公里。该群岛由6个大岛和13个小岛组成，面积51.5平方公里。主岛为哈瓦尔岛，长18公里，宽1.5公里。全岛为低平的石灰岩沙地，保存着广阔天然俊美的处女地。

据科学家考察后称，这里拥有世界最佳的环境保护区，是海洋岛屿自然保护的杰出典范，是野生动植物栖息的港湾。该岛以其多姿的风景，多样化的地貌，自然生长的野生植物，种类繁多的动物和纯净的环境令世人震惊。该群岛周围是大片的珊瑚礁、浅滩、海滨岩石、海草和海藻床。海岸边有低矮的峭壁，有暴露着的坚硬岩石，也有松软的页岩；辖区内蕴藏丰富石油、天然气资源，被巴林国王哈马德誉为“巴林的名贵珍珠”。该岛过去是潜水采集珍珠的主要中心，岛上有两个渔村，居住着5000多渔民。

该岛过去与卡塔尔存在着领土主权争议，也曾发生过两国冲突的局面。2001年3月，国际仲裁法院将哈瓦尔岛仲裁给巴林所有。巴林开始积极吸引国内外资金开发建设哈瓦尔群岛。2004年6月，巴林向联合国教科文组织申请拟将哈瓦尔群岛列入世界自然遗产名录。哈瓦尔群岛被巴林政府和国际组织人认定为中东最重要的鸟类保护区之一。

岛上多海鸟和阿拉伯羚羊。有数千只鸟类栖息，其中包括很多定期移栖的候鸟群。至少有20多种鸟类在该岛繁衍后代，其中包括4种濒临灭绝的百灵科鸟种。重要的鸟种有鸬鹚、苍鹭、乌隼、鱼鹰、小冠燕鸥等。为数最多的是鸬鹚，被称为是哈瓦尔群岛的象征。鸬鹚在岛上的繁殖期是9月至次年3月。苍鹭的繁殖期是4月末至8月初，每次产蛋2至4枚。此鸟主要生存在中东地区。乌隼属夏季候鸟，产蛋期在5至10月，每次2至3枚蛋，秋季迁徙。此鸟种在海湾阿拉伯地区数量有限。小冠燕鸥生存在群岛的各个岛上，此种鸟类在阿拉伯海湾地区比较常见。鱼鹰在哈瓦尔群岛各岛繁殖，由于该鸟体型较大，因此所建鸟巢也很大。该鸟常生活在沙漠地带高岩石上，是个捕鱼能手。每次产蛋2至3枚，1至6周小鹰出生。但此种鱼鹰种类为数不多。该岛海域经常有成群的海豚出没，另外还有海龟及上百种鱼类。此外，该岛还生长着如灌木丛、霸王属等很多叫不出名字的野生植物。沙漠寄生植物花草，如风信子花在每年1月初开花时节，漫山遍野，非常美丽。哺乳动物和爬行动物大部分生存在天然形成的清泉周围，阿拉伯羚羊、沙漠瞪羚等，在哈瓦尔主岛到处可见。本土草地哺乳动物当属沙漠野兔和长尾鼠。蜥类动物经常在岛上沙漠中爬行。

目前，为开发哈瓦尔群岛的旅游项目，在巴林岛南部省的杰提（Jetty）码头有渡轮专门驶向哈瓦尔群岛。岛上有一家现代化旅游饭店以及度假村和游乐园。游客可在岛上度假、休闲，观赏岛上别具特色的动植物和海滨风光。

第八节　别具特色的易卜拉欣文化中心

在巴林文化大臣谢赫梅的推荐下，2010年3月，我们陪同到访的中国文化部外联局副局长侯湘萍，造访了麦纳麦著名的文化遗产村，也就是谢赫梅大臣2002年创建的谢赫易卜拉欣·本·穆罕默德·阿勒哈利法文化与研究中心。这个村落是谢赫梅精心创作的一个文化精品，在这里有阿拉伯古老文化的见证，也有现代文化的结晶，可以说是阿拉伯传统文化与西方现代文化和谐交融的一个典范。

整个村落保持着巴林原始村落的状况，每间房屋的大门、外窗、台阶、楼梯扶手，甚至每条小巷的指示牌、巷中的拱门等都处处体现着阿拉伯传统文化的元素。村内的一些文化设施的外墙已被粉刷一新，有的虽然门脸为旧式木质式样，但进入院落却为超现代设施。村内狭窄的小巷被打扫得干干净净，偶见一些老者身着传统阿拉伯大袍在巷子里走过，一些孩童在巷子里玩耍。整体给人一种典雅、幽静、神秘的感觉。村口有一个传统的，叫布哈拉夫的咖啡馆，主人热情地招呼我们进来避暑。这个咖啡馆面积极小，不足十平方米，光线极为微弱，但与外面炎热的气温相比，却透着一丝凉爽。房间周围置放着典型的阿拉伯风格的靠椅，上面铺着阿拉伯针织靠垫和坐垫。最为吸引我们眼球的是挂满墙壁的照片。这不是些普通家人的照片，而是众多巴林王室或领导人来此地品咖啡的照片。其中有首相哈利法、王储萨勒曼等重要人物的留影。可见这家小咖啡馆的名望与悠久历史。

与这家传统咖啡屋相媲美的是一家现代咖啡屋。由科威特赞助建成，2009年4月2日正式对外开业。这个装饰拥有现代文化元素的咖啡厅却是由3个巴林传统老房子组成。进入咖啡厅，一个整体现代化装潢一览无遗，随后你的视线又被一些细腻别致的装饰所吸引。房屋的传统外墙面仍然保持着，而内部却俨然改造成为了一个现代咖啡屋。游客进入这里，不仅可以欣赏老房换新颜的风貌，还可以在这里品尝一杯美味的咖啡、甜点和特色小吃。这个现代咖啡屋与村口的那间传统咖啡屋在风格上形成了鲜明的对比和互补。

库哈尔民居建于2007年3月，由赛碧凯王后和科威特财政之家赞助。目的是为了保护濒于灭绝的巴林唯一的库哈尔刺绣艺术。这间房子里保存着体现库哈尔刺绣工艺的巴林老年妇女的服饰。谢赫易卜拉欣文化中心还通过扶持手工艺人制作和销售这一传统库哈尔刺绣品来传承发展这一传统工艺。库哈尔是一个使用金线编织的刺绣工艺。库哈尔缎带一般绣在衣服的袖口和胸部，制作时至少需要三位有经验的女艺人同时将金线绣在一件衣服上面。当库哈尔缎带绣制完整并镶在衣服上之后，将其表面微微燃烧，使其拥有一种独特的耀眼的光亮度和极为细腻的手感。

马塔尔住宅是1905年在没收的地产上建立起的一座房屋。那时它的周围是三面环海。在建筑大师穆萨·本·哈马德的监督下，这一项目建设成为具有巴林传统风格的房屋，使用了椰树干、海石料等作为建筑材料。这一建筑长期用来举办巴林著名珍珠商人苏莱曼·侯赛因·本·马塔尔的私人茶座（马蒂里斯）。这一房屋同时还用于著名医师邦代卡尔的诊所和阿勒伊斯拉赫俱乐部。萨勒曼·本·马塔尔是马塔尔家族的创始人。他的住宅于1825年建在巴林纳吉德地区。他的8岁的大儿子侯赛因和叶海亚家族的创始人叶海亚一直陪伴着他，他的周围还有他的妻子和两个姐姐。自2002年起，马塔尔家族将房屋的顶层保留作为住居。维修之前，这一建筑当时已经被腾空和废弃，并准备推倒重新修建其他新建筑。但谢赫易卜拉欣·本·穆罕默德·阿勒哈利法文化中心却承担了这一修复项目，将马塔尔住宅楼恢复原貌，成为巴林传统建筑遗产的一个部分。建筑名称叫马塔尔老房——遗址记忆，折射了这一代表民族名片的传统建筑的永恒作用。首先，这一楼宇的建筑风格和设计元素包含着文化特色。同时，通过在这一房屋内生活的一些人物，讲述着这里发生的故事，它又是记忆的宝库。马塔尔故居为保护巴林传统建筑作出了贡献，同时也是对马塔尔家族最好的纪念。2009年2月9日，重新恢复的本·马塔尔故居向公众敞开了它的大门，向世人展示其无与伦比的传统建筑，

谢赫易卜拉欣文化中心一角

同时以此纪念萨勒曼·马塔尔和他的家族。在这里常年展览着巴林采珠历史和介绍马塔尔的家族史，马塔尔房屋成为巴林近代艺术的一个小收藏品。

现任文化新闻大臣谢赫梅于2008年上任。她热爱文学，热爱艺术，是位学者，也是位作家和画家。2002年5月，在担任巴林新闻部助理次大臣时，主管文化和民族遗产事务。她发起并创建了巴林文化研究中心，其中包括遗产之家、诗人之家、音乐之家、媒体之家、儿童博物馆等机构。这一研究中心在海湾影响很大，谢赫梅本人还出版了7本专著，积极利用各种社会资源为政府文化项目筹资，努力推动巴林成功竞选世界遗产委员会成员。鉴于其在文化和遗产方面的杰出贡献，被法国妇女研究中心和福布斯杂志分别评为“杰出阿拉伯女性”和“阿拉伯女性50强”，使其在阿拉伯世界赢得较高声誉。

谢赫梅本人对华友好，热爱中华文化，重视发展与中国的文化交流与合作。2007年在其支持下，中国先后派出风筝代表团、古筝乐团赴巴参加巴林艺术节和国际音乐节，在巴林社会产生积极影响。2007年7月，应我国文化部邀请，谢赫梅率团访华。2008年2月谢赫梅邀请孟晓驷副部长率中国政府文化代表团回访巴林。2008年3月，谢赫梅邀请中国大型舞蹈团和武术团参加“巴林文化之春联欢节”。2010年2月23日，我作为中国驻巴林大使代表中国文化部授予谢赫梅大臣“中国对外文化交流贡献奖”，以表彰其为推动与中国文化交流所作的积极贡献。2010年3月，中国残疾人艺术团来巴林再次参加“巴林文化之春联欢节”的文化活动，谢赫梅大臣等800多人出席。

第九节　巴林也是购物天堂

巴林与周边的阿联酋、卡塔尔等海湾国家一样，也是购物的天堂。鉴于巴林在波斯湾优越的地理位置，历史上就是海湾通向欧洲大陆、亚洲等地区的交通枢纽，国际贸易和商务活动自古以来就很繁忙和活跃，因此，巴林拥有物美价廉的世界各地的品牌商品，拥有完全可以供巴林本地人和长期居住在巴林的外国人的购物需求，同时也为前来巴林旅游观光，经商访问的外国人提供了一个很好的购物场所。

巴林各个省市均拥有很多大型的商城与购物中心，特别是首都麦纳麦更是购物的集中地。巴林有地区性的购物商城，如巴林商城、希福商城、锡特拉商城、里法商城、伊萨城商城、阿里商城等；有家族企业商城，如娅提姆商城、达纳商城，吉瓦德商城等；还有一些外国商城，如印度的露露商城、法国的家乐福等。可以说，巴林到处是购物场所，并且每个购物中心均拥有各种世界名牌专卖店，包括一些时装、首饰、运动装、名牌鞋、箱包、香水等。这些品牌都会在一些固定的季节、重大节日、年底等进行限期的打折促销活动，有些品牌可以打到4折、2折，甚至1折，吸引了众多消费者。

巴林人的生活水平虽然没有阿联酋、卡塔尔等国的居民高，消费能力也相对有限，但巴林政府会通过举办一些展销会，巴林商家也会通过一些季节促销活动，向巴林当地人推荐一些物美价廉的商品。届时，巴林人，特别是巴林妇女会成为巴林商城的第一消费人群，尤其在服装店和首饰店内，经常会看到巴林妇女，特别是年轻女子的身影。外国人也不会错过这些良好的购物机会，他们会通过手机短信和媒体报纸等得到促销降价信息，在第一时间赶到商城，经过价格和品质比较后，采购一些高品质低价位的商品。

巴林每年会举办一些展销会，如服装、床上用品、首饰等，不仅吸引了巴林人，还有一些海湾周边国家的人，如沙特等国的消费人群来到巴林采购物品。因此，每到展销会期间，来巴林购物的人络绎不绝，展厅内拥挤不堪。由于巴林比较开放，周末也会吸引一些沙特等周边国家的人前来度假和采购。巴林商人总是能够抓住这些消费人群的心理，适时进行促销活动。

具有阿拉伯传统特色的“巴林门”老市场更是吸引了众多外国人和游客。“巴林门”自古就是外国商人进入巴林的重要门户，被称为巴林的“心脏”。现在的巴林门是传统的市场，进入这栋大型拱门之后，便是纵横交错的巴林传统小店铺。这里可以说是阿拉伯和海湾传统商品与巴林纪念品的零售市场，我们可以买到任何一种阿拉伯特色的商品和旅游纪念品。在这里逛店，没有一天半天是逛不完的。我们所知道的有，阿拉伯盒装的各种果味香料，可以放在阿拉伯水烟里吸用，也可以把盒子盖打开，让芬芳的香味熏满室内或任何场所。这里有用玻璃木框保存的巴林纪念币，喜欢集邮的还有巴林纪念邮票等。更具女士们青睐的是“海娜”染料，用这种纯天然“指甲花”原料和其他天然果子配成的护发品，在巴林的商场和小市场中随处可见。巴林门的“海娜”制品更是品种和色彩齐全。阿拉伯女孩从小就使用这种产品，头发保养得光亮自然。现在很多外国人也都认可了这种天然护发产品，慕名而来，争相大量采购。阿拉伯的服饰、佩件等在这里也可以买到，一些巴林旅游纪念品，如景点T恤衫、小挂件、小摆设，还有一些阿拉伯家庭常用的银制咖啡壶、托盘、甚至一些小型特色家具等。一些商店还出售外国纪念品，如瑞士军刀、名牌手表等，货真价实。总之，巴林门是外国游客的必选旅游购物之地。巴林门内还有巴林金店和天然珍珠商店，这些都是巴林传统老店，商品质量上乘，价格虽昂贵，但物有所值。

巴林国际机场的免税店也是过往游客采购商品的地方，特别是烟酒和化妆品之类，采购一些送给亲朋好友也是不错的选择。

第十二章 中巴友好

第一节 中国与巴林的友好关系

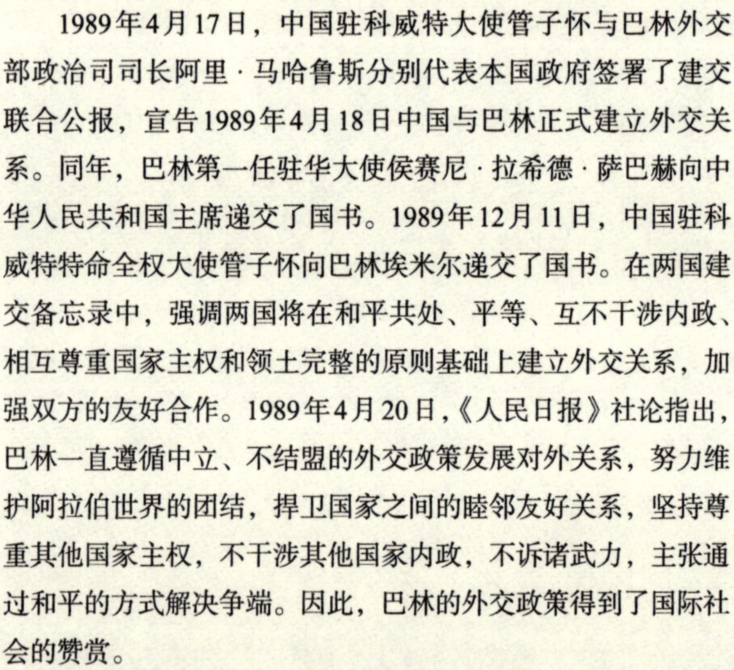

1989年4月17日，中国驻科威特大使管子怀与巴林外交部政治司司长阿里·马哈鲁斯分别代表本国政府签署了建交联合公报，宣告1989年4月18日中国与巴林正式建立外交关系。同年，巴林第一任驻华大使侯赛尼·拉希德·萨巴赫向中华人民共和国主席递交了国书。1989年12月11日，中国驻科威特特命全权大使管子怀向巴林埃米尔递交了国书。在两国建交备忘录中，强调两国将在和平共处、平等、互不干涉内政、相互尊重国家主权和领土完整的原则基础上建立外交关系，加强双方的友好合作。1989年4月20日，《人民日报》社论指出，巴林一直遵循中立、不结盟的外交政策发展对外关系，努力维护阿拉伯世界的团结，捍卫国家之间的睦邻友好关系，坚持尊重其他国家主权，不干涉其他国家内政，不诉诸武力，主张通过和平的方式解决争端。因此，巴林的外交政策得到了国际社会的赞赏。

中巴建交22年来，两国关系稳步发展，在政治、经济、文化、教育、卫生、军事等方面始终保持着良好的交往与合作，双方各领域的代表团互访不断增多，中巴友好合作关系进入一个新的阶段。

中国访问巴林的官方重要代表团有：外交部长钱其琛（1990年3月）、文化部代部长贺敬之（1991年10月）、卫生部副部长胡熙明（1992年2月）、全国对外友好协会会长韩叙（1992年7月）、外交部副部长杨福昌（1993年5月）、副总理李岚清（1993年6月）、全国政协副主席孙孚凌（1993年11月）、外交部副部长田增佩（1995年6月、1997年11月）、副总参谋长吴铨叙（1998年4月）、外交部副部长吉佩定（1999年5月）、贸促会副会长安成信（2000年1月）、国家旅游局副局长孙钢（2000年3月）、外经贸部部长助理徐秉金（2000年4月）、国家广播电影电视总局副局长李树文（2000年11月）、农业部副部长刘坚（2001年4月）、最高人民检察院副检察长赵虹（2001年9月）、国务委员吴仪（2002年3月）、中国人民银行行长周小川率团访巴（2003年9月）、中阿友好协会会长铁木尔·达瓦买提（2004年9月）、杨洁篪外长出席“中阿合作论坛”第三届部长级会议并顺访巴林（2008年5月）、国务委员兼国防部长梁光烈（2008年11月）、中共中央政治局委员、书记处书记、中宣部部长刘云山（2008年11月）、中国贸促会副会长张伟出席首届中国海湾经贸合作论坛（2010年3月）、国务院新闻办主任王晨出席第二届中阿新闻合作论坛（2010年5月）等。

巴林官方访华代表团有：外交大臣穆罕默德·本·穆巴拉克（1990年7月）、新闻大臣穆埃耶德（1992年2月）、卫生大臣贾瓦德（1994年4月）、协商会议主席胡迈丹（1994年9月）、财政和国民经济大臣克里木（1995年5月）、财政和国民经济助理次大臣米尔（1996年4月）、电力水利大臣朱马（1997年

5月）、萨勒曼亲王（1997年7月出席香港回归庆典，1999年9月出席在上海举行的《财富论坛》会议，1999年12月出席澳门回归庆典）、交通大臣阿里（1998年2月）、工程和农业大臣吉希（1999年4月）、财政和国民经济大臣赛义夫（1999年6月）、内阁事务和新闻次大臣萨瓦迪（1999年7月）、司法和伊斯兰事务大臣阿卜杜拉（2000年10月）、卫生次大臣布阿里（2000年10月）、贸工大臣萨利赫（2000年11月）、首相哈利法（2002年5月）、王后兼巴妇女最高委员会主席赛碧凯（2002年9月）、企业家代表团（2003年11月）、副首相兼外交大臣穆罕默德（2004年）、外交大臣哈利德出席中国——阿拉伯国家合作论坛第二届部长级会议（2006年）、文化新闻大臣谢赫梅（2007年）、首相哈利法出席南京第四届“世界城市论坛”（2008年11月）、国防国务大臣穆罕默德（2009年11月）、文化新闻大臣谢赫梅出席上海世博会开幕式（2010年4月30日）、住房大臣易卜拉欣商务访问并参观世博会（2010年5月）、副首相穆罕默德参观世博会（2010年6月）。

两国签署的协议：两国经济贸易和技术合作协定（1990年7月）、两国政府文化合作协议（1991年10月）、两国卫生合作执行计划（1994年4月）、两国正式换文相互给予最惠国待遇（1995年11月）、两国航空运输协定（1998年2月）、香港特别行政区和巴林国民航协定（1998年3月）、两国政府鼓励和相互保护投资协定（1999年6月）、两国互免国际空运税收协定（1999年6月）、中国银行和巴林货币局谅解备忘录（2002年3月）、中国政府向巴林王国派遣三名农牧渔专家项目的换文协定（2002年5月）、中华人民共和国政府和巴林王国政府劳务合作及与劳务合作有关的职业培训合作协定（2002

年5月）、两国政府文化合作2002至2004年度执行计划（2002年5月）、两国政府关于中国在巴建立投资和经济服务中心谅解备忘录（2002年5月）、两国政府关于避免双重征税和防止偷漏税协定（2002年5月）、中华全国妇女联合会与巴林妇女最高委员会合作谅解备忘录（2002年9月）。

中、巴两国历任驻对方大使及任职时间：

（一）中国驻巴林大使：

管子怀（兼）	1989.4.18（递交国书）—1990
王世杰	1991.1.14（递交国书）—1993.1
王小庄	1993.2.12（递交国书）—1996.11
潘祥康	1996.12.10（递交国书）—2001.4
杨洪林	2001.5.22（递交国书）—2003.10
吴从勇	2003.12.31（递交国书）—2006.6
李志国	2006.9.5（递交国书）—2009.10
杨伟国	2009.11至今

（二）巴林驻华大使：

侯赛因·拉希德·萨巴厄	1989.4—1997
穆罕默德·哈迈德·马哈米德	1997—2001
卡里姆·易卜拉欣·沙克尔	2001.9.27—2007.6
贝碧·赛义德·谢拉夫·阿勒阿拉维	2007.7至今

第二节　不断发展的中巴经贸关系

中巴两国于20世纪50年代起建立贸易关系。1990年7月，中巴两国在北京成立经济、贸易、技术混委会，签订了《中巴经济、贸易、技术合作协定》。之后，双方分别于1993年、1996年和2002年召开了混委会会议。

据中国商务部统计，2007年，中巴双边贸易额为4.87亿美元，同比增长40%。其中中国出口3.85亿美元，进口1.02亿美元。2008年中巴贸易额为7.85亿美元，同比增长61.2%。其中，中方出口6.54亿美元，主要是机电产品、纺织品和服装、食品等；中方进口1.31亿美元，主要是未锻造的铝及铝材、液化石油气、棉纱线等。2009年底，双边贸易额为6.9亿美元，同比下降12.7%，其中我国出口4.8亿美元，同比下降27.4%；进口2.1亿美元，同比增长60.9%。2010年中巴双边贸易额为10.50亿美元，同比增长53.1%，其中中方出口8亿美元，同比增长68.2%，进口2.5亿美元，同比增长19%。中国对巴出口的主要产品排序为：钢材、机械电器、电子产品、计算机和通讯设备等。进口巴方产品主要有铁矿砂及其精矿、未锻铝及铝材、液化石油气及其他类气。

最早在巴林入驻的中资企业是中国石油物资装备集团公司中东分公司（COMECO），于1998年4月18日在巴林注册成立，是一家由中国石油物资装备集团公司投资、中方独资性质的海外公司，注册资本10万美元，分别在巴林、荷兰、苏丹设办公室。主要业务为苏丹项目做周边国家的物资采购，先后为苏丹、伊朗石油公司和我国在中东、非洲等国的十几家中外公司提供物资供应、采购、运输、保险、资金运作等多项服务，签订供货和运输合同累计金额达4000万美元。江苏石油勘探局驻巴林办事处（SUDACO）于2001年2月在巴林注册成立。主要职能是拓展海外服务市场，为海外市场提供资金管理、采购等其他后勤支持。新疆建工集团于2001年下半年在巴林设临时办事处，但未注册。主要职能是开拓巴林及海湾建筑市场，从事建筑工程承包业务。四川国际合作股份有限公司驻巴林办事处于2002年在巴林注册成立，是该公司全资拥有的海外分支机构。主要职能是开拓巴林及海湾建筑市场，从事工程承包和劳务输出业务。目前，上述公司均先后撤出巴林。

2007年以后，中国公司开始在巴林承揽大型项目，实现了零的突破。其中包括：中国建筑工程总公司承包的南部省扎拉克地区的索菲特（SOFITEL）五星级酒店项目、中建青岛分公司承建的希福区50层写字楼项目、沈阳远大公司在麦纳麦“巴林湾”重点工程中承包的阿尔卡皮塔（Arcapita）银行的内外玻璃幕墙装饰工程、北京江河幕墙股份有限公司承建的巴林北部阿瓦吉岛上的五星级酒店的玻璃幕墙工程、中国港湾有限责任公司巴林分公司与巴林Amar Holding co.公司签署了《巴林麦纳麦疏浚吹填边坡保护项目合同》，承揽了巴林门户投资项目（Investmeng gateway Bahrain–LGB）。项目内容是在巴林穆哈拉克省的哈德地区东部沿海地区进行围海造地工程。另外，中国石油公司的勘探人员还参与了巴林海上石油勘探的第四区块的勘探工作。

2002年，中巴两国签署了向巴方派遣渔业、农业、畜牧业专家的换文协定，我国开始每年派渔业专家、农业专家和畜牧业专家各1名，与巴林农业部门合作，主要负责进行鱼病的防治和水质监测，畜牧业的新品种的引进和疾病防治，农作物的种植等。2011年1月30日，我作为中国政府代表出席了我国援巴农牧渔设备仪器交接仪式，并与巴林建设规划部负责农业的次大臣纳比勒分别代表两国政府签署了交接证书。这是我国首次向巴林方面赠送援助设备，将进一步提升巴农牧渔业领域的整体发展水平。

截至2011年，在巴林的主要中资企业有：中国建筑工程总公司、华为技术有限公司、中兴通讯股份有限公司、中国银行、沈阳远大铝业工程有限公司、北京江河幕墙股份有限公司、中国港湾责任有限公司、中国石油勘探公司、中国银行驻巴林办事处等。

沈阳远大公承建的阿尔卡皮塔银行项目

2009年中国企业在巴林劳务承包工程新签合同额749万美元，完成营业额6888万美元。其中，承包工程新签合同额为725万美元，完成营业额6853万美元。劳务合同新签合同24万美元，完成营业额35万美元。截至2010年底，中国对巴林投资87万美元，巴林对华投资1467万美元，涉及11个项目。

随着中巴双方经贸领域的合作与交流的不断推进，两国之间的双边、多边的合作论坛也应运而生。如每年一届的中阿合作论坛和部长级会议、中国海湾经贸合作论坛、中国—阿拉伯国家新闻合作论坛、麦纳麦对话会议等。

中国民营企业、私人企业以及各类商贸公司在巴林频频落地，涉足各个领域。巴林企业家和商人赴华经商，与中国公司做贸易的领域逐渐拓宽，贸易额逐年攀升，巴林商城内中国商品比比皆是。除进行商贸活动外，中国侨民在巴林开饭馆、开超市、开诊所、开按摩保健店、美容美发店的逐年增加。在巴林各领域任职或打工的中国人逐年增多，他们工作在当地的企业、酒吧、餐厅、建筑行业等。目前在巴林的中国侨民约2000人。

第三节　我与哈马德国王的一次难忘会见

2011年5月18日下午4:30，我应巴林国王哈马德的召见进入王宫拜见国王。这种国王亲自召见驻巴使节的情况很罕见，尽管当时王宫内外正在热议国王访华之事，我预料很可能是因为此事召见我，但仍然多少感觉有些意外。按照宫廷常规，我们提前赶到了预先通知的拉达宫，也就是国王的寝宫。但当我们抵达时，却被告知临时改为萨基尔宫，也就是国王接待客人的宫殿。入宫后，我们才知道国王正在与一些王室成员会见，很可能是来不及再挪动地方了，才将我的拜会更改为萨基尔宫。

通过王宫仪仗队，我被典礼官穆罕默德引见给在宫里等候的国王私人代表阿布杜拉（国王次子）。入座后，我与其进行了友好的交谈。下午4:50许，我在阿卜杜拉殿下和典礼官的陪同下，步入皇宫中厅。只见哈马德国王走出对面的会见大厅前来迎接我。出于尊重，我只是与国王握手寒暄。因为非皇亲国戚或熟人朋友，是不能随意与国王行贴脸礼的。但哈马德国王却主动探过身来，与我贴脸问候。我也自然地客随主便贴脸拥抱了。显然，一见面的拥抱礼节和热情寒暄就已将拘束气氛冲得烟消云散了。陪同会见的有巴林副首相谢赫穆罕默德、宫廷大臣谢赫哈立德、国王私人代表（国王次子）谢赫阿卜杜拉及最高青年体育委员会主席（国王三子）谢赫纳赛尔等巴林王室重要成员。

这是我第二次单独与国王见面，第一次是2010年1月26日递交国书那次。礼仪完全是国宾待遇，所谈之事也是事先准备好的颂词，气氛虽然很友好，但却没有时间敞开来谈。这次一见面，使我感到一种亲切感和放松感。特别是国王没有像以往接见来宾那样，主客分别坐在两个单人沙发上，非常正式地交谈。而是安排我与国王同坐在一个三人大沙发的两边，非常随意地交谈。谈到兴头之处，国王干脆将一条腿盘在沙发上，侧着身与我说话。国王首先感谢今年2月我国文化代表团访巴时，中国政府赠送给他的精美绣像。他在连连赞美中国刺绣工艺的精湛、美妙的同时，还饶有兴趣地详细询问制作过程。这时我们才明白国王为何最初将我们的会见安排在他的寝宫，因为这尊绣像已经摆在了他的大厅，正想当面致谢。气氛如此随意、松弛，令我感到我面前的这位比我稍年长一点的一国之君，也已完全放下了他的至高无上的王者之尊，与我非常平等、坦诚，毫无戒心、顾忌地交谈。气氛之融洽、热烈、和谐使在座的各位重臣感叹不已。

气氛虽然放松而友好，但所谈话题却是非常重要。正如我

所预料，国王专谈访华之事。中巴建交22年来，两国元首仍未实现互访，哈马德国王近两年也因时间安排问题，访华日程已近在咫尺，但却未能成行。按照巴林外交大臣谢赫哈立德的说法，这的确是中巴友好关系中的一个缺憾。我到任以后，也一直竭力推动。

原本有点眉目了，又因2011年初巴林局势受中东北非国家影响，持续动荡了几个月，国王访华之事业因此被搁置。目前巴林局势趋于稳定，国内社会经济生活恢复正常，巴林的外交部、财政部、首相府、宫廷办等大臣或次大臣先后与我会面，谈及重启哈马德国王访华事宜。其中谈到把在巴林建设中国商贸中心，作为国王访华的一个重要成果；哈立德外交大臣要求近期访华，为国王年内访华做先期准备；哈利法首相甚至抓住在众人吊唁其母亲去世这样如此悲痛和肃穆的场合与我单独交谈，内容仍是国王访华及与中国加强合作之事。巴方访华热情高涨而迫切，甚至连时间表均已确定，希望中方能够积极考虑和安排。

哈马德国王对我说："访问中国是我多年的夙愿。他们都去过中国了，就剩下我一人未去过中国，我迫切地希望能尽快成行。"国王所说的他们，是指哈利法首相、王后赛碧凯、外交大臣哈立德以及副首相穆罕默德等王室重要成员。国王还表示，希望到中国走一走，看一看，学习中国理政治国的有益经验。中国领导人的英明睿智，中国发展经济和维护社会稳定的成功经验值得世界各国学习、借鉴。的确，中巴建交22年，至今未实现双方元首互访的零突破，不能不说是一缺憾，这个状况的确与中巴友好合作关系不相符合。巴方再次提出这一迫切要求，表示出巴林目前政治上的需求和经济方面需要与中国加强合作的愿望。正如首相哈利法所说，我一贯主张“东向”，而不是“西向”。目前，巴林“东向”愿望更加强烈，迫切希望与中国在政治、经贸、文化、军事等各领域拓展双边关系。

正事谈完之后，国王的随从将我为其带来的一个14寸高的金光闪烁的“漆线雕牡丹瓶”抬了进来。国王一见，惊喜万分，又是一件美轮美奂的中国艺术精品。当时的气氛之热烈，已不分君臣，大家都情不自禁地围拢过来，仔细观赏。国王友好地握着我的手，合影留念。与此同时，我还送给国王一本介绍中国美丽风光的《中国》画册，国王饶有兴趣地听取着我的介绍。这一切都被当地电视台和摄影记者记录了下来。时间过得很快，热烈地交谈了半个多小时。我感谢国王用这么长时间单独接见我，令我终身难忘。同时我也表示，一定努力推动发展双边关系。我与国王和副首相握手道别后，哈马德国王执意要将我送到大门口，副首相等也紧随其后。我在门口再次与国王等握手。上车后，我打开车窗玻璃，向国王等摆手道别。令我十分感动的是，哈马德国王始终站在门口，不停摆手，目送我的车离去。

当日晚上，巴林电视台播放了哈马德国王接见我的消息，播放的时间超出预料，拥抱、交谈、赠礼等重要情节都公布于众。在次日的外事活动中，我被国王召见的这一新闻成为了使节们谈论的主要话题，都说在电视和报纸上看到了有关国王接见我的报道，大家的钦佩和羡慕之情溢于言表。随后，我又收到了国王委托宫廷大臣谢赫哈立德给我发来的信件，他代表国王对我的拜访并赠送精美礼品表示了诚挚的谢意。

哈马德国王亲自召见我，并与我进行了长达半个多小时之久的交谈，令我难以忘怀。特别是国王给予我的高规格和高礼

本书作者（右）拜会巴林国王哈马德（左）

遇的接待，使我深感其友好与真诚。这次会见将永远保存在我美好的记忆中。

第四节　中国海军护航舰队在巴林大展风采

2010年12月9日至13日，对于我们驻巴使馆全体人员和驻巴中资机构及华人来说都是个非常难忘的日子。中国海军第六批护航编队998舰队经停巴林萨勒曼港并对巴林进行友好访问。我们中的绝大部分人员都是第一次接待中国舰队，第一次零距离地与中国海军、中国舰艇接触，第一次看到中国最大的登陆舰艇998号，因此，大家都非常期待着这次特殊的接待任务和愉快相约。舰队访问巴林之前，我们使馆做了大量的先期准备工作，与巴林方国防部、外交部、海军司令部等部门进行了密集的磋商，同时与舰队进行了频繁的沟通，了解他们的需求，落实他们与巴方、美方及其他方面的外交拜会与参访，特别是与中国远洋公司在巴林的船代理阿里·谢里夫进行了有效的合作与细节的落实。这的确是一个特殊的接待任务，涉及我们过去在外交生涯中未接触到的领域，两艘军舰共625名官兵，团队人数之多也是我们以前未遇见过的。从11月底接到任务之后，全馆同志就全身心地投入到了非常具体的准备工作当中了。

按计划，998编队“昆仑山”号登陆舰和887“微山湖”号综合补给舰均停靠在巴林麦纳麦的萨勒曼港口。这一停靠需要得到巴林国防部、外交部的批准，需要事先确定一个船代理协助事先办理好舰队停靠港口的各类入关等手续。我们找到了熟悉的中远公司的地区经理赵伟，同时与其在巴林的船代理阿里先生取得了联系，中远驻沙特的中方代表戚金总经理也前来帮助我们。有了懂行朋友的帮助，我们心里踏实了许多。根据在别国的经验和舰队的要求，我们必须要与巴林萨勒曼港口海关协商向中国驻巴林大使馆人员、中方迎送人员，中国护航舰队人员及车辆在巴林期间提供最为便利的进出海港检验手续。但事实上，萨勒曼港是在美军驻巴第五舰队司令部的控制和管理之下，想达到此目的，必须与美方协商。最终，在提供中方出入海港人员身份证件复印件的前提下，美方同意每次进出海港时，不再逐个检查身份证件，中方人员和车辆可以直接进入港区。

2010年12月9日上午9时许，我们终于迎来了中国舰队。998舰艇是目前中国海军最大的登陆舰，进入巴林海域后，需要两艘拖船协助进港。巴林的萨勒曼港当时只有一艘拖船，为了我们的巨型舰艇，还特意从哈利法新港借调了1艘拖船。为隆重欢迎中国海军编队造访巴林，我们组织了100多人的欢迎队伍。在舰队还未抵达时，我们早已将队伍排好，手持巨大横幅，上面写着：热烈欢迎中国海军舰队访问巴林！中国海军舰队的官兵们，你们辛苦啦！当我们远远地看到飘扬着五星红旗的中国军舰缓缓驶进海港时，全体欢迎人员都万分激动，大家情不自禁地挥动着手中的中国国旗和巴林国旗，高呼着：欢迎，欢迎，热烈欢迎！尽管我们的军舰还没有完全靠港，但我们已经看到了在巨大的舰体甲板上整整齐齐地站着身着白色海军军服和身着蓝色特战部队军服的官兵们，他们在向我们招手致意。军舰离我们越来越近，舰上官兵的身影越来越清晰，我们的心情也越来越激动，手中的小国旗挥舞得越来越快，100多人同声高喊的欢迎声也越来越响亮。巴林国防军皇家海军司令阿卜杜拉准将和副司令穆罕默德准将等巴林军方将领也前来迎接中国军舰的到访。军舰终于稳定在岸边，浮梯缓缓放下，我们带领着欢迎的人群向军舰的浮梯靠拢。舰队指挥员李鹏程大校、副指挥员兼政委林延河大校、参谋长陈琳大校、998“昆仑山”舰舰长乔智强上校等舰队领导从浮梯上走下来，与我们热烈握手。我代表使馆全体人员及中国侨民向舰队表示热烈的欢迎，并向他们献上了鲜花。阿卜杜拉司令也代表巴林海军向中国舰队领导表示了热烈的欢迎。舰队领导为大家热情洋溢的欢迎深深地感动，他们再次感谢大家的盛情，并真诚地邀请我们登舰做客。

在李指挥员和林政委等人的陪同下，巴林海军司令阿卜杜拉准将与我一起登舰检阅了舰队仪仗队，随后参观998舰。当我们登上998舰浮梯的时候，甲板上的卫兵吹起了长哨，这是舰队的特殊礼节，贵宾登舰时以吹哨表示致意。中国海军第六批护航编队6月30日从广东湛江起航，前往亚丁湾、索马里海域接替第五批护航编队执行护航任务。南海舰队的998“昆仑山”号舰和“微山湖”号综合补给舰是该编队的其中两艘舰艇。“昆仑山”舰总长210米，最大宽度为28米，正常排水量1.85万吨，是我国船坞登陆舰的首舰，也是我国目前吨位最大的水面作战舰艇。它的服役填补了我国国内船坞登陆舰的空白，更新了我军传统登陆舰的作战理念。我们和在场的中国侨民有幸亲眼看到了我国最大的登陆舰艇，激动之情溢于言表。大家站在宽阔的甲板上，一边聆听着讲解，一边欣赏着停在甲板上的两架直-8直升机。甲板上空悬挂着的多国国旗迎风飘扬，大家情不自禁地站在甲板边、飞机前合影留念。随后，我们走进了舰舱内，在宽敞的会议室里，李鹏程指挥员向我们介绍了舰队的情况，并通过多媒体短片使我们了解了更多关于中国海军护航编队打击海盗的故事。巨大的健身房占据了半个船舱，十几台跑步机排列整齐，乒乓球桌、健身器材、足底按摩区等是每天舰队官兵锻炼身体的地方。狭窄紧凑的舰艇走廊和窄而陡的阶梯是海军舰艇的突出特色，我们必须倍加小心地行走。整个舰艇舱内一尘不染，地面擦得油光锃亮，这里的有序和洁净给我们以及外宾留下了极为深刻的印象。

998舰队虽然在巴林实际只停留4个整天，但在我们的安排和协调下，舰队领导涉外活动频繁紧凑，富有成效。10余场活动主要包括巴林国防军皇家海军司令阿卜杜拉准将在码头欢迎舰队抵巴，并登舰检阅仪仗队和参观舰艇；998舰艇编队指挥员李鹏程大校参访巴林海军司令部，检阅巴林皇家海军仪仗队并与阿卜杜拉司令举行会晤；李鹏程指挥员拜会巴林国防军总参谋长谢赫达伊吉少将；李鹏程指挥员前往美国海军第五舰队驻巴基地，拜会美国海军中央司令部副司令高艾特少将；美国远征打击第五部队司令克莱恩少将一行应邀参访中国998“昆仑山”舰；中国海军998编队和我驻巴使馆联合在“昆仑山”舰甲板上举行招待会，巴林国防军海军司令阿卜杜拉准将、副司令穆罕默德准将、部分国家驻巴使节、武官、美军及联军代表、巴中友协成员以及我国驻巴使馆官员等近百人出席；美军中央司令部司令登上“昆仑山”舰拜会我舰队领导、检阅仪仗队和参访舰艇；李鹏程指挥员等前往巴林海军司令部回访阿卜杜拉司令，并在其陪同下参访巴林军舰；巴林皇家海军副司令穆罕默德准将登“昆仑山”舰与李鹏程指挥员话别，为舰队送行。中国海军护航编队访巴有力地推动了中巴两军的友好交往，对两国友好合作关系的持续发展产生了积极影响。此访为树立我国致力和平发展，构建和谐世界的负责任大国形象、宣传我人民解放军和平之师、威武之师的良好形象发挥了积极作用。

2010年12月12日晚，我们与中国海军998编队在“昆仑山”舰甲板上联合举行的招待会是舰队离开巴林前的重大活动。李鹏程指挥员在致词中对有机会访问巴林感到高兴，感谢巴方的热情接待，并简要介绍了中国第六批护航舰艇编队在亚丁湾执行任务的情况。我在致辞中高度赞扬中国海军舰艇编队在亚丁湾和索马里海域的护航任务中卓有成效的工作，显示了中国海军威武之师的良好形象，为祖国赢得了荣誉，受到了国际社会的广泛赞誉。在欢快的乐曲声中，宾主频频举杯，共叙友情。来宾们高度赞扬中国海军有效护卫亚丁湾和索马里海域的商船，希望中国在国际事务中发挥更大作用。

12月13日是中国海军舰队离开巴林的日子。这天一大早，我们又如约来到了萨勒曼港。虽然是我国海军编队在巴林逗留的最后一个早晨，但从日程的安排来看，中国舰队与巴林海军以及美国第五舰队的交往仍意犹未尽，7点半整，美国海军中央司令部司令福克斯中将准时抵达998舰，与我国舰队领导会面。福克斯司令是当日凌晨抵达巴林的，为了表达对中国舰队的友好情谊和希与中方合作的愿望，在我国舰队即将离开巴林之时，仅利用半个小时与我国舰队领导接触并登舰参观。接待完美国福克斯司令后，我们又在巴林皇家海军车队的护送下，来到了巴林皇家海军司令部。阿卜杜拉司令热情地接待了我们。我们首先被迎进了一间阿拉伯特色的会客室，这里是海军司令部的博物馆兼会客室。墙上挂满了巴林海军在各个时期的照片与纪念牌，房间周围、地面、桌面和展柜里摆放着各种巴林海军舰艇的模型和设备收藏。阿卜杜拉准将热情地以家人制作的阿拉伯椰枣和咖啡招待了我们。休息片刻，我们便随着阿卜杜拉司令走上了停靠在岸边的两艘巴林军舰。其中一艘是德国退役下来的护卫舰，另一艘比较新，是美国军舰。舰长向我们详细地介绍了情况并引领我们进行了参观。之后，我们又随阿卜杜拉司令走进了海军司令部的另外一间会客室。这间会客室的外形和内装修犹如一个舰艇，窗户的形状为圆形，酷似军舰内的窗户。主人为我们准备了早餐，李鹏程指挥员一行怀着感激之情，与友好、好客的巴军方朋友共进在巴林的最后一顿早餐。

接近上午11点左右，中国海军护航编队就要离开巴林港了。我们依依不舍地在李鹏程指挥员和林延河政委的陪同下从998号军舰上走下来。舰队全体官兵已经全部整整齐齐地站在了甲板上，我们的欢送队伍也已手持横幅和国旗站在了停靠军舰的岸边。千里之行，总有一别。李鹏程指挥员等舰队领导登舰的时间到了，大家依依惜别的情感在每个人的心中和脸上流露。李指挥员动情地对我说，咱们拥抱一下吧！我们情不自禁地拥抱、话别，相互祝福，并相约在北京，在三亚再见！舰队领导对我们敬礼致意之后，登上了舰艇。浮梯缓缓收回，军舰开始移动。5天的时间，我们与舰队官兵朝夕相处，增进了了解，建立了友情。全体馆员辛勤、高效、到位的工作赢得了舰队全体官兵的一致赞扬，他们在各种场合，多次向我们表示衷心的感谢和敬意。当军舰缓缓离开巴林萨勒曼港口的时候，我们的欢送人员不停地挥动着国旗向舰队官兵高喊着：再见！一路顺风！舰队领导率全体官兵整齐地站在甲板上，向我们敬礼、挥手致意，高喊着：再见！再见！舰上舰下的祝福声响彻云霄，穿越海湾，当时的情景感人至深，在场的很多人都热泪

本书作者（右二）检阅到访的海军998编队仪仗队

盈眶，声音哽咽。军舰远行，我们相互已经看不到身影了，但我的电话里却传来了李鹏程指挥员和林延河政委熟悉和动情的声音，他们再次感谢我和夫人以及驻巴林使馆全体同志为他们所做的一切。第二天，我又在网上收到了李鹏程指挥员的感谢信和衷心的祝福。我们衷心祝愿我国海军护航编队全体官兵顺利完成任务，早日回到祖国，与亲人团聚。

第五节　与哈马德国王表弟的友好交往

由于上海油汇集团与巴林马沙勒集团的合作项目，我们有机会结识了巴林国王哈马德的表弟，马沙勒集团董事长谢赫穆罕默德。谢赫穆罕默德的母亲与巴林前埃米尔是兄妹，其外祖父也曾是巴林埃米尔，因此，他出生在一个王室家族。谢赫穆罕默德不仅仪表堂堂，风度翩翩，而且是位非常聪慧、精干的年轻人，今年35岁的他，不仅是四个孩子的爸爸，而且还掌管着一个巨大的石油公司。

2010年9月23日，谢赫穆罕默德邀请我和夫人以及上海油汇公司董事长、总裁以及代表团成员到他家里做客。巴林的王宫及王室家族的住所均建设在里法区，远离麦纳麦嘈杂的市区，环境优美且幽静。谢赫穆罕默德的寝宫分两个部分，一部分是家庭私人别墅，是谢赫穆罕默德的父母与他们夫妇和四个孩子居住的地方；这栋别墅的对面是另外一幢别墅，是谢赫穆罕默德专门接待客人的地方。为了不打扰他的家人，我们自然被带进了这栋“接待”别墅。入门后先是一个大堂，左右和前方都是高大而宽敞的接待大厅。大堂中央摆放着一个巨大的鲜花竞放的花篮。周围明亮的镜子和天花板上巨大的水晶吊灯给人以金碧辉煌的感觉。会客厅非常的气派，沙发、地毯、壁画，特别是正前方主宾沙发后面墙壁上挂着的巴林前埃米尔伊萨、哈马德国王、哈利法首相和萨勒曼王储的巨幅画像等装饰是每个王室家庭客厅必不可少的装饰。不同的是，谢赫穆罕默德家左侧墙壁上多挂了一幅黑白色画像，那是他外祖父的画像。

我们在客人的位置上安坐下来，等候着谢赫穆罕默德的到来。不一会儿，一位年轻潇洒的王子便出现在我们面前。相互介绍寒暄之后，他便坐在了中央的三人沙发上。他招呼着我坐在了他的右边。交谈了一会儿，双方便自然自在，熟若家人。谢赫穆罕默德2005年访问过中国，那次访问虽然短暂，但印象深刻，感触颇深。他热爱中国，从媒体中了解了不少有关中国的情况，他期待着与中国公司合作并再次踏上中国的土地。与他人不同的是，他热爱中国的武术，崇拜中国功夫奇人李小龙，并坚持天天练功。他甚至伸出双手，让我们看那些练功留下的茧子。他喜欢中国的工艺品，喜欢品尝中国茶，因此，作为礼仪之邦，油汇集团和我们使馆首次登门造访，特意为谢赫穆罕默德带上一些中国纪念品、中国茶和介绍中国的书籍、光盘，还给他的夫人带上了一块中国上等的丝绸面料。

交谈之后，我们共同走进对面的另一个大厅，那里已经摆上了自助餐的美味佳肴。谢赫穆罕默德对我们说，为了满足我们的各种口味，除了地道阿拉伯餐，如烤羊肉等外，还另备了中国春卷、印度餐、意大利餐等。显然，主人为了招待我们，精心准备了大量的食品，看到这些美味，确实令人胃口大开。用餐席间，我们随意地交谈。我们提出了很多有关巴林的问题，谢赫穆罕默德都一一详细解答。对他提出的关于中国方面的问题，我们也热情地作答。不同的地域、不同的民族、截然不同的生活习惯和信仰，但通过这样的零距离接触，相互沟通，相互了解，顿感彼此间增加了互信、互敬和友情。

晚餐过后，谢赫穆罕默德把我们引进了一个空间较小的客厅，为的是大家坐得紧凑一些，距离近一些，便于共同正式商谈中巴公司合作事宜。刚才在餐桌上谈笑风生，随意解答我们各种问题的谢赫穆罕默德，此时一脸严肃，开始听取中国上海油汇集团老总的情况汇报。他不时地提出问题，咨询各种信息、数据，双方共同探讨合作的可行性。交谈过程中，我感到谢赫穆罕默德是个办事非常严谨的人。他不仅对双方公司的业务很熟悉，提出的问题专业且关键，而且态度严肃认真，给人一种信任感。双方提出的方案和想法不谋而合地达到了一致，这对于合作双方来说是个极好的兆头。

第一次见面之后，我们和谢赫穆罕默德便结下了不解之缘。我们之间除了经常互通电话问候外，又多次见面、交谈。见面地点或在他的海边庄园，或在他的位于金融街的“马沙勒石油公司”办公室，或应邀到我们官邸来做客，或在我们国庆招待会等社交场合。他虽然身为重要王室成员，但我们之间非常随意、坦诚，每次会面都收获颇多。使我们难忘的是，他会在晚宴之后，热情而毫不拘束地带我们在他的庄园里散步，沿着海边堤岸欣赏海湾美景，介绍着他的私人游艇。同时还透露给我们，在他们家庄园的左右，分别是哈马德国王和哈利法首相的庄园。鉴于他的舅舅和外祖父均先后担任巴林的埃米尔，因此，他们家的庄园面积要大于目前哈马德国王和哈利法首相的庄园。闲暇之余，谢赫穆罕默德还与我们在他的帐篷健身房内一起打乒乓球、台球、手球等。更令我们意想不到的是，他居然在用晚餐的时候，将他心爱的美式机枪拿了出来，供我们欣赏。谢赫穆罕默德从7岁起就开始在他父亲的指导下学习用枪，因此他自幼喜爱玩弄各种枪支，枪法也几乎是百发百中。他认真地给我们讲述使用枪械的规矩，做到绝对保证安全。席间，他还拿出珍藏在家中的其外祖父、巴林老埃米尔赠送给他的一把宝刀，并用极为敏捷的动作挥舞着这把古老刀具，给我们讲述宝刀背后的故事。2011年初，巴林政局发生动荡的时候，他仍然保持着与我们的联系。局势趋缓后，他又主动邀请我们到他的聊天室共进晚餐。他对我们无话不谈，详尽介绍巴林政局，使我们更深刻地了解了巴林社会的情况。

谢赫穆罕默德属龙，他当年结婚盛典的布置全部是中国特色，就连巨大的塔式蛋糕上也都层层雕刻上了龙的图案。他的

巴林国王表弟谢赫穆罕默德（右）向本书作者（左）展示

中国情结源远流长，溢于言表。待到2012年他的本命年龙年时，我们一定给他一个惊喜的祝福。

第六节 “千手观音”震撼巴林岛

应巴林王国文化新闻部的邀请，由中国残疾人艺术团副团长王龙艳女士率领的中国残疾人《我的梦》艺术团一行50余人，于2010年3月初来到美丽的巴林岛参加第五届巴林文化之春联欢节。3月6日晚，《我的梦》艺术团在巴林文化宫隆重上演了唯一的一场访巴演出，但它却成为巴林文化之春联欢节最令人期待和最为之震撼的一台精彩的重头戏，至今令巴林人难以忘怀。

巴林文化之春联欢节每年举办一次。在过去的几届联欢节中，中国政府也曾派出不少文艺团体参加，均产生了很好的效果。2010年又有十几个国家的艺术团参加此项活动。每年，联欢节组委会都会提前通过报刊、网络、电视等媒体进行宣传，并将各个国家参加演出的节目和日程印成小册子，发放到各个省市。在巴林观看这类节目，不用购买门票，民众通过节目单日程选择自己喜欢的国家的节目，然后提前来到演出会场，在门外排队领票入场。2010年巴林文化之春联欢节的口号是“联欢，并非唯一”。因为，联欢节不仅是演出几场节目，而是要同时举办与此口号相符的诸多特色活动，其中有文化、艺术、家庭、教育和社会等内容的节目，以显示巴林王国对文化和艺术的理解与诠释。

中国残疾人艺术团在此次演出之前就在组委会的安排下，与巴林残疾学校的学生进行了一场联谊互动活动。为表示中国使馆对这场活动的支持，我夫人王雁芬带领使馆妇女小组的同志参加了联谊活动。活动现场仍然在文化宫举行。这次活动的特殊性是台下的观众和台上的演员都是年轻的残疾人，他们虽然生活在不同的国家和民族，但有着相同的命运和身体残缺。中国残疾人《我的梦》艺术团这次来参加巴林文化之春联欢节，不仅代表中国，代表中国残疾人，来到巴林传播中国的文化，与巴林人民进行文化艺术的交流，同时也向世人又一次地展示着残疾人“身残志坚”的精神。他们不畏艰难，用自己的才华与智慧编织和实现着自己美好的梦想。在150名巴林残疾学生身上，我们也看到了一种顽强与生命抗争，自强不息的精神。看到他们在学校和社会的关怀和帮助下，不断改变和提高自己的生活质量，同时能用自己的才干为社会服务。中国残疾人艺术团素装为巴林残疾同学演出了部分节目，巴林残疾同学也登台演出了一场民乐合奏，博得了在场观众的热烈掌声和鼓励。不同国度的人员之间是要通过共同语言来交流的，正常人的交流离不开语言，而残疾人之间的交流要通过手语和肢体语言。我们好奇且非常感动地看到，两国年轻的聋哑人在手势不完全一样的情况下，居然一会儿便开始了“对话”。特别是那些男孩子，他们之间非常兴奋地用手语沟通着，表情如此丰富，相互之间好像读懂了许多。他们兴奋地相互合影留念，相互拥抱着，期待着再次见面。这次互动活动使我们感到，《我的梦》艺术团来到巴林访问，它的真正意义已经远远超出了艺术的层面，它在两国残疾人的心中深深地埋下了友谊的种子。

《我的梦》艺术团在巴林演出的那天晚上，我们作为主人，提前来到了文化宫。但令我们没有想到的是，文化宫门前的停车场上已经被各种车辆占满，门前排着长长的观众队伍，争相领票入场。待我们进入剧场时，更加令我们惊奇的事情发生了。剧场内已经坐满了三分之二的观众，这就意味着外面很多排队的观众已经没有座位了，甚至不可能进入剧场观看演出了。

巴林文化新闻大臣谢赫梅准时抵达演出现场，在前几排入座的有巴林众多政府官员、参众两院议员、文化新闻等各部委和企业负责人、一些外国驻巴使节和国际组织代表、巴林友人、中资企业及华人华侨代表等。为了满足更多观众的要求，组委会破例允许更多的观众进入剧场，顿时，在剧场两侧和坐席中间的台阶处均坐满和站满了观众。就连谢赫梅大臣的两个女儿也坐在我们旁边阶梯的地毯上。从这些观众的脸上我们看到了极大的满足感，他们为能入场感到幸运，因为还有更多的观众在场外等候呢。原本只有600个座位的剧场，挤满了近千名观众，表达了热情的巴林观众对这场文化与精神盛宴的关注与期待。

晚会正式开始。我首先代表中国政府致辞。我高度评价巴林文化新闻大臣谢赫梅为举办这次文化盛会给予的关注和支持，并对其前不久被中国文化部授予“中国对外文化交流贡献奖”表示衷心的祝贺。相信在双方的共同努力下，两国在包括文化新闻在内的各领域友好关系必将不断巩固和发展。我随后简要地介绍了中国残疾人艺术团的情况，并祝贺晚会演出圆满成功。

演出开始。艺术家们精彩纷呈的表演，昂扬向上的风貌和自强不息的精神，强烈地感染着每位观众。尤其是极具东方神韵的舞蹈“千手观音”，灵动的指尖，曼妙的舞步，美轮美奂的服饰更令观众惊叹不已。盲人演员表演的阿拉伯歌曲引起场内观众的共鸣，大家随着节奏鼓掌欢呼，激动之情溢于言表。整台节目为观众带来了独特的艺术享受和心灵的巨大震撼，全场观众无不为残疾演员们热爱生活，自尊、自信、自强、自立的坚强意志而感动、折服。两个多小时的演出现场始终掌声雷动，欢呼声响彻整个文化宫。当谢幕曲响起时，全体演职员走上舞台向观众致谢。这时全场起立，热烈鼓掌，经久不息。巴林文化新闻大臣谢赫梅在我和夫人的陪同下，上台与演员们握手祝贺演出成功，并合影留念。艺术团向谢赫梅大臣赠送了“千手观音”纪念牌，热情的巴林观众向演员们献上鲜花。演出虽然结束，但很多观众却久久不愿离去，他们争先与演员们合影，签字留念。

记者采访文化大臣谢赫梅时，她非常感动地说：“这场演出太令人感动和震撼了！我始终和全场观众一起沉浸在极为激动的情绪当中，热烈的鼓掌把手都拍疼了，欢呼声将嗓子都喊哑了，但我们情不自禁！因为中国残疾人艺术家的演出太神奇了，太出乎预料了！实在难以想象他们是如何排练，如何能够达到如此高的艺术和精神境界”。一些巴林观众感动地说：“这是他们有生以来观看的最为精彩和最令人震撼的一场演出。他们从来都没有被如此精湛的演出所深深感动！”谢赫梅大臣表示，今后有机会一定请这个艺术团再次来巴林演出，因为这一次远远没有满足观众的要求。

为了祝贺中国艺术团在巴林演出成功，我们利用艺术团在巴访问的最后一个晚上，邀请他们来到我们官邸，请他们品尝在国外久违了的地道中餐，同时与艺术家一起联欢，共叙友情，并观看了他们的部分表演。这次来巴林演访的中国残疾人艺术团由54人组成，其中有39名残疾人舞蹈家、演奏家和艺

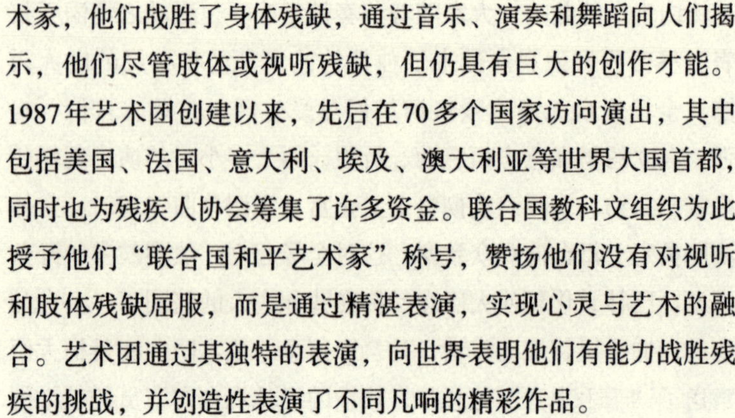

术家，他们战胜了身体残缺，通过音乐、演奏和舞蹈向人们揭示，他们尽管肢体或视听残缺，但仍具有巨大的创作才能。1987年艺术团创建以来，先后在70多个国家访问演出，其中包括美国、法国、意大利、埃及、澳大利亚等世界大国首都，同时也为残疾人协会筹集了许多资金。联合国教科文组织为此授予他们“联合国和平艺术家”称号，赞扬他们没有对视听和肢体残缺屈服，而是通过精湛表演，实现心灵与艺术的融合。艺术团通过其独特的表演，向世界表明他们有能力战胜残疾的挑战，并创造性表演了不同凡响的精彩作品。

短短几天的访问，仅仅一场的演出，却轰动和震撼了整个巴林。在艺术团离开巴林之后的那些日子里，我们在许多外交和社交场合里，感觉人们仍然意犹未尽，仍然在谈论着中国残疾艺术家所创造的人间奇迹。未能在此次一睹中国残疾人艺术家表演的人们，开始期待着这个艺术团再次来到巴林演出。

《我的梦》艺术团演出后与巴林文化大臣谢赫梅（前排左七）、本书作者杨伟国（前排左六）、王雁芬（前排右六）合影

第七节　我们认识的著名画家穆萨维

经朋友介绍，我们认识了巴林著名画家阿巴斯·阿勒穆萨维先生，并有幸参访了他的工作室。穆萨维生于1952年，年近60的他，充满朝气和灵感。他性格开朗、幽默、好客，我们第一次见面便有一见如故的感觉。他的画廊工作室位于麦纳麦的布代亚地区，他长期租用了一大片非常简朴的房子，之后自己又加盖了一些类似库房似的非常实用的房间，用来存放几十年积累的绘画作品。工作室外有一个小院，无任何雕琢、绿化，地面上只有一大块水泥平台，是穆萨维冬季用来在室外绘制巨幅作品的地方。画廊的室内大门是一个有了年头的老式双开门，巴林过去老式房屋的门都是这样的，有点像中国北京胡同里的门，有门闩、门钉等装饰。穆萨维还在门的内侧一面挂上了一些从中国买来的假玛瑙、绿松石等饰件作为装饰物。当然，一进门便是满屋子的画作，墙上、桌上、台子上、地上，摆得到处都是。有的作品能有好几米长，摞在地面或墙边上。需要观赏时，得让他的助手一幅一幅地“折腾”出来展示，一切都证明这是一个多产画家，而他的工作室已远远不能满足他的需要。

摆在醒目位置的有几幅画：一幅是1983年为纪念哈利法家族200周年（1783~1983）制作的一幅2米乘3米的巨幅油画。这幅画目前已挂在了哈马德皇宫里，眼前的这幅是张放大了的照片。作品将哈利法家族的各个时期的统治者全部画了进去，形象逼真而富有立体感，充分体现了200年来哈利法统治家族人丁兴旺，政权稳握，致力于振兴国家的场面。另外一幅是穆萨维祖父阿德南的画像。不用问，穆萨维的家族肯定给了他很大的影响，他今天的成就肯定与其祖父和父亲有关，于是我们便提出了这个问题。

穆萨维的确出生在一个文化世家。他的祖父萨耶德·阿德南（1880~1928）是个传教士，曾经做过法官，生前与哈利法家族有着密切的来往，在当地是个赫赫有名的人士。他的父亲萨耶德·穆罕默德也是个传教士，同时又是作家、诗人、画家，在海湾地区享有盛名。穆萨维的绘画爱好主要是继承了其父的基因。1970年以后，巴林戏剧性地凭借着石油收入，首次在其历史上将几代人的梦想变为现实，国家面貌更新，人民生活改善，像穆萨维这样的年轻人得以到海外留学。酷爱艺术的穆萨维，利用这一契机，在埃及开罗花了4年的时间学习绘画专业。他抓紧这段日子，努力坚持学习素描和水彩画。他还继承了其父工作时间长的习惯，每天忘我地学习和实践，终于在1978年获得了巴林迪尔蒙艺术奖，他的那幅获奖作品至今还展示在巴林博物馆内。从那时起，他的艺术才华崭露头角。1983年，巴林成立了艺术协会，为其施展才华搭建了平台，更加激励了他的创作激情，使他逐渐转为专业画家，他先后在英国、法国、比利时、荷兰、意大利、瑞士、德国、埃及、海湾国家、毛里求斯及中国台湾等地举办个人画展。他终于成为了海湾地区乃至世界的知名画家。

翻阅穆萨维画册和参访他的画室，我们明显地感觉到他绘画艺术的全面和成熟。他不仅擅长素描，而且擅长水彩画、油画；他不仅擅长画山水画，而且擅长画室内画、人物画、甚至较为抽象的作品。他的绘画作品内容涵盖广泛，人物作品涉及巴林哈利法统治家族的成员，如国王哈马德、首相哈利法等；涉及其家族成员，如其祖父、父亲等；还有众多的人物形象，如少女、采珠人、渔民，当然还有自画像。风情习俗作品有传统巴林民宅、古老集市、婚嫁场景、打鱼船只、采珠船、城堡、清真寺等。山水画更是丰富多彩，他用手中的彩笔将巴林过去、现在和未来的城市、乡村、景物、人物描绘得栩栩如生，美轮美奂，如仙境一般，令人神往。从穆萨维的作品中，我们可以感受到他热爱生活，热爱祖国，热爱人民，热爱这里的一草一木。他之所以获得如此成就，是因为他在用心作画，把情融化在绘画之中，使人们通过他的作品获得更多的人生感悟和情感交流。

穆萨维不仅用其绘画感染着成千上万的人们，他还是一个爱好和平的使者。他多次在巴林和世界各地参加诸如爱好和平、保护海洋、保护生态、让世界更美好、让生活更多彩等为主体的绘画活动。他多次与各国的孩子们在一起，宣传世界和平，宣传保护地球，举行大型的绘画活动。比如与巴林环境保护协会的成员一起用绘画提倡绿化治沙、保护海洋生物；在巴林穆海尔湿地前绘画，宣传保护湿地，保护生态；在巴林阿拉德城堡前与孩子们绘画进行保卫世界和平的宣传；在巴林“生命之树”的一片荒沙上举行数千人的绘画活动，以提倡保护家园，让荒沙变绿洲；在莫斯科的克里姆林宫前与俄罗斯孩子们一起宣传世界和平；在日内瓦用绘画宣传和平和环境保护；在日内瓦民族宫内组织世界各国的孩子们通过绘画主张世界和平；在日内瓦联合国总部用绘画和和平鸽造型宣传世界和平；在埃及开罗阿盟总部与阿盟成员国的孩子们一起绘画地球，宣传保护地球和世界和平；在海湾战争时，他多次绘画声援科威特，主张地区和平；“9 · 11事件”后，他也通过绘画作品反对恐怖主义，主张世界和平等等。他还曾经在中国成都与中国的小朋友们举行过类似的保卫世界和平的活动，我们在他的画室内看到了中国孩子们的绘画作品和他与中国孩子们在一起的巨幅照片。几十年来，他以画笔为武器，就像一名勇敢的战士，始终站在保卫世界和平的前线，他用自己微小的力量，但尽自己最大的努力，为保护家园，保卫世界和平做出了应有的贡献。

2011年6月底，穆萨维又带着他的作品，带着他的创作激情，前往中国宁夏银川参加“阿拉伯著名画家宁夏采风活动”。相信他一定会满载而归。

第八节　做客巴林电信董事长哈马德的海滨别墅

2010年6月5日，我们全馆人员应巴林国家电信总局董事长谢赫哈马德的邀请，来到位于巴林南部省锡特拉东部海域的他家的海滨别墅做客。

谢赫哈马德虽是王室成员，但在普通哈利法家族成员中拥有一片面积约3万平方米的海滨宅的人家并不多。说起这片海滨宅地，得追溯到1990年的海湾战争时期。那时哈马德是巴林国防军的一名空军指挥官，也是巴林空军F16战斗机的首任驾驶员，他曾经指挥巴林空军参加了海湾战争。战争时期，哈马德一直在空军基地办公。当时任巴林王储的现任国王哈马德，曾经视察过他在基地的指挥部。当发现哈马德的指挥部非常狭小而简陋时，就表示给他一块地建设别墅。之后就有了这块位于空军基地旁边的3万平方米的海滨宅基地。这也是国王为了表彰哈马德为保卫巴林国土作出的杰出贡献给予他的奖赏。现在他与国王哈马德仍保持着非常密切的关系，差不多每隔三五天就能见上一面。

谢赫哈马德的这块宅邸一半是园林，种植着各种花草、果树；靠近陆地的一部分是蔬菜水果大棚，靠近海滨的是一片私人海滩，可以游泳、捕鱼。还有一侧是一个大鱼塘，鱼塘的水连接着海湾，但中间用石头拦住，以便饲养鱼苗。这里的各类鱼儿经人工喂养，生长得很快，仅25公斤左右的石斑鱼就有200多条。宅邸的中间部分是一幢三层别墅。每层都设有观海平台，很适合休闲度假。海湾边上停靠着大大小小6只游艇，供家人和客人度假时享用。岸边上停靠着一只非常大的木舟。据介绍，这是哈马德的父亲当年制造的捕鱼木舟，现在已经被哈马德改造成为了木舟咖啡厅。

趁着太阳光还不太强烈，我们那天在哈马德海边别墅的第一个娱乐项目就是钓鱼。哈马德的家佣首先给我们作了示范，他们用一条非常粗的绳子作为钓鱼绳，一个坚硬的铁钩作为鱼钩，几个人站在池塘岸边将准备好的小鱼诱饵挂在鱼钩上，然后将钓鱼绳放入水中。我们正在诧异为何使用如此之粗的绳子和鱼钩时，鱼钩已经在水中剧烈地抖动起来，几个男人同时拉绳子，旗开得胜，上钩的是一条非常大的石斑鱼。在场的人都情不自禁地惊叫起来。大鱼被拖上了岸，不停地跳动，使我们根本不敢靠近。直到这条战利品气数耗尽了，它才乖乖地躺在了地上。我们每个人都上前试着将它拎起，但它实在太重了，我们只好两个人一起拎。兴奋、尖叫和互相拍照之后，哈马德告诉我们，这条鱼大约有20公斤。哈马德立即将事先准备好的大冰桶拿过来，将这条鱼放了进去，这是哈马德送给我们的见面礼。接下来就靠我们自己钓了，所谓“自食其力”。于是，几乎所有人员全部拿起了鱼绳、鱼钩、鱼饵，选择有利位置，饶有兴趣地钓起鱼来。海湾6月的天气非常炎热，尽管哈马德的钓鱼桥上有一个凉棚，我们又都戴着帽子、手套，但一会儿，大家的脸都晒红了，汗水止不住地流淌，衣服一会儿就湿透了。耐不住日晒的女同志都先后躲进了凉爽的休息室，只有几位爱好钓鱼的男同志仍然顶着烈日饶有兴趣地钓着。功夫不负有心人，他们的收获斐然，钓上来的不同大小的各种鱼已将大冰桶占满，午餐时间到，此项节目结束。

哈马德的夫人为了我们的到来，特意准备了丰盛的午餐，尤其令我们感动的是，他们请中餐馆准备了部分中餐，还在每道菜前摆上了中文标签。周到热情的服务令我们感到主人的真诚和友好。饱餐之后，哈马德请我们更换上泳装，决定带我们登上他的游艇，到海上游玩并下海游泳。准备好之后，我们登上了游艇，但让我们没有想到的是，驾驶游艇的居然是哈马德本人。他一改身着白袍的海湾王室成员形象，短袖衬衫加宽松短裤的装束，驾驶着游艇，显得非常专业和潇洒。海风吹在脸上，望着俊美的海湾美景和游艇后留下的银白色的浪花和长长的轨迹，我们的身心得到了极大的放松。游艇开得很快，一会儿便来到了南部省最南端的新开发的“杜哈住宅区”。哈马德向我们简单地介绍了该项目之后，开始调头驶向海中心的一个浅滩。这里有一大片长着海草的浅滩，也是哈马德的家人经常游泳的地方。游艇抛锚后，我们开始下海。海水的确很浅，最深的地方也就到我们的胸部，对不太会游泳的人来说也很安全。我们在没有海草的区域尽情地游着，时间过得很快，一会儿太阳就要落山了。游泳之余，我们还在浅海底打捞了一些非常漂亮的海螺等。

返回时，哈马德加快了速度，一会儿就回到了岸边。哈马德的夫人早已站在岸边等待着我们的返航。更衣冲凉之后，他的家人送上了可口的饮料和甜点。坐在岸边的凉亭里、绿荫下，望着眼前的树木一片绿色和茫茫大海的一片碧蓝，的确是一种愉悦的享受。但由于这块宅基地距离哈马德工作的地方较远，他不能天天住在这里，只是在周末或与朋友聚会的时候才来到这里享受。哈马德尽量利用这一得天独厚的海滨，在周末或节假日时，邀请亲朋来这里度假。因此，哈马德这里经常是宾朋满座，举办一个百十人的家庭聚会是常事，他要让更多的人与他共享海滨的良辰美景。

哈马德作为巴林电信的董事长，与中兴公司和华为公司有着密切的业务关系。他热爱中国，多次应邀访华。他参加过奥运会、世博会的各项活动，参访过中国的很多省市，对中国有着很深的友好情结。因此，他和他的家人也是我们使馆的好朋友。

第九节　中央电视台走进巴林

2010年4月下旬，中央电视台《走遍亚洲》摄制组来到巴林，拍摄《走进巴林》的电视节目。这是央视摄制组第一次来到中东海湾国家，他们选择了具有独特风格的波斯湾袖珍岛国——巴林王国。为了设计好这次拍摄，先遣组在3月份就登上巴林岛，与我使馆进行商议协调，并与巴林新闻文化部方面进行接触，为拍摄作先期的准备。一切准备都非常顺利，热情好客、纯朴善良的巴林朋友为摄制组提供了一切尽可能的帮助，使摄制组拍摄的内容比预期的更加丰富。

4月21日晚，我们在巴林穆哈拉克岛的莫凡彼饭店举行了《走进亚洲·走进巴林》大型电视系列片拍摄开机仪式。巴林外交部次大臣克里姆、文化新闻部媒体司代司长谢赫阿卜杜拉、巴林—中国友好协会会长哈立德、一些驻巴外国使节、巴林外交部和文化新闻部官员、巴林和外国媒体记者、中资企业负责人、华人华侨代表等近70人出席。我、谢赫阿卜杜拉、哈立德会长和央视制片人董鑫等先后致辞，并一起上台为3台摄影机揭幕。

虽然是海湾第一家，但从初步对巴林的了解，摄制组感觉能拍摄的内容很多，超出他们的计划和想象。巴林王国具有很多独特之处：巴林是海湾国家第一个发现石油并开采石油的地方，因此第一口油井是必须要拍摄的；巴林浩瀚的荒沙之中生长着一棵“生命之树”，周围全无生命迹象，而它却根深叶茂，如今仍是个谜；巴林保存着史前世界最大的坟山墓海，延绵30多公里，共有大小古墓8000多座，被称为“万冢之岛”或“死岛”；巴林是阿拉伯宝刀的故乡，这里古老的作坊制造和维护着千年皇室刀具；巴林的天然珍珠举世闻名，潜水采集珍珠是巴林人过去赖以生存的行业；巴林自古以来就是海湾和中东地区的海上交通枢纽，港口贸易和航运十分发达，老海港与现代海港都是摄制组拍摄的目标；巴林的传统习俗与文化遗产和不能错过的普通人家；社会中的女人，特别是躲在神秘的阿拉伯面纱后面的女人，还有生活在巴林的中国女人都值得他们探寻。当然还有很多很多，比如赛马运动与驯马场、阿拉伯特色餐厅与豪华现代的酒店、比比皆是的购物商城和琳琅满目的名牌商品、宽阔的海滨大道和现代大气、造型各异的建筑、填海拓地的港湾和银色洁净的海滩、记录巴林悠久历史的国家博物馆和古老的城堡、巴林的甜点铺和家庭主妇制作的特色蛋糕等等。巴林王国虽小，但只要你走近她，深入了解她，就会发现她的奥妙，她的神奇，她的魅力所在。为了在巴林不留下太多的遗憾，摄制组延长了在巴林的拍摄时间。最终，制片人和导演均满意而归。

2010年7月中旬，《走进巴林》纪录片在中央电视台第4频道播出，每天半小时，连播7天。最终的7个主题是：第一集《中东的天堂巴林》，全面介绍巴林的岛国风光、气候特征、政治地缘、国家地理、经济文化、房屋建筑、时尚文明等。第二集《曾经的珍珠海》，介绍巴林的岛国特征、阿拉伯海、曾经的珍珠采集、现在的海洋旅游观光以及渔民生活等。第三集《掀开面纱的巴林女人》，主要介绍随着时代的进步，巴林女性已经在新时代中展露她们的新理念，让世人了解她们传统习俗的同时，也了解了时尚阿拉伯女人的生活。第四集《驰骋的阿拉伯骏马》，介绍巴林纯种阿拉伯马，赛马、养马，间接反映巴林人的生活侧面和阿拉伯半岛的生活物种。第五集《巴林一家人》，通过走进阿拉伯人家的生活，介绍他们的风俗习惯，遵守的生活准则、信仰以及对生活的科学态度。第六集《热爱巴林的中国女人》，摄制组对我夫人进行了专访，同时采访了其他几位中国女性。通过她们的眼睛和社会活动，了解巴林文化、社会的方方面面以及对中国人民的友好情结。第七集《美食巴林老字号》，全面介绍巴林的土特产品，美食文化，特别是巴林生活中的甜食制作等。相信，纪录片《走进巴林》必将为中巴两国人民和世界广大观众所喜爱，一定会为加深中巴两国人民之间的了解和友谊，为巩固和发展两国友好合作关系发挥积极作用。

后记

本书到了收笔的时候，但我们却觉得还有很多内容要写。对于巴林这个袖珍岛国，我们还有很多未了解的地方，毕竟我们在这里仅生活了一年半。我们计划之中的一些调研课题和参访活动还没来得及实施，对巴林更深入和更广泛的了解还有待我们在今后常驻的日子里进行。总之，我们要告诉读者，巴林王国虽然国土面积狭小，但其中的故事却很多。我们希望通过这本书和远不够完整、深入的介绍，使读者能够对巴林有所印象和了解。由于作者水平有限，写作时间仓促，肯定在一些地方有欠缺之处，请读者见谅。

作　者

2011年5月于麦纳麦

丛书部分人员合影，杨文学（左八）、王平（左十）、时延春（右五）。

投资、策划人杨文学与丛书主编时延春合影。